Meine Zweifel können mich mal!

Karina Rey

Meine Zweifel können mich mal!

Wie du selbstbewusst auftrittst und alle überzeugst

Campus Verlag
Frankfurt/New York

MIX
Papier | Fördert gute Waldnutzung
FSC® C089473

ISBN 978-3-593-51977-7 Print
ISBN 978-3-593-45936-3 E-Book (PDF)
ISBN 978-3-593-45935-6 E-Book (EPUB)

Umschlaggestaltung: zeichenpool münchen
Umschlagfoto: © Adrienne Meister
Redaktion: Diana Schmid, schmid-texte.de
Satz: inpunkt[w]o, Wilnsdorf (www.inpunktwo.de)
Gesetzt aus der Minion und Ofelia Text
Druck und Bindung: Beltz Grafische Betriebe GmbH, Bad Langensalza
Beltz Grafische Betriebe ist ein Unternehmen mit finanziellem Klimabeitrag (ID 15985-2104-1001).
Printed in Germany

www.campus.de

Für dich

Inhalt

Vorwort von Hermann Scherer 9

Vorwort von Sabina Kocherhans 11

TEIL I
GEHE DEINEN ÄNGSTEN UND ZWEIFELN AUF DEN GRUND

Einführung: Die Geschichte mit dem Richter 15

Kapitel 1
Die Angst, nicht gut genug zu sein:
Impostor, Perfektionismus und Selbstzweifel 23

Kapitel 2
Die Angst vor der Bühne:
Lampenfieber und Auftrittsängste 47

Kapitel 3
Die Angst, sich zu zeigen:
Dein inneres Kind und deine Begeisterung 61

Kapitel 4
Die Angst, im Mittelpunkt zu stehen:
Trau dich, dir Raum zu nehmen 81

Kapitel 5
Die Angst, nicht geliebt zu werden:
Von Anerkennung und Selbstliebe 93

TEIL II
ENTWICKLE DEINE KRAFTVOLLE UND ÜBERZEUGENDE KOMMUNIKATION

Einführung: Hab den Erfolg, den du dir wünschst – oder: Vom Erfolg zur Erfüllung ... 111

Kapitel 6
Deine Wahrnehmung: Der Schlüssel zur Kommunikation ... 121

Kapitel 7
Deine innere Kraft: Entdecke, was in dir steckt ... 141

Kapitel 8
Strukturierte Inhalte: Emotionale Geschichten und wirkungsvolle Präsentationen ... 157

Kapitel 9
Körpersprache und Stimme: Viel mehr als Worte allein ... 179

Kapitel 10
Weg vom Ich, hin zum Du! – Authentische Verbindungen schaffen ... 199

Danksagung ... 215

Anmerkungen ... 217

Weiterführende Literatur und Onlineressourcen ... 219

Die Autorin ... 221

Vorwort von Hermann Scherer

Liebe Leserin, lieber Leser,

als ich zum ersten Mal von Karina Reys Plan hörte, ein Buch über die Überwindung von Ängsten und Zweifeln zu schreiben, war ich begeistert! In unserer schnelllebigen Gegenwart, in der Perfektion oft als das Maß aller Dinge angesehen wird, sind es genau diese allzu menschlichen Empfindungen, wie Ängste und Zweifel, die uns am meisten beschäftigen und herausfordern. Ich gehe sogar so weit, zu sagen, dass Zweifel und deren Überwindung den Unterschied zwischen erfolgreichen und erfolglosen Menschen ausmachen. Während meiner Veranstaltungen für angehende Speaker erhalten die Teilnehmenden oft eine Packung »Zweifelfrei akut«. Das sind Scherz-Tabletten als Einladung, ihren Zweifeln weniger Raum zu geben und stattdessen mutig und voller Zuversicht der Welt das mitzuteilen, was sie zu sagen haben. Doch nicht allen gelingt das mithilfe von ein paar Scherz-Tabletten. Denn bei vielen von uns sitzen die Ursachen unserer Ängste und Zweifel sehr tief.

Karina zeigt dir in diesem Buch, dass auch strahlende und selbstbewusste Persönlichkeiten nicht vor Zweifeln und Ängsten gefeit sind. Sie öffnet ihr Herz und erzählt schonungslos ehrlich, wie auch sie im Laufe ihres reichhaltigen Lebens, das sie von der Filmbranche bis in den Regenwald Kameruns geführt hat, unzählige Kämpfe mit ihren Unsicherheiten und Ängsten ausgefochten hat. Mehr noch, sie nimmt dich mit auf ihre Reise und eröffnet dir ganz unverfroren, wie sie diese Herausforderungen auf mitunter tragikomische Weise gemeistert hat. Sie stellt eindrucksvoll unter Beweis, dass die Überwindung dieser so hemmenden Ängste und Selbstzweifel nicht nur möglich ist, sondern oft den ersten und wesentlichen Schritt zu wahrer Größe darstellt. Sei es im Gespräch oder auf all den täglichen Bühnen, auf denen wir uns bewegen: privat, beruflich oder gar öffentlich.

Karina gibt dir eine ganze Reihe wirkungsvoller und sehr leicht umsetzbarer Übungen, Reflexionen und Anregungen für positive Veränderungen an die Hand. Sie schenkt dir zusätzlich zu ihren berührenden Geschichten wirkungsvolle Werkzeuge, Tipps und Tricks, die sie von der einst angstvollen Anfängerin zur heute selbstbewussten Schauspielerin, Rednerin und Mentorin gemacht haben.

Doch dieses Buch ist weit mehr als eine Sammlung von kurzweiligen persönlichen Geschichten und wirkungsvollen Techniken. Es ist auch eine freudvolle Einladung zur Wiederentdeckung des Humors im Umgang mit uns selbst und zum Lachen über die Absurditäten des Alltags, die uns in Summe so unter Druck setzen können. Witzig und spannend, aber nie albern erzählt Karina offen, wie sie das geschafft hat und immer wieder schafft: im entscheidenden Moment nicht zu blockieren, weil man sich zu wichtig nimmt. Und genau darum geht es. Dass auch du es allen Herausforderungen zum Trotz schaffst, immer dein inneres Lächeln zu bewahren.

Es ist Zeit, die Bühne deines Lebens zu betreten, das Licht anzumachen, deinen Ängsten und Zweifeln »Goodbye!« zu sagen und die Hauptrolle zu übernehmen. Denn wer, wenn nicht du, spielt die Hauptrolle in deinem Leben?

Viel Spaß beim Lesen und Entdecken
Hermann Scherer

Vorwort von Sabina Kocherhans

Liebe Leserschaft,

»Meine Zweifel können mich mal!« – ein Titel, der mit kraftvoller Klarheit die Essenz des Buches zusammenfasst. Dieses Werk ist weit mehr als ein Ratgeber für Auftrittskompetenz, voller leicht umsetzbarer Übungen und Reflexionen; es ist eine emotionale Zwischenbilanz eines bisher sehr reichen Lebens, das gleichermaßen geprägt ist von inspirierenden Erfolgen, Entbehrungen und Schicksalsschlägen.

Karina Rey ist auf der Bühne und im Leben eine leidenschaftliche Persönlichkeit. Heute geht sie mutig und unerschütterlich ihren Weg, stets bestrebt, Authentizität, innere Stärke und den Glauben an die eigene Kraft zu fördern.

Die Jahre in Kamerun, wo Karina längere Zeit arbeitete und lebte und eine besondere Liebe zu Land und Leuten entwickelte, waren sehr prägend. Sie selbst bezeichnet diese Zeit als erweiterte Lebensschule voller einzigartiger, wertvoller Erfahrungen, die ihren Horizont vergrößerten und ihr eine Fülle neuer Perspektiven eröffneten. Dieses und andere Kapitel in ihrem faszinierenden Lebensbuch haben Karina zu der inspirierenden Kommunikationsexpertin gemacht, die sie heute ist. Sie vermittelt ihre Lektionen und Fähigkeiten an Menschen in Entscheidungspositionen, hilft Diplomat:innen und Führungskräften, die Kraft authentischer Kommunikation zu entdecken und stets den richtigen Ton zu treffen.

Ich habe Karina als Brückenbauerin zwischen Menschen verschiedenster Kulturen, Altersstufen, Religionen, Geschlechtern, Hautfarben und sozialen Hintergründen erlebt. Ganz besonders beeindruckt mich ihre Fähigkeit Brücken zwischen den eigenen Sonnen-und Schattenseiten zu bauen. Diese Eigenschaft verbindet uns tief, da Authentizität und Selbstakzeptanz auch mein zentrales Thema sind.

Dieses Buch ist ein Wegweiser, der die Hoffnung schenkt, dass jede und jeder von uns die innere Kraft besitzt, jeden Tag mehr zu sagen, was er oder sie denkt, und jeden Tag etwas mehr gehört zu werden. Es inspiriert dazu, uns selbst treu zu bleiben und anderen Menschen mit echter, kraftvoller Authentizität zu begegnen.

Ich wünsche dir beim Lesen wertvolle Erkenntnisse und Ermutigungen!

Herzlichst
Sabina Kocherhans

TEIL I

Gehe deinen Ängsten und Zweifeln auf den Grund

Einführung: Die Geschichte mit dem Richter

Herzlich willkommen! Ich freue mich, dass du da bist. Lass uns über Zweifel und Ängste reden, sodass du am Ende des Buches sagen kannst: »Meine Zweifel können mich mal!«

Ich möchte mit einer persönlichen Geschichte beginnen:

Als ich 17 Jahre alt war, zeigte mich eine Person aus meinem näheren familiären Umfeld bei der Polizei wegen »Drogenkonsum und Gruppensex« an. Meine Mutter und mein Großvater waren gerade innerhalb eines Monats gestorben und meine Großmutter lag im Krankenhaus. Meine Eltern waren geschieden und mein Vater lebte als Dirigent im Ausland. Er kannte mich wenig und reiste viel. Ich hatte einiges zu bewältigen, doch Drogen und Gruppensex gehörten definitiv nicht dazu. Wie diese Person damals auf diese absurde Idee kam, weiß ich bis heute nicht. Ich wurde zur Vernehmung gerufen, erst zur Polizei, dann vor Gericht. Der Richter hatte aufgrund der Anklage zu prüfen, ob er mich in ein Heim für schwer erziehbare Jugendliche stecken oder mich stattdessen für verfrüht volljährig erklären sollte. Als ich die Vorladung erhielt, war ich wie paralysiert. Geschockt über das verletzende Verhalten eines Menschen, dem es offensichtlich mehr um das Erschleichen von Erbschaftsgütern, als um ehrliche Sorge ging, fühlte ich, wie eine eisige Welle der Angst mir den Rücken hinunterlief, mir die Kehle zuschnürte, während mein Herz raste und meine Hände zitterten. Meine Gedanken wirbelten chaotisch umher, die Welt um mich herum schien zu verschwimmen, als würde ich durch einen dichten Nebel blicken. Ich spürte, wie meine Knie weich wurden, ich musste mich setzen, um nicht zu fallen. Ein Gefühl der Ohnmacht überkam mich, ich konnte kaum noch atmen. Mir war, als würde ich tiefer und immer tiefer in ein riesiges Loch fallen.

Ich hatte Angst, unbändige Angst! Sie wurde mein permanenter Begleiter. Wie ein schwerer Stein auf meiner Brust war sie da, wenn ich morgens aufwachte. Sie saß mir im Nacken, während ich mich durch den Schultag quälte. Und schließlich flüsterte sie mir – unerbittlich und lähmend – vorm Einschlafen bedrohliche Dinge ins Ohr: »Es liebt dich keiner, du schaffst das nicht, du bist nicht gut genug.« Ich wollte nicht in ein Heim. Ich wollte nicht weg – aus der Stadt, die meine war; aus den Gassen, die mir vertraut waren; aus der Schulklasse, zu der ich dazugehörte. Ich hatte Angst vor dem Richter. Angst vor seiner Ablehnung. Angst, nichts und niemandem zu genügen, seine Erwartungen nicht zu erfüllen. Ich hatte Angst, zu versagen. Angst, meine tote Mutter zu enttäuschen. Angst, der Richter würde meine panische Körpersprache falsch deuten, meine Furcht spüren und mir daher nicht glauben. Angst, nicht die passenden Worte zu finden. Angst, nicht anständig genug auszusehen, stecken zu bleiben, durchschaut zu werden, zu stottern, in Ohnmacht zu fallen. Ja, ich hatte Angst, zu sterben.

An den Tag meiner Verhandlung erinnere ich mich noch, als wenn es heute wäre. Das Bezirksgericht der Gemeinde Mödling bei Wien war ein dunkles Gebäude mit kalten, in die Höhe ragenden Räumen. Zuerst musste ich an einem Pförtner vorbei, der mich in den dritten Stock in den Raum 216 schickte. Den Brief mit der Vorladung in der Hand stieg ich eine steinerne Treppe hinauf. Überall liefen Erwachsene mit Akten und Taschen geschäftig umher, sagten aber keinen Ton, würdigten mich keines Blickes. Ich schien nicht weiter aufzufallen, so beruhigte ich mich etwas. Oben angekommen, suchte ich die Nummern an den schweren hohen Holztüren ab. Der Gang führte mich immer weiter in die unergründlichen Tiefen des dunklen Gebäudes. Der Holzboden unter meinen Füßen knarzte bei jedem Schritt. Nach einem schier endlosen Weg entdeckte ich die Nummer 216 – in schwarzer Schrift auf weißem Grund. Ich holte einmal tief Luft, gab mir einen Ruck und klopfte. Ein Mann, er war nur wenige Jahre älter als ich, öffnete die Türe einen Spalt, schaute kurz auf mein Dokument, das ich ihm entgegenstreckte, und schickte mich ins Wartezimmer. Obwohl es Hochsommer war und die Hitze schwer über dem Städtchen lag, drang kein Sonnenstrahl durch die kleinen Fenster. Es war kühl und dunkel, und es fröstelte mich in meinem Sommerkleid, als ich mich mit klopfendem Herzen auf einen der acht Stühle im leeren Wartezimmer setzte und mir nervös auf meine Unterlippe biss. Eine Christusfigur hing an der einen Wand, das Bild des damaligen österreichischen Bundespräsidenten an der anderen. Eine Uhr tickte. Außer mir war niemand da. Ich zupfte nervös mein Kleid zurecht und wartete.

Viele Wochen lang hatte ich mich auf diesen Termin vorbereitet. Aber jetzt war ich bleich, zittrig und schwach. Ich wusste tief in mir drinnen, wie entscheidend es für mich war, dass der Richter mir vertraute. Ich wollte nicht in ein Heim, ich wollte die Freiheit. Wer auch immer dieser Richter war, ich musste ihn für mich gewinnen, ihn überzeugen. Ja, ihn ermutigen, die Verantwortung dafür zu übernehmen, mir zu vertrauen und mich in die Welt der Erwachsenen zu lassen. Mein ganzes Sein, meine Kleidung, Ausstrahlung, Gestik und Mimik und meine Augen mussten das unterstützen, was ich mir an Worten zurechtgelegt hatte. Instinktiv ahnte ich, dass ich nur etwas präsentieren konnte, was ich in meinem Inneren ganz stark fühlte. Die Gewissheit über meine Schuldlosigkeit musste sich somit in meinem Auftreten widerspiegeln.

Da durchbrachen Schritte auf dem knarzenden Parkettboden die Stille und der junge Mann, der mich eingelassen hatte, nickte mir zu, während er die Tür zum Verhandlungsraum öffnete. Ich stand auf, atmete durch, straffte meine Schultern und war bereit, meine Zukunft zu verteidigen.

Ich betrat den Verhandlungsraum und setzte mich. Die anderen anwesenden Personen nahm ich zunächst überhaupt nicht wahr. Meine Augen hielt ich gefasst auf die gegenüberliegende Wand gerichtet, bis der Richter hereinkam. Dieser war ein ernster, korpulenter Mann, dunkel gekleidet, mit einer Brille, die seine Augen sehr groß erscheinen ließ. Ich hatte das Gefühl, einem Menschen zu begegnen, der jede kleinste Unwahrheit mit seinem durchdringenden Blick auf hundert Meter Entfernung erkennen konnte. Ich wusste, er würde über meine Zukunft entscheiden. Nun räusperte er sich und begann mit einer kurzen Beschreibung »des Falls«, bevor er Fragen stellte. Unser Gespräch dauerte annähernd eine Stunde. Er wollte ganz genau wissen, wie ich mir mein Leben vorstellte, welche Freunde und Freundinnen mich umgaben und was ich mir für meine Zukunft wünschte. Ich erzählte ihm meine Version der Geschichte. Die, die wirklich stimmte:

»Meine Freunde haben mir beim Ausräumen der Wohnung meiner Mutter geholfen. Jedes Möbelstück, jeder Teller und jeder Topf, jedes Kleid, jeder Strumpf und jedes Buch musste irgendwo hingeschafft werden. Da stand dieser Mensch plötzlich vor der Tür. Er war aufgebracht und wollte reinkommen. Ich hatte ihn lange nicht gesehen, ich hatte Angst vor ihm und wollte ihn nicht reinlassen, doch er stellte den Fuß in die Türe, sodass ich nicht mehr schließen konnte. Mit Drogen und Gruppensex hatte das nichts zu tun. Bitte glauben Sie mir. Ich möchte meiner Mutter und mir beweisen, dass ich die Schule fertig machen und studieren kann. Ich will auf meinen eigenen Beinen stehen. Ich schaffe das.«

Tief in meinem Inneren wusste ich, dass ich stark, mutig und lebenshungrig war. Ich wollte die Herausforderung annehmen. Wollte meinen Weg ins Leben finden und in der Welt der Erwachsenen, die wie ein Donnerschlag über mich hereingestürzt war, bestehen. Eine enorme Kraft erfüllte mich, während ich mit meinen Worten, mit meinem Auftreten, mit Herz und Seele für mich kämpfte. Und so wurde ich mit 17 Jahren für volljährig erklärt. Es fühlte sich schmerzvoll an, auch ein bisschen einsam, aber ich hatte den Richter überzeugt und konnte von nun an mein Leben selbst gestalten.

Ich erzähle dir diese persönliche Geschichte, weil ich dir sagen möchte, dass ich Angst – tiefe, große, erdrückende Angst – kenne. Ich habe sie erlebt und mit all meinen Sinnen gespürt, bis ins tiefste Mark hinein. Ich weiß und habe erfahren, wie Angst unsere Kommunikation beeinflussen und hemmen kann. Viele meiner Ängste habe ich überwunden; mit einigen verbliebenen Ängsten lebe ich noch immer. Aber vielleicht bin ich in meinem Leben deshalb so oft Risiken eingegangen, weil ich mir selber beweisen wollte, dass ich stärker bin als meine Ängste und Zweifel.

Damals hatte ich zudem erkannt, dass mir mein Ziel wichtiger war als meine Angst. Ich spürte eine Kraft in mir, die ich seither immer in mir habe und die mich über jedes Hindernis hinweg begleitet hat. Und daher möchte ich diese sowie weitere Geschichten mit dir teilen. Denn wir alle tragen eine solche Kraft in uns, eine unerschütterliche Stärke, eine Fähigkeit, über uns hinauszuwachsen, weil wir so viel mehr sind als unsere Ängste und Zweifel.

Angst ist in der heutigen Zeit ein dominierendes Thema und nimmt stetig an Relevanz zu. Verschiedene Organisationen wie zum Beispiel das amerikanische UKG Workforce Institute befassen sich mit den Ängsten der Generation Z und zeigen auf, dass Angst von dieser Generation als ausschlaggebendes Hindernis für ihre berufliche Zukunft gesehen wird.[1] In einem aufschlussreichen Interview mit dem Psychoanalytiker Dr. Wolfgang Schmidbauer, das Claus Peter Simon für die Zeitschrift *GEO* führte, werden weitere Facetten dieser Thematik beleuchtet. Betont wird hier, dass unter anderem der Anstieg an Entscheidungsmöglichkeiten und die Annahme, dass wir noch nie zuvor so viel zu verlieren hatten wie heute – nämlich unsere Sicherheit, unseren Wohlstand und unsere Zukunftschancen –, mit dem Anstieg von Ängsten in Verbindung gebracht werden könnten.[2] Dr. Schmidbauer führt weiter aus: »Wir gehen zu Vorsorgeuntersuchungen, die möglichst früh Gefahren entdecken sollen, von denen wir noch gar nichts ahnen. Wir hören Experten zu, die uns auf Risiken aufmerksam machen, an die wir normalerweise nicht einmal denken. Wir sind gegen alles Mögliche versichert, vom Verlust des eigenen Lebens bis zum Verlust der Zahnprothese. Aber all das macht uns nicht fröhlich oder angstfrei, sondern führt uns erst vor Augen, was alles passieren kann.«[3] Ängste sind allgegenwärtig.

Der Begriff Angst kommt von dem lateinischen Wort »angustus« und bedeutet eng, schmal, schwierig. Ängste und Zweifel sind eng miteinander verbunden. Ängste kommen aus der Tiefe, aus dem Bauch, aus einem instinktiven, emotionalen Teil unseres Selbst. Sie basieren oft auf traumatischen Ereignissen oder auf biologisch vererbten Verhaltensweisen unserer Ahnen. Sie können heftige körperliche oder psychische Reaktionen hervorrufen, die unser gesamtes Wohlbefinden oder auch unsere Handlungsfähigkeit beeinflussen. Wobei es wichtig ist zu beachten, dass es auch professionell diagnostizierbare Angstzustände gibt, welche behandelbar sind und im Zweifelsfall abgeklärt werden sollten. Zweifel sind kognitiv – sie entstehen im Kopf, durch Überlegungen oder Unsicherheiten –, sie sind somit mit einem bewussten Denkprozess verbunden.

Ängste sind tief in uns verankert und wir müssen lernen, *mit* ihnen zu leben statt uns *von* ihnen beherrschen zu lassen. Zweifel hingegen können durch Reflexionen beeinflusst, beruhigt, neu bewertet und sogar aufgelöst werden. Wie dir das gelingen kann, das erfährst du in diesem Buch.

Ich lade dich ein, tief in dich hineinzuschauen, deine Zweifel und Ängste zu erkunden, ihnen bewusst Raum und Zeit zu widmen, indem du sie prüfst, analysiert, akzeptierst oder loslässt. Du hast die Wahl, ob du mit ihnen leben oder dich von ihnen befreien willst. In diesem Buch stecken persönliche Geschichten, anregende Gedanken, inspirierende Einsichten und praktische Übungen, die dir helfen mögen, deinen ganz persönlichen Weg zu deiner Kraft zu finden. Mein Ziel ist es, dir Wege aufzuzeigen, wie du diese innere Stärke erkennen, umarmen und nutzen kannst, um dein Leben und damit auch deine Kommunikationsfähigkeiten mit mehr Selbstvertrauen und Entschlossenheit zu meistern.

Im ersten Teil des Buches werden wir unseren tiefsten Ängsten und Zweifeln auf den Grund gehen. Wir betrachten eine Angst, die sich durch Selbstzweifel und Perfektionismus äußert, nämlich die, nicht zu genügen. Hier geht es auch um das Lampenfieber, das uns immer im Weg steht. Wir graben in unserer Kindheit nach den Wurzeln unserer Verletzlichkeit, widmen uns der Herausforderung, im Mittelpunkt zu stehen und beleuchten unsere Angst, nicht geliebt zu werden. Das wird dir helfen, deine zukünftigen Interaktionen – sei es bei Vorträgen, Small Talks, Bewerbungsgesprächen, Reden, Meetings oder bei alltäglichen Gesprächen mit Familie, Freund:innen, Partner:innen oder sogar an der Supermarktkasse – spielerisch und mit Freude zu gestalten.

Im zweiten Teil des Buches erkunden wir, wie wir unsere Wahrnehmung schärfen, unserer Intuition vertrauen und unser Inneres stärken können, um eine kraftvolle und überzeugende Kommunikation zu entwickeln. Wir erforschen die Kunst, durch strukturierte und emotionale Geschichten im Gedächtnis zu bleiben, unsere stimmliche Präsenz zu festigen und unsere Körpersprache so zu nutzen, dass sie unsere Botschaften wirkungsvoll unterstützt. Jedes Kapitel wird uns tiefer in die Geheimnisse einer überzeugenden Kommunikation führen, um unsere Auftritte zum Leuchten zu bringen. Im letzten Kapitel werden wir dann unser Gegenüber genauer betrachten. Ohne starkes Ich gibt es kein starkes Du, und ohne ein starkes Du gibt es kein starkes Wir.

Also schnapp dir eine Tasse deines Lieblingsgetränks, mach es dir gemütlich und lass uns gemeinsam prüfen, ob nicht die einzige Einschränkung für deine Verwirklichung von morgen deine heutigen Zweifel sein könnten. Ich freue mich, wenn ich dich ein kleines Stück auf deinem Weg hin zu einem Leben begleiten darf, das zwar vermutlich nie völlig frei von Ängsten und Zweifeln sein wird, in dem du aber erkennst, dass du jederzeit die Entscheidung hast, wie du mit ihnen umgehst.

Kapitel 1
Die Angst, nicht gut genug zu sein: Impostor, Perfektionismus und Selbstzweifel

Das Impostor-Syndrom

Ich war bereits als Schauspielerin erfolgreich als ich die weibliche Hauptrolle in einer neuproduzierten Fernsehserie übernahm. An sich war es eine schöne und sehr vielschichtige Rolle an vielen spannenden Drehorten, auch mit tollen Kolleg:innen als Gäste. Doch vom ersten Moment an triggerte mich mein direkter Spielpartner. Egal, ob er morgens in die Maske kam und ein paar halbseidene, leicht zynische Witze verzapfte, oder ob wir an unserem Text arbeiteten und dann miteinander unsere Szenen spielten – er legte mir gegenüber eine solch süffisante Ironie an den Tag, die mich bis ins Mark verunsicherte. Anzüglich, schnippisch, überheblich. Bemerkungen wie »Wo hast du gelernt? An der Schauspielschule in Österreich? Darum!« – »Das ist jetzt mal ein Kostüm, das dir steht! Du solltest dich privat nicht so mütterlich kleiden!« – »Wie kriegst du eigentlich Karriere und Familie – wie viele Kinder hast du – zwei(?) – unter einen Hut?« trafen mich in meinem Innersten. Ich war einige Jahre jünger als er und fühlte mich an seiner Seite wie ein kleines Kind: unfähig, talentfrei, als hätte ich mir diesen Beruf und alle Auszeichnungen erschlichen. Diese Zweifel nagten an mir und als logische Konsequenz spielte ich tatsächlich weniger gut.

Kannst du dir vorstellen, dass man täglich vor der Kamera steht und sich trotzdem nicht präsent fühlt? Ich lieferte zwar meinen Text ab, gab also alle Stichworte für seine Show, war aber selber nicht in meiner Kraft. Mehr und mehr stieg in mir die Überzeugung auf, dass ich den völlig falschen Beruf gewählt haben musste, dass ich nur durch Glück tolle Rollen und nur durch Zufall den Deutschen Fernsehpreis verliehen bekommen hätte. Eine nagende Gewissheit fraß sich in mein Selbstbild ein: Dass ich es nur meiner Beharrlichkeit oder, mehr noch, meiner absoluten Sturheit zu verdanken hätte, so weit gekommen zu sein.

Nachdem die ersten sechs Folgen der Serie abgedreht waren, ging es in die Winterpause. Gerade rechtzeitig für mich, denn mittlerweile war mein Körper von Pusteln übersät. Juckende, brennende, hässliche Bläschen auf Brust, Bauch, der Innenseite von Armen und Beinen. Ich sah aus wie ein wandelnder Streuselkuchen. Meine Selbstzweifel hatten sich in einen gelb-orange-roten Ausschlag verwandelt. Nach langen Untersuchungen wurde eine Autoimmunkrankheit diagnostiziert mit dem Namen *Lichen Ruber Planus.* Die niederschmetternde Diagnose: wirkliche Heilung ausgeschlossen; lebenslang Kortison. Ich hatte damals zwei kleine Kinder, einen äußerst labilen Partner, ich musste Geld verdienen, ich musste arbeiten. Aber wie? Und was? Und vor allem: in welchem Beruf?

Heute gibt es einen Namen für meine damalige Krise, Impostor-Phänomen, wie es richtigerweise heißt. Oder Impostor-Syndrom, wie es hieße, wäre es eine offiziell anerkannte Krankheit, also das Gefühl, ein Blender, ja ein Hochstapler zu sein. Davon wusste man damals nur wenig, ich nichts.

Heute wissen wir, dass das Impostor-Syndrom die Angst beschreibt, als unzulänglich entlarvt zu werden. Es betrifft vor allem Menschen, die in einem System leben, das sie nicht unterstützt. Als Konzept funktioniert das Hochstapler-Phänomen wie ein emotionaler Aktenschrank, der eine Vielzahl von belastenden Gefühlen organisiert, die wir erleben können, wenn wir versuchen, drei Aspekte unserer Persönlichkeit in Einklang zu bringen: wie wir uns selbst erleben, wie wir uns der Welt präsentieren, wie die Welt dieses Selbst an uns zurückspiegelt. Das Impostor-Syndrom ist kein vereinzelt auftretendes Phänomen, sondern weitverbreitet. Es betrifft Menschen quer durch alle Berufe und Lebenslagen, besonders in Momenten neuer Herausforderungen oder Veränderungen. Frauen sind anfälliger als Männer, da sie oft hohe Ansprüche an sich selbst stellen und gleichzeitig dazu tendieren, ihre eigenen Leistungen zu hinterfragen.

Eine meiner Klientinnen arbeitet als Anwältin. Sie wird das Gefühl nicht los, dass ihr Erfolg unverdient sei und nicht auf ihren wahren Fähigkeiten beruhe, sondern dass sie einfach Glück gehabt hätte und andere gut täuschen könne. Ständig zweifelt sie an ihrer Kompetenz und hat Angst, als unfähig entlarvt zu werden. Absurderweise macht sie sich wegen kleinster Fehler große Vorwürfe, während sie über die Patzer der anderen ganz locker hinwegsieht.

In der Öffentlichkeit gelingt es ihr jedoch, ein sehr souveränes und kompetentes Bild von sich zu präsentieren. Und dieses Bild entspricht den äußeren Fakten nach der Wirklichkeit, denn sie hat ein enormes fachliches Wissen, eine schnelle Auffassungsgabe, denkt analytisch, ist belastbar und arbeitet gern lange und hart. Sie geht offen und direkt auf Menschen zu, verfügt über eine hohe Überzeugungskraft und ein klares strategisches Denkvermögen.

Gespiegelt bekommt sie eine sehr gute Auftragslage, eine ansehnliche Liste bereits gewonnener Gerichtsverhandlungen, Kolleg:innen, die gern mit ihr zusammenarbeiten, und Kund:innen, die ihr vertrauen. Sie erhält sehr viel Anerkennung, aber diese objektiven Beweise für ihre Fähigkeiten stehen in einem totalen Kontrast zu ihren inneren Zweifeln. Paradoxerweise führt das positive Feedback sogar zu einer Verstärkung ihrer Ängste, da sie dieses als unverdient und erschlichen betrachtet. Ein Teufelskreis – und damit ist sie nicht allein!

Die meisten vom Impostor-Syndrom Betroffenen leiden in aller Stille darunter und realisieren gar nicht, was da vor sich geht, weil sie es nicht anders kennen. Und ja, tatsächlich ist es schwierig, sich selbst objektiv zu betrachten. Das wäre so, als wollte ich meine eigene Nasenspitze sehen. Keine Chance! Doch das Syndrom und seine Auswirkungen für die Betroffenen gelangt immer mehr an die Öffentlichkeit.

Viele prominente Sportler:innen und Schauspieler:innen haben dieses Phänomen durch ihr öffentliches Bekenntnis, davon betroffen zu sein, nahbarer und damit gesellschaftlich anerkannt gemacht. Der mehrfache Oscargewinner Tom Hanks hat in Interviews erwähnt, dass er sich manchmal frage, wann die Leute herausfinden würden, dass er kein »echter« Schauspieler sei. Die britische Schauspielerin Emma Watson, bekannt für ihre Rolle als Hermine in den *Harry-Potter-*

Filmen, hat öffentlich darüber gesprochen, wie sie sich mehrfach selbst infrage gestellt habe als Schauspielerin und Aktivistin für Frauenrechte und Geschlechtergleichheit. Auch Anke Engelke hat in einigen Interviews erklärt, dass sie sich zuweilen unsicher fühle und Angst habe, ihre selbst gesteckten Erwartungen und die anderer nicht zu erfüllen. Sportler:innen trifft dieses Phänomen ebenfalls. Die Tennislegende Serena Williams hat in Pressegesprächen mehrfach über Selbstzweifel und den Druck gesprochen, immer auf höchstem Niveau spielen zu müssen.

Da ich von all dem nichts wusste, als ich damals von oben bis unten mit diesen juckenden und brennenden Pusteln übersät war und einen enormen finanziellen Druck seitens meiner Familie verspürte, für mich aber feststand, mich auf keinen Fall einer lebenslangen Kortisontherapie hinzugeben, entschied ich mich rasch und verzweifelt dafür, es mit Homöopathie und Gesprächstherapie zu versuchen.

Es war wie ein Wunder und für mich unfassbar, aber die Pusteln waren nach drei Wochen mit dem richtigen homöopathischen Medikament weg – und sind es bis heute. Psychotherapeutisch arbeitete ich damals den ganzen Winter lang intensiv weiter an meiner Herausforderung. Was da alles an Ängsten und Kindheitstraumata zum Vorschein kam, füllte viele Taschentücher. Im darauffolgenden Frühjahr standen die nächsten sechs Folgen für die Serie an. Ich war noch nicht ganz in meiner vollen Kraft, aber es ging mir deutlich besser und ich konnte nun souveräner mit meinem immer noch herausfordernden Kollegen umgehen. Nach weiteren zwei Jahren therapeutischer Begleitung, gepaart mit intensivem Kampfsport, entwickelte ich mich langsam zu einem Menschen, der sich und anderen vertraut und der auf beiden Beinen in der Welt steht. Heute bin ich dieser Krise sehr dankbar. Sie war eine Chance für einen enormen Entwicklungsschritt. Weitere Krisen und Entwicklungsschritte folgten – und dürfen auch noch weiter folgen. ☺

Das Worst-Case-Szenario

Eine Strategie zur Überwindung des Impostor-Syndroms besteht darin, ein konkretes Worst-Case-Szenario durchzuspielen; diese sehr analytische Herangehensweise hilft oft, Panikgefühle zu lindern.[4] Bei der jungen Anwältin würde das bedeuten, zuerst die schlimmste Situation, die auftreten könnte, zu definieren. Also beispielsweise, dass ein Kunde nach einer verlorenen Verhandlung ihre vermeintliche Unfähigkeit öffentlich macht.

Im nächsten Schritt wird dieses Worst-Case-Szenario ausgiebig analysiert und auf Herz und Nieren geprüft. Stimmt diese Annahme tatsächlich? Ist es wahrscheinlich, dass das passiert? Würde dieser Schritt eine bereits ansehnliche Karriere wirklich kaputtmachen? Würde nicht die Liste bereits erreichter Erfolge ausreichend beweisen und sicherstellen, dass Kompetenz und Talent vorhanden sind und weitere Aufträge nachfolgen werden? Anstatt sich von vagen Befürchtungen überwältigen zu lassen, bietet diese Analyse der Anwältin eine Basis für eine realistische Einschätzung der Situation. Sie kann erkennen, dass selbst das Schlimmste, was passieren könnte, nicht das Ende ihrer Karriere bedeuten muss.

Danach werden Bewältigungsstrategien entwickelt, die im Fall des Worst-Case-Szenarios greifen können. Beispiele wäre für die Anwältin ein Netzwerk aus Kolleg:innen, Ressourcen und Strategien zu etablieren, um neue Aufträge und Projekte zu bekommen. Abschließend ist noch folgende Überlegung hilfreich: Wie wahrscheinlich ist das Worst-Case-Szenario überhaupt angesichts ihrer Kompetenzen und bisherigen Erfolge? Ist es tatsächlich realistisch, als völlig unfähig entlarvt zu werden?

Hast du schon einmal bemerkt, dass Frauen bei Bewerbungen oft zögern, wenn sie nicht alle Kriterien erfüllen? Studien und Erhebungen zeigen, dass sich Frauen meist erst bewerben, wenn sie denken, 100 Prozent der Anforderungen zu erfüllen, Männer hingegen bewerben sich bereits bei 60 Prozent Übereinstimmung der Qualifikationen.[5] Dennoch wissen wir heute, dass mehr und mehr auch Männer vom sogenannten Hochstapler-Syndrom betroffen sind. Kam es bei dir schon vor, dass du dich auf eine Stelle nicht beworben hast, weil es eine einzige Qualifikation gab, die nicht ganz mit deinen Kenntnissen übereinstimmte?

Das Bewusstsein für das Impostor-Phänomen und seine Auswirkungen ermöglicht uns, nicht nur unsere eigenen inneren Zweifel kritisch zu hinterfragen, sondern auch die Strukturen, die solche Muster fördern oder verstärken könnten. Wenn wir diese Gegebenheiten erkennen und aktiv angehen, finden wir bestimmt Wege, um unser wahres Potenzial zu entfalten – ganz unabhängig davon, ob wir zu den 100 oder zu den 60 Prozent der Stellenausschreibung passen.

Negative Glaubenssätze verwandeln

Es muss nicht gleich das Impostor-Phänomen sein, wenn wir uns im Laufe unseres Lebens immer wieder die Frage stellen:

Bin ich gut genug?
Reflektiere einen Moment: Wie oft hast du dich das schon gefragt? Weniger als 10-mal? Mehr als 10-mal? 100-mal? Stelle dir jetzt diese Frage noch einmal. Wie antwortest du? Bist du in deiner vollen Kraft; bist du überzeugt von dem, was du machst und wie du dich der Welt zeigst; oder nagen Selbstzweifel an deinem Sein?

Der Ursprung negativer Glaubenssätze liegt bereits tief in unserer Familiengeschichte und setzt sich durch Erlebnisse in der Schule fort. In unserer Herkunftsfamilie erleben wir meist und hoffentlich viel Schönes. Doch leider erfahren wir nicht nur bedingungslose Liebe, sondern auch die ersten Formen von Bewertung und Vergleich. Eltern, Geschwister und andere Bezugspersonen, die in ihrer eigenen Dynamik gefangen waren und sind, prägen unsere Wahrnehmung von Selbstwert und Anerkennung.

In der Schule setzt sich dieser Prozess zum ersten Mal außerhalb der Familie fort und verdichtet sich. Wir werden gemessen, beurteilt, durchleuchtet, verglichen, kritisiert und meist viel zu wenig gelobt und gefördert. Die meisten Menschen, mit denen ich arbeite, finden den Ursprung ihrer Ängste dort. Leistungsdruck, Noten, Prüfungsangst und die Vorstellung, dass Noten nicht nur die Intelligenz eines Menschen widerspiegeln, sondern auch dessen Wert, verstärken das Gefühl, den Erwartungen nicht zu entsprechen, zu enttäuschen und daher nicht gut genug zu sein.

In meinen Coachings erkunde ich mit den Klient:innen deren individuelle Erfahrungen in Familie und Schule, um diese Muster bewusst zu machen. Gemeinsam arbeiten wir daran, ein neues Verständnis für die eigene Wertigkeit zu entwickeln, Selbstliebe zu fördern und den Weg zu einer positiven Selbstwahrnehmung zu ebnen. Die Reise der Selbstakzeptanz ist oft anspruchsvoll, aber auch erfüllend und befreiend, wenn man beginnt, sich selbst als gut genug zu empfinden.

Das, was wir damals über uns selbst glauben gelernt haben – also unsere Glaubenssätze –, hat einen enormen Einfluss darauf, wie wir uns heute sehen und wie wir unser Leben gestalten. Glaubenssätze sind feste Überzeugungen über uns und die Welt. Sie prägen unsere Wahrnehmung und beeinflussen, wie wir denken, fühlen und handeln. Zudem haben sie die lästige Angewohnheit, sich permanent einzumischen. Aber das Gute ist: Wir können sie überschreiben! Indem wir unsere alten, einschränkenden Überzeugungen hinterfragen und neue, ermächtigende Glaubenssätze wählen, entdecken wir plötzlich, dass Selbstakzeptanz und ein erfülltes Leben nicht nur anderen vorbehalten bleiben. Viel Spaß beim Ausprobieren anhand der folgenden Übung!

Übung zum Verwandeln negativer Glaubenssätze

Nehmen wir wieder den Glaubenssatz: »Ich bin nicht gut genug.«

Gehe diesem Satz auf den Grund. Stimmt er wirklich? Wer bestimmt, was »gut« ist? Und wofür nicht gut genug? Du wirst erkennen: Objektiv, analytisch und wissenschaftlich ist diese Aussage nicht beweisbar, sondern nur ein Satz, den du glaubst beziehungsweise zu glauben gelernt hast. Wenn du also gelernt hast zu glauben, dass du nicht gut genug bist, dann kannst du auch lernen zu glauben, dass du gut genug bist!

Nun überlege dir, was in deinem Leben einfacher oder leichter wäre, wenn du diesen Glaubenssatz loslassen würdest, und schreib es auf! Zum Beispiel: »Es würde mir leichter fallen, meinen Job zu machen.« »Es würde mir leichter fallen, neue Freund:innen zu finden.«

Als Nächstes schreib eine Liste deiner Erfolge und Stärken, etwa: »Ich kann gut zuhören. Ich kann gut organisieren. Ich kann gut Mitgefühl zeigen.« Spüre die Kraft, die von diesen Bestätigungen ausgeht, und drehe den ursprünglich negativen in einen positiven Glaubenssatz um. Somit wird aus »Ich bin nicht gut genug« dann »Ich bin gut genug.« Anschließend stelle daraus positive Affirmationen zusammen!

Affirmationen sind kleine Sätze, die du dir gedanklich immer und immer wieder sagen kannst. Je mehr Affirmationen du sammelst, desto mehr wirst du erkennen, dass du gut bist, so wie du bist. Wenn du nun deine Stärken in positive Affirmationen umwandelst, könnten sie heißen:

- Neuer Glaubenssatz: »Ich bin genug, so wie ich bin.«
- Affirmation: »Ich akzeptiere mich vollkommen und erkenne an, dass ich genug bin, so wie ich bin. Ich habe die Fähigkeiten, die ich brauche, um die Anerkennung zu bekommen, die ich mir wünsche.«

- Neuer Glaubenssatz: »Ich kann gut zuhören.«
- Affirmation: »Meine Fähigkeit zuzuhören, ist eine meiner größten Stärken. Ich nehme mir die Zeit, die Perspektiven anderer zu verstehen.«

Versuche immer wieder positive Glaubenssätze zu entwickeln, die zu deinem täglichen Mantra werden dürfen:

- »Ich kann gute Vorträge halten und präsentiere klar, zugewandt und voller Überzeugung.«
- »Meine Empathie ermöglicht es mir, tiefe Verbindungen zu meinem Gegenüber zu knüpfen.«
- »Ich inspiriere und motiviere andere mit meiner Zugänglichkeit und Fairness.«

Das, woran wir glauben, bestätigen wir. Das, was wir suchen, finden wir.

Sechs Tipps gegen das Gefühl, nicht zu genügen

Tipp 1: Schluss mit dem Perfektionismusdruck!

Auch wenn wir oft den Schein über die Realität stellen, ist es entscheidend zu erkennen, dass Perfektion eine Illusion ist. Wir sind keine Roboter und wir dürfen Fehler machen. Wenn wir mit unserer ganzen Zuwendung, ja mit unserem ganzen Herzen agieren, und dann trotzdem nicht alles perfekt gelingt – so what? Es geht so gut, wie es eben geht! In keinem Augenblick deines Lebens bist du weniger wert, nur weil du Fehler machst oder einen solchen eingestehst. Wenn dir das aber irgendjemand weismachen möchte, solltest du eher deine Beziehung zu dieser Person hinterfragen als dich selbst. Ich weiß, du wirst mir jetzt widersprechen, denn die Welt da draußen sieht anders aus. Schwächen und Fehler werden mit dem Rotstift markiert, diskutiert und eliminiert. Doch genau diese Bewertungen, diese Null-Fehler-Toleranz wollen wir verändern! Dafür bin ich angetreten – und ich hoffe, du machst mit.

Tappen wir in die Perfektionismusfalle, vergessen wir, dass unsere Schwächen und Unvollkommenheiten uns nicht minderwertig werden lassen. Im Gegenteil, sie machen uns menschlich, authentisch und einzigartig. Schaffst du es erst, dich von der Angst zu befreien, dass ein Fehler ein Weltuntergang sei, bist du Vorbild für viele andere. Auch mit Fehlern kannst du ein Vorbild sein! Die Fähigkeit, dich selbst zu lieben, auch mit all deiner vermeintlichen Unvollkommenheit, ist ein belebender Akt der Freiheit. Diese Freiheit ermöglicht dir Raum für Wachstum, Toleranz und Mitgefühl. Werde also ab sofort zum Vorbild, indem du den Mut aufbringst, menschlich zu sein. Und noch etwas: Sei lieb zu dir selbst! Das ist auch eine Übung, für viele sogar die schwierigste. Sei so wertschätzend zu dir, wie du es zu einer Person wärst, die du absolut liebst!

Besonders bedeutend ist die Übermittlung dieses Lebensprinzips an Heranwachsende. Indem wir ihnen vorleben, dass wahre Stärke darin besteht, sich selbst zu akzeptieren und aus den Herausforderungen im Leben zu lernen, uns dadurch weiterzuentwickeln und zu verändern – und zwar immer und immer wieder, bis ins hohe Alter hinein –, geben wir ihnen wertvolles Rüstzeug für ein erfülltes und echtes Leben mit auf den Weg.

Hast du schon einmal überlegt, dass Perfektionismus dich auch unnahbar machen kann, indem du ihn wie einen Schutzschild vor dir herträgst? Jeder, der mit einer vermeintlich »perfekten« Person zu tun hat, fühlt sich automatisch klein und ausgeschlossen. Das schafft Distanz, vielleicht eine gewollte. Denn nicht alle Menschen halten echte Nähe aus.

Irgendwann einmal habe ich den Satz geprägt: Hüte dich vor Nachbar:innen, die nie etwas von dir brauchen! Nachbar:innen, die nie um Hilfe bitten, die nie beim Kochen ein Ei, Mehl oder Butter von dir brauchen, nie beim Schneeschaufeln Unterstützung möchten, nie ein freundliches Wort suchen, sind entweder total verschlossen, zutiefst unsicher, einsam oder schlichtweg unnahbar. Oder desinteressiert an ihrer Umwelt. Das gilt auch für Arbeitskolleg:innen, die nie eine Frage stellen, um Unterstützung bitten oder dein Feedback suchen. Ich möchte dich also ermutigen, so zu sein, wie du bist, und so zu leben, wie du es möchtest. Ohne den Anspruch, perfekt zu sein.

Zum Perfektionismus fällt mir noch eine lustige Geschichte ein. Ich halte mich für einen sehr perfektionistischen Menschen und arbeite intensiv daran, meine Fehler zu akzeptieren. Und mir passieren häufig Fehler. So auch vor circa zehn Jahren. In einem 1 400-Seelen-Dorf im Schweizer Seeland, in das ich erst einige Monate zuvor gezogen war, wurde ich zur Gemeinderätin gewählt und sollte zu meiner ersten Gemeinderatssitzung gehen. Vorbereitet bis in den kleinsten Tagesordnungspunkt machte ich mich zeitlich zwar knapp, aber doch so rechtzeitig auf den Weg, dass ich pünktlich zur Sitzung erscheinen würde. Das ganze Dorf war tief verschneit. Aber dort, wo ich die Sitzung vermutete, empfing mich nur ein leerer Saal. Irritiert suchte ich nach Menschen und fand schließlich eine Anwohnerin, die auf meine nervöse Frage hin, wo denn die Sitzung stattfände, bedauernd den Kopf schüttelte. Sie hatte keine Ahnung. Ich war so frisch im Dorf angekommen, dass ich noch nicht einmal die Telefonnummern der anderen Gremienmitglieder in meinem Handy hatte. Also stapfte ich zum nächsten Gebäude, hinter dessen Mauern ich die anderen Gemeinderatsmitglieder erhoffte. Doch auch dort nur Dunkelheit und Leere. Mittlerweile war die Zeit schon reichlich fortgeschritten, die Sitzung musste bereits begonnen haben – wo auch immer. Verzweiflung und Scham stiegen in mir hoch. Mir war klar, dass ich mich gerade zum Gespött des Dorfes machen würde. Eine Gemeinderätin, die den Sitzungssaal nicht fand und obendrein noch viel zu spät dran war! Und das in der Schweiz, wo es quasi als Staatsverbrechen gilt, wenn man sich »erst« fünf Minuten vorm Termin einfindet! Doch ich gab nicht auf, sondern lief zerknirscht zum Haus des Dorflehrers und bekam von ihm die Information, wo Gemeinderatssitzungen gemeinhin stattfinden. Endlich fand ich den Weg und huschte mit hochroten Ohren, gesenktem Blick und eine Entschuldigung murmelnd in den Saal. Fazit: Mein »Vergehen« brachte mir einen Beitrag in der dorfeigenen Fasnachtszeitung ein, so konnte immerhin das ganze Dorf über ihre orientierungslose Gemeinderätin schmunzeln.

Doch damit war es der Peinlichkeiten noch nicht genug. In meiner Funktion war ich zuständig für die öffentliche Sicherheit. Hier setzte ich mich im darauffolgenden Jahr wie eine Löwin dafür ein, die Geschwindigkeitsbeschränkung im Bereich rund um die dörfliche Schule und die Kirche zu erweitern. Das ganze Dorf sollte zur Tempo-30-Zone erklärt werden. Um die Notwendigkeit einer solchen Maßnahme zu überprüfen, erreichte ich, dass ein Radargerät am Dorfeingang montiert wurde, mit dessen Hilfe die vielen Raser entlarvt werden könnten. Es kam, wie es kommen musste. Wer, denkst du, geriet als Allerersterin diese Radarfalle? Und woher, bitte, weißt du das? Genau … ich war das! Und wieder landete ich in der Fasnachtszeitung. Zweimal innerhalb von zwei Jahren. Das war vorher noch niemandem gelungen. Meine Zeit als Gemeinderätin währte nicht lang, denn schon kurze Zeit später zog ich nach Kamerun. Vor lauter Scham? Nein, das nun nicht. Aber den Mut zu Fehlern, den habe ich damit allemal bewiesen, oder?

Tipp 2: Lass Lob nicht fallen wie ein heißes Eisen!

Kennst du die Formulierungen: »Wenn ich nichts sage, bin ich zufrieden« oder »Nicht geschimpft ist genug gelobt«? Kein Wunder, dass wir ein ambivalentes Verhältnis zu Lob haben, sind doch die meisten von uns mit diesen Sätzen oder auch mit »Eigenlob stinkt« aufgewachsen. So kommt es, dass du heutzutage, anstatt dich über ein Kompliment für deinen schicken neuen Mantel oder Pulli zu freuen, antwortest: »Ach der, der ist ja uralt, den habe ich ganz hinten im Schrank wiedergefunden.« Oder aber jemand lobt deinen Haarschnitt und du antwortest mit einem unsicheren: »Findest du?«

Diese Zeiten und Antworten sind für dich ab sofort vorbei! Ab heute gilt: Lob annehmen! Höre das Lob, lass es in dich eindringen, bedanke dich beim anderen ehrlich dafür und nimm es in seinem ganzen Ausmaß an. Bitte antworte nicht gleich mit einem Gegenkompliment, sondern spüre das Lob in deinem Inneren und lass die Wärme, die es ausstrahlt, in dir wirken.

Lob anzunehmen und zu schätzen, ist ein bedeutender Schritt, um uns von Ängsten und Unsicherheiten zu befreien. Es verhilft uns zu einem verstärkten Selbstwertgefühl und ist ebenfalls ein Zeichen der Anerkennung deines Gegenübers, dessen Wertschätzung du damit akzeptierst. Mit einem angenommenen Lob gönnst du dir einen Augenblick der Selbstliebe, empfindest positive Gefühle über deine Fähigkeiten und Anlagen und feierst einen Daumen-hoch-Moment.

Erinnere dich daran, wie ein Lob in der Schule dich und deine Leistungen beflügelt hat, und wie du unter Kritik, vor allem wenn sie für dich als zu harsch oder unfair rüberkam, gelitten hast. Das muss nicht mehr sein!

Hast du dich im Empfangen von Lob ausreichend geübt, geht es nun einen Schritt weiter. Sprich auch du Lob, Wertschätzung oder Komplimente aus. Ein aufrichtiges Kompliment schafft nicht nur eine Atmosphäre der Wertschätzung und Freundlichkeit, sondern stärkt ebenso unsere zwischenmenschlichen Beziehungen. Unser Gegenüber fühlt sich wahrgenommen und gesehen, was eine Beziehung deutlich vertieft.

Ein Spiel für die nächste Familienfeier

Was hältst du davon, wenn du während der nächsten Familienfeier ein zehnminütiges Spiel anleitest, anstatt eine Rede zu halten? Verteile kleine Zettel und lass Kuverts mit den Namen aller Anwesenden herumreichen. Nun bekommen sämtliche Gäste die Aufgabe, für alle anderen Personen im Raum einige positive Worte oder Sätze auf die Zettel zu schreiben. Diese werden dann anonym in die Kuverts verpackt. So geht jede:r am Ende mit einem Kuvert voller Anerkennung nach Hause. Welch schöne Erinnerung!

Dieses Kuvertspiel funktioniert auch für dich selbst. Schreibe dir selbst kleine Zettel mit herzlichen und inspirierenden Worten und verpacke sie in ein Kuvert. Wenn du einmal Aufmunterung oder Lob brauchst und anderweitig keines absehbar ist, ziehst du dir einfach selbst einen Zettel – und freust dich!

Tipp 3: Sei selbstbestimmt und stark – und hinterfrage deine externen Einflüsse

Inmitten des stetigen Informationsrauschens geraten wir oft in einen Strudel, sind gierig nach den neuesten Nachrichten, dem aktuellsten Klatsch und den allerneuesten Breaking News (wenn ich da an meine Oma denke, die sehnsuchtsvoll einmal in der Woche ihre Boulevardzeitung erwartete, komme ich mir uralt vor). Diese Flut an Informationen und der Druck, immer auf Abruf parat stehen oder ebenfalls die neuesten Erkenntnisse jederzeit und mit jedermann teilen zu müssen, können uns überwältigen und komplett verschleißen. Müssen wir tatsächlich immer und überall erreichbar sein und jeden digitalen Ping mit einem Hechtsprung beantworten? Oder dürfen wir auch einmal nicht erreichbar sein?

Die ständige Berieselung durch unsere »virtuellen Lebenspartner«, egal ob Handys oder soziale Medien, katapultiert uns in eine chronische Überreizung, da ist das Oktoberfest eine Wellnessoase dagegen. Was für ein Stress!

Social Media hat unser Leben vergleichbar gemacht – und das mit viel mehr Menschen, als dies früher möglich war. Wir vergleichen uns nicht mehr nur innerhalb der Familie, Nachbarschaft oder Gemeinde. Nein, wir vergleichen uns mit Models aus den USA, mit Influencer:innen aus England, Millionär:innen aus Dubai – und lassen uns dabei blenden, denn wir sehen ja nur das, was diese Menschen uns zeigen wollen. Was wirklich hinter der Fassade geschieht, bleibt für uns unsichtbar.

Wir treffen auf Menschen, die scheinbar glänzen wie Sterne am Himmel. Das kann uns unzufrieden machen und an den eigenen Fähigkeiten zweifeln lassen. Es gibt immer Menschen mit größeren Erfolgen, mehr Geld, schickeren Häusern, schnelleren Autos und all dem ganzen Luxus. Menschen, die schöner, sportlicher, fitter, gescheiter und erfolgreicher scheinen. Aber noch nie war diese Art von Vorbildern so nahe an uns »dran«. Wir lesen oder hören von ihnen fast schon rund um die Uhr: im Bett, am Tisch, im Zug, im Auto, ja sogar auf dem Klo. Ihr Leben begleitet uns vom Aufwachen bis zum Schlafengehen. Umso wichtiger ist es, gelegentlich die Onlinebremse zu ziehen. Notwendig ist bewusstes »Digital Detox«, also eine Auszeit von der digitalen Welt, um nicht nur physisch, sondern auch mental aufzutanken. Selbst im vermeintlich gemütlichen Homeoffice verschwimmen die Grenzen zwischen Arbeit und persönlichem Rückzug mehr, als es uns bewusst ist. Tagelang isoliert zu Hause entsteht bei vielen die Sehnsucht nach echten, greifbaren Erfahrungen und realen Menschen. Nach Momenten, in denen wir nicht durch Bildschirme getrennt, sondern durch gemeinsame Erlebnisse verbunden sind.

Das Ziehen klarer Linien zwischen der Online- und der Offlinezeit stellt für viele eine Herausforderung dar, ist jedoch eine Voraussetzung, um in unserer vernetzten Welt einen kühlen Kopf und ein zufriedenes Herz zu bewahren.

Ich möchte auch meine eigene Fähigkeit in Sachen unsinniges Multitasking hinterfragen. Ist Multitasking wirklich eine Tugend? Oder neigen wir dazu, uns in einem endlosen Jonglierakt von Aufgaben zu verlieren? Die Technisierung hat es ermöglicht, dass wir während des Kochens, Spazierens oder Sporttreibens noch nebenbei telefonieren, Podcasts hören oder Sprachnachrichten verschicken können. Das Handy in der einen Hand, die Kaffeetasse in der anderen, mit dem Fuß den Kinderwagen wippend, können wir kaum der Versuchung widerstehen, die besten Urlaubsdeals zu recherchieren. Diese ständige Fragmentierung unserer Aufmerksamkeit führt dazu, dass wir zwar viele Dinge gleichzeitig tun, aber keinem unsere volle Hingabe schenken. Dabei ist die Qualität unserer Aufmerksamkeit genauso wichtig wie die Quantität der Aufgaben, die wir erledigen. Indem wir aufhören, zehn Dinge gleichzeitig zu machen, bekommt eine Sache wieder ihren wahren Wert.

Die Kunst der bewussten Fokussierung liegt darin, dass wir uns nicht von der Vielzahl der Möglichkeiten überwältigen lassen, sondern bewusst wählen, worauf wir unsere Energie richten. Dieses Fokussieren ist gleichermaßen eine Einladung, die digitale Ablenkung zu reduzieren, die Vielzahl der gleichzeitig laufenden Prozesse zu minimieren und sich auf das Wesentliche zu konzentrieren.

Das bedeutet nicht, dass du dich komplett von der digitalen Welt abkoppeln sollst. Vielmehr geht es mir darum, dich zu ermutigen, eine Balance zwischen der digitalen Welt und der realen Welt zu finden, damit du nicht nur äußerlich, sondern auch innerlich voller Lebensfreude und Kraft deinen Alltag gestalten kannst.

Gönn dir Pausen vom Input und schenk dir Zeit! Lies gern mehr zu diesem Thema im Kapitel 6 »Deine Wahrnehmung«. Es ist deine Umwelt, die dich prägt. Schaff dir eine Umwelt, die dir, deiner Seele und deinem Körper guttut!

Tipp 4: Bedeutungsvolle Beziehungen

Einen großen Einfluss auf dich und dein Leben hat nicht nur deine Umwelt, sondern das haben vor allem auch die Menschen, von denen du umgeben bist: dein Partner oder deine Partnerin, deine Familie, deine Freund:innen und Kolleg:innen. Die meisten sind für uns selbstverständlich, vertraut und gehören zu unserem Alltag so wie der tägliche Kaffee (oder Tee). Wir hinterfragen sie kaum. Schließlich sind sie schon lange da, begleiten uns durch Höhen und (manchmal auch) durch Tiefen, und wenn wir Glück haben, melden sie sich nicht nur dann, wenn sie unsere Hilfe brauchen. Das ist schon sehr viel und wir können das nicht hoch genug schätzen.

Dennoch möchte ich dich bitten, noch weiter darüber zu reflektieren, wer alles in deinem Leben ist, was das wirklich für Menschen sind und welche Werte, Überzeugungen und Verhaltensweisen sie haben. Denn die Menschen, die dich umgeben, prägen maßgeblich dein gesamtes Denken, Fühlen und Handeln.

Die nachfolgende Übung kann dir helfen, die Rolle der Menschen in deinem Leben besser zu verstehen und bewusster Entscheidungen darüber zu treffen, welche Beziehungen du weiterentwickeln möchtest und welche nicht.

Erkenne positive Einflüsse
Welche der Menschen, die dich umgeben, tun dir wirklich, wirklich gut, sodass du aus einer gemeinsam verbrachten Zeit gestärkt und voller Inspiration und Zuversicht hervorgehst? Welche Werte und Überzeugungen gehen von ihnen aus? Mach dir eine Liste und notiere ihre Namen und Einflüsse. Teile diese Beobachtung mit ihnen, damit auch sie wissen, wie wichtig sie dir sind.

Erkenne negative Einflüsse: Sei ehrlich zu dir selbst und überlege, welche Menschen einen negativen Einfluss auf dich haben. Vielleicht sind es auch nicht die Menschen an sich, sondern vielmehr ihre Gewohnheiten, Denkmuster oder Verhaltensweisen, die dir nicht guttun. Auch hier: Notiere ihre Namen und trenne dich mutig von ihnen. Wenn das nicht möglich ist, finde einen Weg, dich innerlich nach und nach von ihren Einflüssen zu befreien.

Eine Trennung kann auch eine Chance sein, sich wieder neu zu finden und alte toxische Muster zurückzulassen. Die Menschen in deinem Umfeld kannst du somit ganz klar in Energiegeber und Energiezieher einteilen.

Energiegeber sind Personen, die dich motivieren und unterstützen, sie fördern positive Gedanken und Gefühle. Ihre Anwesenheit fühlt sich belebend an und du gehst gestärkt aus einem gemeinsamen Treffen hervor, manchmal sogar so mutig, dass du dich traust, deine Komfortzone zu verlassen und neue Erfahrungen zu sammeln. Energiezieher sind Personen, die dich mit ihrer Negativität, oft ohne böse Absicht, emotional erschöpfen. Sie beanspruchen deine Zeit und Aufmerksamkeit, nehmen aber deine Bedürfnisse nicht wahr. Sie verwickeln dich mit ihren Dramen und Konflikten in Dynamiken, die deine Energie aufbrauchen, und dominieren dich in einer Weise, die dein persönliches Wachstum und deine Entwicklung behindern oder sogar ausbremsen. Wahre, tiefe und ehrliche Beziehungen sind nicht nur ein Energiebooster, sondern auch ein wirksames »Heilmittel« gegen das Gefühl, nicht gut genug zu sein.

Wie viel bist du selbst bereit, in Beziehungen zu investieren, damit sie substanziell wertvoll sind? Bist du bereit, dich zu öffnen und dich ohne Maske zu präsentieren? Hast du tausend Freund:innen, mit denen du an der Oberfläche kommunizierst, oder wenige, bei denen du dich zeigen kannst, so wie du bist?

Es geht nicht um die Quantität, sondern um die Tiefe und die Echtheit der Verbindungen. Wahre Beziehungen erkennst du nicht durch den Austausch von Oberflächlichkeiten, sondern durch das gegenseitige Vertrauen und die selbstverständliche Hingabe, dich voll und ganz öffnen zu können. Und zwar ohne hemmende Gedanken daran, jemanden oder etwas zu verlieren, selbst wenn du dich ehrlich zeigst und deine Meinung äußerst.

Wusstest du, dass die Qualität unserer zwischenmenschlichen Beziehungen sogar maßgeblich unsere Fähigkeit zur Kommunikation beeinflusst? In einem Umfeld von Vertrauen und Offenheit fällt es uns leichter, unsere Gedanken und Gefühle authentisch auszudrücken und auch komplexe oder sensible Themen anzusprechen. Also lass dich nicht mehr kleinmachen, trenne dich von Krafträubern und Bedenkenträgern und investiere deine Zeit und Energie in Beziehungen zu Menschen, die dich wertschätzen und annehmen, so wie du bist!

Tipp 5: Dankbarkeit

Mein Großvater hatte die Angewohnheit, auf einen Laib Brot mit der Messerklinge immer ein Dankeszeichen zu ritzen bevor er ihn anschnitt. Das hat mich als Kind sehr berührt. »Ist ja nicht selbstverständlich, dass wir genug zu essen haben. Ich hab's schon mal anders erlebt«, sagte er mit einem Schmunzeln. Abends, als ich schlafen gehen sollte, spielte er oft ein Spiel mit mir: Ich durfte aufzählen, was ich an dem Tag Tolles gelernt hatte und was mir alles gelungen war. Das konnte sein, dass ich mit meinen Legosteinen ein großes Riesenrad gebaut, beim Holzholen schwere Stücke getragen oder aus dem dunklen Keller einen Eimer Äpfel geholt hatte. Manchmal war ich auch ganz hoch auf den Kirschbaum geklettert oder hatte mir die Namen der Kräuter, die wir gemeinsam gesammelt hatten, besonders gut merken können. Mein Großvater spürte damals instinktiv, wie wichtig es für mich war, solche Herausforderungen bewältigt zu haben, und während dieser abendlichen Rituale voller Stolz und Dankbarkeit davon zu erzählen. So durfte ich lernen, dass das, was zählt, nicht immer die großen Geschichten sind, sondern dass die Welt voller Wunder ist, auch wenn sie klein und leise sind.

Dank sticht Zweifel

Wenn wir in einer Zweifelspirale gefangen sind und darüber grübeln, ob wir gut genug sind, so wie wir sind, oder nicht, könnten wir uns einmal von folgendem Gedanken leiten lassen: Vergeben wir doch Punkte von eins bis zehn bezüglich unserer Gesundheit, unseres Aussehens, unserer Finanzen, unserer Partnerschaft, unserer Ferien- und Freizeitmöglichkeiten, unserer Wohnsituation und Mobilität.

Ein Punkt bedeutet »wenig zufrieden«, zehn Punkte bedeuten »sehr zufrieden«. Nimm dir einen Zettel zur Hand und führe diese Übung durch. Schreibe ein Datum dazu, denn diese Übung kannst du regelmäßig wiederholen, um zu erkennen, wo sich deine Einschätzung verändert hat.

Hast du überall Punkte vergeben? Gut, und nun lass uns träumen. Wie würde dein Leben aussehen, wenn du bei allen Möglichkeiten einen Punkt hinaufgehen könntest (cool, oder?)?

Und jetzt lass uns uns auch das Gegenteil ausdenken. Wie würde dein Leben aussehen, wenn du jeweils einen Punkt hinuntergehen müsstest (nicht so cool, oder?)?

Diese Übung zeigt dir auf, dass es immer noch Luft nach oben gibt, du aber definitiv dankbar für das sein darfst, was du in den einzelnen Bereichen schon erreicht hast. Mit ein klein wenig Demut können wir vielleicht auch besser erkennen und würdigen, dass wir solch wichtige Faktoren wie Unterstützung, Inspiration oder Liebe manchmal einfach geschenkt bekommen.

Dankbarkeit hat so viele positive Auswirkungen auf unsere körperliche und mentale Gesundheit: Bist du dankbar, schläfst du besser. Dankbarkeit verstärkt das Glücksempfinden, das Selbstwertgefühl, die Resilienz und mindert Stress. Anstatt sich ausschließlich auf vermeintliche Mängel zu konzentrieren, richtet Dankbarkeit den Fokus auf die erreichten Erfolge, die positiven Beziehungen und unterstützenden Faktoren im Leben und verringert damit deine Ängste, nicht zu genügen.

Das Praktizieren eines Perspektivenwechsels kann eine effektive Möglichkeit sein, mehr Dankbarkeit für das eigene Leben zu empfinden. Indem du dich in die Lage anderer Menschen versetzt, erhältst du einen veränderten Blick. Stelle dir vor, wie es wäre, eine kleine Wegstrecke in ihren Schuhen zu gehen, und betrachte dann *dein* Leben aus *ihrer* Perspektive. Frage dich, wie andere mit Herausforderungen umgehen, die du möglicherweise nicht erlebst. Zum Beispiel ist es heute immer noch ein Privileg, einen einfachen Zugang zu sauberem Trinkwasser und medizinischer Versorgung zu haben. Das vergessen wir manchmal.

Dankbarkeit fördert ebenso eine realistische Selbsteinschätzung. Durch das Anerkennen von Leistungen und positiven Aspekten im eigenen Leben wird deutlich, dass Erfolge nicht allein auf Glück oder Zufall beruhen, sondern dass sie dir zustehen – dir, so wie du bist!

Auch zwischenmenschliche Beziehungen werden durch Dankbarkeit gestärkt. Wenn wir Anerkennung nicht nur fühlen, sondern sie auch ausdrücken, entsteht ein Fundament für eine positive, sich gegenseitig unterstützende Beziehung innerhalb unseres sozialen Umfelds.

Das Dankbarkeitsglas

Überlege dir mindestens einmal pro Woche eine Sache, für die du dankbar bist. Schreib sie auf einen Zettel, wirf ihn in ein großes Glas, das an einem Platz steht, an dem du häufig vorbeikommst. Sammle so viele verschiedene Gründe der Dankbarkeit wie möglich! Wann immer ein Gefühl der Unzufriedenheit, der Angst oder der Unsicherheit in dir hochkommt, nimm einen oder mehrere Zettel aus dem Glas, lies sie durch und gib sie wieder zurück in das Glas. Du wirst sehen, wie gut dir das tut!

Tipp 6: Natur und Sport

Sport, vor allem draußen in der Natur, ist nicht nur das ultimative Hilfsmittel gegen Depressionen, sondern auch gegen das Gefühl, sich nicht gut genug zu fühlen. Erinnerst du dich an meine leidige Hautgeschichte zu Beginn dieses Kapitels? Nachdem ich die äußeren Merkmale, die Hautkrankheit, losgeworden war, begann ich mit Sport. Ich habe meinen Allerwertesten hochgekriegt und mit Taekwondo begonnen. Also einer koreanischen Kampfsportart, bei der nicht nur die Hände fliegen, sondern auch das Selbstbewusstsein durch die Decke geht. Ich wollte meinen Körper spüren, mich anstrengen und über mich selbst hinauswachsen. Ich wollte mir beweisen, dass ich stark, fokussiert und zielgerichtet sein konnte. Siegen sollten nicht meine Zweifel, die hartnäckiger an mir klebten als Kaugummi an einer Schuhsohle, sondern ich.

Mit regelmäßigem Training, jeder Menge Spaß und einem Hauch von Disziplin schaffte ich es innerhalb von drei Jahren bis zum blauen Gürtel. Das mag für manche nicht nach viel klingen, doch für mich war es der höchste Gipfel des Selbstvertrauens. Sport kann auch dich dabei unterstützen, mehr Selbstvertrauen zu entwickeln und deine Zweifel oder dein Impostor-Syndrom in die Schranken zu verweisen. Der Energieschub danach kann größer als ein doppelter Espresso sein.

Also raus mit dir, schnapp dir deine Sportschuhe und lass die Natur dein Fitnessstudio sein! Damit wirst du nicht nur deinen Körper in Schwung bringen, sondern auch dein Lachen. Denn hey, wer hat gesagt, dass Sport nicht auch Spaß machen kann?

Wenn du kein Sporttyp bist, dann nutze die Möglichkeiten, die vor deiner Haustür liegen. Wälder und Wiesen sind für uns alle frei verfügbar. Es muss ja nicht gleich ein Marathon sein oder ein bunter Gürtel in einer Kampfsportart. Medizinisch betrachtet führen frische Luft und eine leichte körperliche Anstrengung zur Freisetzung von Endorphinen, was Entspannung und Zufriedenheit fördert.

Kannst du mir sagen, warum zur Hölle wir einen Laubbläser benutzen, der uns die Arbeit lärmend erleichtern soll, nur um danach ins Fitnessstudio zu gehen? Ist das nicht absurd? Klar, das Kehren mag nicht so effizient sein wie ein ausgeklügeltes Ganzkörpertraining, aber diese meditative Körperarbeit im Freien gibt uns Muße und Ruhe. Und mal ehrlich: Wer braucht schon einen Laubbläser, wenn man echte Vögel zwitschern hören kann?

Zeit für eine Pause!

Gönn dir also bewusste Ruhe, lege Pausen ein und verbringe vor allem Zeit in der Natur. Spaziere durch einen Wald, schau dir die Bäume an und spüre ihre Kraft. Steig auf einen Berg, genieß die Stille und höre in dich hinein. Natur ist Wellness für die Seele, ein heilender Ort, an dem du nicht nur zu dir selbst findest, sondern auch zu innerer Ruhe. Dort sind wir nicht nur Zuschauer:innen, sondern ein Teil des Ganzen. Mach deinen täglichen Ausflug in die Natur zu deinem persönlichen Ritual. Du wirst spüren, wie sich die Welt um dich herum verändert – auf eine entspannte und erfrischende Weise.

Von »Hilfe, ich bin nicht gut genug« zu »Schaut mal, ich bin gut genug!«

So, liebe Zweifler:innen am eigenen Genie, jetzt sind wir am Ende unserer Abenteuerreise durch das Land des »Bin ich gut genug?« angelangt.

Ich lade dich herzlich ein, dir aus dem reich gefüllten Korb – nicht mit Rezepten, sondern mit Möglichkeiten – die herauszupicken, die dein Herz zum Lächeln bringen oder die in deiner momentanen Lebenslage am besten passen. Vielleicht wie bei einem Buffet, nur dass hier niemand schief guckt, wenn dein Teller überquillt!

Schon als Kind bescherten mir die Wertschätzung und Dankbarkeit für die sogenannten kleinen Dinge des Lebens viele freudvolle Momente, besonders auf dem Kirschbaum, wenn ich die Kerne herunterspucken konnte (meine Trefferquote war deutlich besser als meine Mathenote).

Später, als ich mich aus der schlimmsten Phase meines Impostor-Phänomens herausgeschält hatte, halfen mir dann oft Sport, Natur und das Erkennen von substanziellen Beziehungen. Wie ich dir schon erzählt habe, entdeckte ich eine Kampfsportart; außerdem tauchte ich in Wälder, Seen und Berge als meinen ganz persönlichen Ruhepool ein. Das mit den substanziellen Beziehungen war die größte Herausforderung – ein Energieräuber und ein »Mich-klein-Halter« gleichzeitig. Mich davon zu befreien, durchzuatmen und den Mut für neue zwischenmenschliche Beziehungen aufzubringen, war das Schwierigste. Heute bin ich so dankbar für diese Entwicklung.

Momentan arbeite ich daran, die Lautstärke der digitalen Einflüsse in meinem Leben herunterzudrehen und meinen Perfektionismus loszulassen – er macht mich so unnahbar, und das will ich nicht mehr. Über Lob und Komplimente kann ich mich mittlerweile mehr freuen als über Schokoladeneis – und glaub mir, Schokoladeneis ist die Welt für mich. Ich wünsche uns, dass wir anerkennen können, dass das, was wir können, und das, was wir (noch) nicht können, beides immer da ist. Entscheidend aber ist, worauf wir unseren Fokus richten. Auf die Schokostückchen im Eis oder auf die Kalorien? Ich wähle Ersteres und ich hoffe, du auch!

Kapitel 2
Die Angst vor der Bühne: Lampenfieber und Auftrittsängste

Es gibt keine genauen Statistiken darüber, wie viele Menschen unter Lampenfieber leiden, da Ausprägung und Häufigkeit von Lampenfieber von Person zu Person stark variieren können. Einige Studien und Umfragen halten jedoch fest, dass beinahe alle Menschen, die vor Publikum sprechen müssen, insbesondere solche, die in beruflichen oder öffentlichen Situationen präsentieren müssen, von Lampenfieber betroffen sind. Du bist also in guter Gesellschaft, wenn du beim Lesen dieses Kapitels einen Knoten im Bauch verspürst, weil du für gewöhnlich Blut und Wasser schwitzt und am liebsten die Flucht ergreifen möchtest, wenn du beispielsweise einen Vortrag halten oder zu einem Bewerbungsgespräch gehen musst.

Lampenfieber kennt viele Facetten. Vielleicht verspürst du physische Symptome wie Herzklopfen oder sogar Herzrasen, zitternde Hände oder Beine, Übelkeit, Appetitlosigkeit oder Magenbeschwerden, einen trockenen Mund, Atemnot, Hyperventilation oder ein Erröten im Gesicht, leuchtender als eine Tomate? Oder zwingt dich ein permanentes Bedürfnis, unentwegt die Toilette aufsuchen zu müssen? Bangst du um deine Stimme, die zittrig, flach und fremd klingt? Hast du Angst, den Faden zu verlieren, in deinem Vortrag stecken zu bleiben oder einen kompletten Blackout zu erleben? Dann ist hier meine Diagnose für dich: Du hast Lampenfieber! Ich kann dir eines garantieren, wenn du Nächte damit verbringst, Panikattacken statt Schafe zu zählen: Du bist nicht allein.

Unsere Vorfahren waren sehr aufmerksam in der Bewertung der Dinge um sie herum, denn sie lebten in einer Welt voller Abenteuer und Gefahren. Ihr Überleben hing von ihrer Fähigkeit ab, blitzschnell Entscheidungen zu treffen. Diese Fähigkeit hat ihnen mitunter das Leben gerettet. Näherte sich ein großes, unbekanntes Tier, gab es ein Blitzwarnsignal ans Gehirn: Achtung! Entscheide dich schnell! Weglaufen oder kämpfen? »Fight or flight«? Egal, wofür sie sich entschieden hatten, sie brauchten umgehend reichlich Energie, und die bekamen sie durch die Stresshormone Adrenalin und Noradrenalin, die ihnen ihr Körper zur Verfügung stellte. Sie konnten also entweder sofort lossprinten und auf den nächsten Baum flüchten oder sich dem Kampf stellen.

Diese beiden Hormone sind auch heute noch unsere treuen Begleiter in herausfordernden Momenten, schenken uns Wachsamkeit und die Kraft, über uns hinauszuwachsen. Also ist es erst einmal genial, dass unser Körper in den Stressmodus geht. Schließlich geht es um unser Überleben!

Leider haben diese Helfer, also unsere Stresshormone, ebenso ihre Tücken. Sie übertreiben es manchmal ein wenig und verursachen nicht nur geschärfte Sinne und ein hohes Energielevel, sondern führen zum Kribbeln im Bauch bis hin zu unbändigen Angstzuständen. Wir müssen heute glücklicherweise nicht mehr vor dem Säbelzahntiger flüchten, sondern »nur« einen Vortrag halten. Die Reaktion unseres Körpers aber ist immer noch steinzeitlich, soll heißen, er produziert vor einer Meute wissenshungriger Menschen reichlich Stresshormone. Somit geht es meist darum, diesen Überschuss an Adrenalin wieder abzubauen. Das kannst du auf mentale und körperliche Weise tun.

Mental hilft es, das Gefühl von Lampenfieber anzuerkennen, zu akzeptieren und dessen Bewertung von etwas Bedrohlichem hin zu etwas Nützlichem zu verändern. Statt das einschießende Adrenalin als etwas Negatives zu betrachten, versuche es als nützlichen »Booster« zu sehen, der deine Wachsamkeit und Konzentration erhöht.

Dieser neue Fokus kommt dir dann bei einem wichtigen Vortrag, bei einem Bewerbungsgespräch, einem Interview, beim Sport oder in der Achterbahn zugute. Adrenalin erhöht die mentale und körperliche Leistungsfähigkeit, verbessert die Konzentrationsfähigkeit sowie das Gedächtnis und sorgt für einen positiven Gefühlskick.

Nach einer herausfordernden Situation belohnt uns unser Körper mit einem Gefühl des Glücks, dank der Ausschüttung von Dopamin. Kein Wunder also, dass einige Menschen die Aufregung immer wieder suchen, das sind die sogenannten Adrenalin-Junkies.

Lampenfieber entsteht in unserem Kopf, zeigt sich aber in unserem Körper. Wir können unseren Körper so konditionieren, dass er stark ist und dem Kopf damit Kraft gibt. Zum Beispiel, indem du tiefe Atmung praktizierst oder das An- und Entspannen von Muskelgruppen trainierst, wie ich es später noch beschreiben werde. Betreibe Sport, der dir Spaß macht, egal ob Yoga, Tai-Chi, Stretching, Pilates oder Laufen, Boxen, Tennis.

Wenn uns das Lampenfieber packt, erkennen wir, dass diese Aufregung nicht nur ein Teil unserer persönlichen Geschichte ist, sondern auch eine Quelle unserer Kraft. Somit lehrt uns diese Aufregung, dass wir mit ein wenig Übung und Verständnis für unseren Körper jede Herausforderung meistern können. Lampenfieber ist nicht nur ein nervöses Zittern vor dem Auftritt; es ist ein Zeichen unserer Lebendigkeit sowie ein Sprungbrett zu unvergleichlichen Leistungen.

Wie bereits erwähnt, kommt es auf die richtige Dosierung an. Zu große Angst kann auch, zwar selten, aber es kommt vor, zu Schockstarre und Angstlähmung führen. Denn Adrenalin spielt eine Doppelrolle: Einerseits ist es unser Verbündeter, der uns schärfer, fokussierter und energetischer macht; andererseits kann uns zu viel davon überwältigen, wenn wir es nicht richtig kanalisieren. Das ist der Moment, an dem sozusagen ein Blackout auftreten kann, weil zu viel Stress uns daran hindert, klar zu denken. Und weg ist der rote Faden, wir erinnern uns nicht mehr, was wir sagen wollten. Ruhige und tiefe Atmung wird dann zu einem Anker, der das Gleichgewicht wiederherstellen kann. Des Weiteren kann es helfen, den letzten Satz zu wiederholen, während du bewusst atmest, um wieder Anschluss an deinen »roten Faden« zu finden. Oder du wendest dich ans Publikum mit einer Frage zu dem, was bereits gesagt wurde. Denn das gibt dir die Chance, wertvolle Zeit zu gewinnen, deine Gedanken zu sammeln und deine eigene Mitte wiederzufinden. Bei beiden Strategien werden Pausen gezielt genutzt, um den Geist zu klären, den Fokus zu finden und die Konzentration zurückzugewinnen.

Ein absoluter Schlüsselgedanke, den ich dir mitgeben will, ist folgender: Körper und Geist beeinflussen sich gegenseitig. Durch Affirmationen und mentales Training kannst du deinen Körper beruhigen.

Und umgekehrt: Durch einen ruhigen Körper und eine souveräne Körperhaltung kannst du auf deinen Geist einwirken. Allein, indem du so tust, als ob du voller Selbstbewusstsein wärst, verspürst du eine andere Kraft und Energie.

Bevor ich dir verschiedene Tricks und Tipps rund um das Thema Lampenfieber gebe, möchte ich dir meine Geschichte mit heftigem Lampenfieber erzählen – einem solchen, das komplett außer Kontrolle geraten ist.

Atmung – oder: ein Zeh schaut in die Luft

Ich hatte als Film- und Fernsehschauspielerin schon einige Erfahrung gesammelt, da bekam ich eine Rolle an einem bekannten deutschen Theater. Dort passierte mir folgende Geschichte: Wir spielten ein klassisches Stück, ein bekannter Regisseur führte Regie, Theaterschauspieler:innen mit großen Namen waren meine Partner:innen. Das Besondere an dieser Aufführung: die gesamte Bühne war mit Sand gefüllt und wir spielten barfuß.

Während unserer ersten Probe sollte ich auf die Bühne laufen und einen anderen Schauspieler in seiner Rolle euphorisch begrüßen, da er von einer langen Reise nach Hause kam, und ihm überglücklich in die Arme fallen. So lief ich also jubelnd von hinter der Bühne nach vorn, dort stand der Mann, dem ich in die Arme fallen sollte, doch auf halbem Weg brüllte jemand: »NEIN, was machst du denn?? So geht das nicht! Komm nochmals!« – Das war die Stimme des Regisseurs, der unten in dem riesigen Zuschauerraum saß. Ich verstand nicht ganz, was er meinte, wagte aber nicht zu fragen, ging zurück und lief erneut von hinter der Bühne hervor, um meinen Partner zu begrüßen. Erneut – ich war noch nicht bei ihm angekommen – erschallte es aus dem Zuschauerraum: »NEIIIIIIN, doch nicht soooooo!!« Ich stammelte: »Hmmm, ich verstehe nicht? Wie denn?« Der Regisseur kam auf die Bühne und herrschte mich an: »Du sollst auf deinen Kollegen zulaufen, ihn begrüssen und ihm in die Arme fallen!« – »Ja, das will ich ja …« »Dann mach es auch!«, und wieder ging er hinunter in den Zuschauerraum, brüllte hoch: »Also, komm halt nochmal!«, und so trottete ich den Tränen nahe nach hinten.

Was soll ich dir sagen, das Spiel wiederholte sich noch zigmal. Ich verstand nicht, was der Regisseur wollte, er tobte, schrie, raufte sich die Haare … und ich war fix und fertig, bevor ich überhaupt meinen ersten Satz sagen konnte, zu dem ich an diesem Probentag übrigens nie kam.

Aber jetzt kommt es erst: Das passierte mir, *nachdem* ich bereits seit über einem Jahr den Deutschen Fernsehpreis in der Tasche hatte! Ich hatte diese Auszeichnung für eine Rolle bekommen, in der ich eine Frau spielte, die an Multipler Sklerose erkrankt war und mit ihrem Rollstuhl quer durch Frankreich bis nach Lourdes pilgerte, getragen von der Hoffnung, dass sie dort ein Wunder erzwingen könnte. Bei der Preisverleihung stand ich zwischen Hannelore Hoger und Günther Jauch, die zum gleichen Zeitpunkt in anderen Kategorien prämiert wurden. Doch als ich ein Jahr später mir und allen beweisen wollte, dass ich nicht nur ein Fernsehstar, sondern ebenso eine ernstzunehmende Theaterschauspielerin war, ließ ich mich von diesem Regisseur so kleinmachen, dass ich nicht einmal mehr in eine Ritze gepasst hätte. Ich war quasi nicht mehr da. Karina unter der Fußmatte, platt wie eine Flunder. Am Theater nennt man diese Methode heute noch »einen Schauspieler brechen«, das heißt Schauspieler:innen durch Provokation oder das Überschreiten emotionaler Grenzen in einen solchen Erschöpfungszustand zu bringen, dass sie angeblich echtere Emotionen zeigen, statt diese zu spielen. Heute gilt diese Arbeitsweise endlich als fragwürdig, da sie eine missbräuchliche und manipulative Dynamik zwischen Schauspiel und Regie schafft und zu psychischen und gesundheitlichen Schäden führen kann. Sie findet aber leider immer noch statt.

Wie ging es dann weiter? Die sechswöchige Probenzeit war für mich die Hölle auf Erden. Irgendwann durfte ich zwar meinen Text aufsagen. Ja genau, aufsagen, denn ich war nicht mehr ich, sondern nur noch ein Schatten meiner selbst. Der Regisseur mochte mich nicht. Alles in mir zitterte und ich traute mich kaum noch zu atmen.

»Bloß nicht auffallen!« war meine Devise. Bei der Premiere war ich ein vor Lampenfieber erstarrtes Wesen, das verkrampft, steif und möglichst unsichtbar die Bühne betrat. Während der zahlreichen Vorstellungen wollte ich allabendlich im Boden versinken, meine Atmung wurde flach, ich hauchte angstvoll meine Worte – das donnernde »NEIIIIIIIIN« des Regisseurs noch in den Ohren –, piepste mit zittriger Stimme meinen Text und war am Ende jedes Abends dann heiser und völlig erschöpft.

Kurz vor der Premiere wurde die ganze Stadt mit Fotos von den Vorstellungen des Theaters plakatiert. Eine wunderschöne Sandlandschaft mit bunt gekleideten Menschen war darauf zu sehen. Das Kuriose aber war: Auf jedem Bild, das mich zeigte, schaute aus dem tiefen Sand mein großer Zeh hervor. Auf jedem Bild, immer und überall! Wahrscheinlich war das nur mir aufgefallen, doch ich fand es furchtbar. Aber tatsächlich brachte es mich endlich zum Nachdenken. Da war also dieser Zeh. Wieso stand er ab? Wieso reihte er sich nicht gleichmäßig in die Reihe der anderen Zehen? Wieso stand er so hoch wie der Mast eines Segelbootes? Zumindest kam mir das so vor. In Gedanken dichtete ich schon: »Oje, da ist er wieder da, der Zeh, was macht er in der Höh, der Zeh, ich will nicht, dass ich ihn seh, den Zeh, oh weh!«

Ich vermutete irgendeinen Krampf im Fuß, eine Verspannung oder Anspannung, definitiv keine Entspannung, musste der Grund dafür gewesen sein …

Es dauerte, bis ich realisierte, dass der unglaubliche Druck, der in meinem gesamten Körper war, sich wohl irgendwo zeigen musste. Ich ging zu einer Physiotherapeutin, die meinen Zeh und mich untersuchte, und dann mit bedeutungsvollem Blick sagte: »Du atmest nur ganz flach, deine Lungen bekommen zu wenig Sauerstoff. Dein ganzer Körper ist verkrampft, nicht nur dein Zeh!«

So fing ich an, bewusstes und tiefes Atmen zu trainieren. Etwas, das ich zwar an der Schauspielschule gelernt, aber längst wieder vergessen hatte. Und ich erinnerte mich daran, welchen Einfluss der Atem auf unseren ganzen Körper hat, bis hin zum großen Zeh. Denn richtiges Atmen reduziert Lampenfieber und Stress, verbessert das Körpergefühl und die Konzentration und führt zur generellen Steigerung des Wohlbefindens. Lass die nachfolgende Übung Teil deiner täglichen Routine werden, egal ob du sie morgens im Bett, mittags im Auto oder abends beim Zähneputzen machst.

Entspannte und tiefe Atmung

Nimm dir mehrmals täglich fünf Minuten Zeit für eine tiefgehende Bauchatmung: Leg dich flach auf den Boden (die Übung funktioniert auch im Stehen und Sitzen, ist aber einfacher im Liegen). Leg dir eine Hand auf deinen Bauch und die andere auf deine Brust. Dann atme tief und fest aus und spüre, wie nach einigen Sekunden die Luft von allein wieder einströmt. Du musst sie nicht mit Anstrengung einholen. Sie ist von selbst wieder da. Wiederhole dieses bewusste und aktive Ausatmen mehrere Male und spüre, wie sich dein Bauchraum quasi von selbst wieder mit Luft füllt. Wie ein Ballon, der sich im Bauch aufbläst und wieder zusammenzieht.

Es ist wichtig, dass dein Atem dabei nicht flach in der Brust bleibt, sondern ganz tief in den Bauchraum gelangt. Wenn du richtig tief atmest, ist die Bewegung bis in deine Flanken zu spüren. Dein Körper wird durch eine solche Atmung gut mit Sauerstoff versorgt, dein Geist beruhigt sich und Stresshormone werden abgebaut.

Es ist entscheidend, bei jedem Atemzug vollständig auszuatmen. Die verbrauchte Luft und das Kohlendioxid sollen deinen Körper komplett verlassen. Oft neigen wir dazu, bei Stress und auch in unserem Alltag nur kurze Atemzüge zu machen und die Luft in der Lunge zu halten. Dann entsteht eine Schnappatmung und die Stimme rutscht gleichzeitig nach oben.

Wenn wir unsere gesamte Aufmerksamkeit dem Atem schenken, spüren wir, wie sich der Sauerstoff in unserem Körper ausbreitet. Wir werden ruhig und sind komplett im gegenwärtigen Moment. Das ist das beste Mittel gegen Lampenfieber!

Vielleicht wird dir nach zwei bis drei Atemzügen bereits schwindlig, weil dein Körper so viel Sauerstoff nicht mehr gewohnt ist? Falls ja, dann mach eine Pause und setze einen Moment später wieder fort. Mit der Zeit wird sich dein Körper an die erhöhte Sauerstoffzufuhr anpassen.

Du und dein Lampenfieber

Lass uns nun Folgendes klären: Welche Erfahrungen hast du bisher mit Lampenfieber gemacht? Positive? Negative? Nimm dir einen Moment Zeit, um über deine bisherigen Erlebnisse mit dieser herausfordernden Aufregung nachzudenken.

Hast du Erinnerungen an deine Schulzeit, gab es da Momente mit Lampenfieber? Und wenn ja, verbindest du es mit gelungenen Prüfungen oder eher mit peinlichen Momenten, in denen du dich blamiert hast? Welche Schlüsselszenen sind in deiner Erinnerung gespeichert?

Weitere Gedanken zu Lampenfieber

Die Ursache für Lampenfieber liegt meist in traumatisierenden Kindheitserlebnissen. Deshalb: Denke einmal zurück an Momente in der Schule oder bei Familienfeiern, in denen du dich vorgeführt oder sogar bloßgestellt fühltest. Solche Erfahrungen bleiben tief im Unterbewusstsein verankert. Falls es das bei dir gab, wird es dich bis heute prägen. Wenn du magst, mache die nachfolgende Visualisierung, um dich positiv zu stimmen.

Stelle dir einen erfolgreichen Auftritt in deinem heutigen Leben so vor, wie du ihn dir wünschst. Präzisiere diese Vorstellung. Damit formst du ein kraftvolles und Mut spendendes Bild in deinem Geist. Sieh dich selbst, dein Gegenüber und den gesamten Raum vor deinem inneren Auge. Tauche mit allen Sinnen hinein: Höre die Geräusche im Raum; spüre, wie deine Füße fest auf dem Boden stehen; schmecke die Aufregung auf deiner Zunge; nimm die Gerüche um dich herum wahr. Beobachte, wie die Augen der Zuhörer:innen interessiert auf dich gerichtet sind. Visualisiere weiter, wie sie dir bestätigend zunicken, wie dir deine Vortragsworte leicht über die Lippen kommen, wie dein Körper sich unbeschwert und sicher bewegt und deine Stimme den Raum wohlklingend füllt. Stell dir vor, wie eine Atmosphäre gespannter Aufmerksamkeit den Raum durchdringt, so intensiv, dass man eine Stecknadel fallen hören könnte. Male dir aus, wie dir die Leute dankbar gratulieren für deinen bereichernden Input. Lasse dieses Bild dich abends in den Schlaf begleiten und morgens in den Tag.

Nun überlege dir, was das für Menschen sind, die dir im Veranstaltungsraum gegenübersitzen. Woher kommen sie, was ist ihre Erwartung, ihr Nutzen, und mit welchen Gefühlen willst du sie anschließend nach Hause schicken? Das Verständnis für dein Gegenüber ist Voraussetzung für einen gelungenen Auftritt. Tiefergehende Anregungen, wie du diese Person in den Mittelpunkt stellst, findest du im Kapitel 10 »Weg vom Ich, hin zum Du« im zweiten Teil.

Definitiv wirst du dir viel Zeit für eine sorgfältige inhaltliche Vorbereitung nehmen müssen, vielleicht sogar mehrere Wochen, denn diese bildet das solide Fundament, um jedem öffentlichen Auftritt, sei es ein Vortrag, eine Präsentation, eine Prüfung oder ein Vorstellungsgespräch, mit Gelassenheit entgegentreten zu können. Die wichtigsten Aspekte des Inhalts – wie die klare Struktur und Gliederung sowie die Entwicklung von emotional ansprechenden Geschichten – behandle ich im Kapitel 8 »Strukturierte Inhalte« ausführlich. Das genannte Kapitel soll dir als Leitfaden dienen, um mit Herz und Verstand zu überzeugen und einen bleibenden Eindruck zu hinterlassen.

Für den Moment ist es für dich nur wichtig zu wissen, dass du nicht deinen gesamten Inhalt auf einmal übst, sondern ihn in einzelne Abschnitte unterteilst, du diese wiederum getrennt laut sprichst und erst dann zu einer Gesamtdarbietung zusammenführst. So gewinnst du an Sicherheit und kannst Lampenfieber besser bewältigen. Das *laute* Sprechen ist dabei besonders entscheidend, damit du dich in diesem Zusammenhang an den Klang deiner Stimme gewöhnst; es zwingt dich außerdem zu präzisen Gedanken und bremst dich im Tempo. Übe also deine Rede, deine Präsentation oder deinen Vortrag, so oft du kannst, laut! Zu Hause. Allein. Vor Menschen, denen du vertraust. Vor dem Spiegel. Beim Spazierengehen.

Die technische Vorbereitung für deinen Auftritt

Wenn du die Möglichkeit hast, nimm dir Zeit, den Raum, in dem du deinen Auftritt haben wirst, vorab zu besichtigen. Je früher du dir einen Eindruck von den örtlichen Gegebenheiten machen kannst, desto besser. Spätestens eine Stunde vor deinem Vortrag solltest du allerdings immer vor Ort sein. Plane somit ausreichend Zeit für deine Anreise ein. Achte darauf, wo die Zuschauenden sitzen werden, und wie du – am besten jedem Einzelnen – das Gefühl geben kannst, ihn direkt anzusprechen.

Kläre vorab, ob du ein Rednerpult haben wirst oder ob du frei stehend sprechen sollst. Wirst du ein Mikrofon benutzen? Wenn ja, ist es festmontiert, musst du es in der Hand halten oder ist es ein Headset? Bitte probe, falls möglich, die korrekte Benutzung des Mikrofons. Es gibt verschiedene Modelle, wobei die meisten so ausgelegt sind, dass der Ton am besten vorn am Mikrofonkopf eindringt, um unerwünschte Hintergrundgeräusche von den Seiten zu minimieren. Damit der Fokus auf deiner Stimme ist, muss das Mikrofon so ausgerichtet sein, dass es in einem rechten Winkel zu deinem Mund steht, sodass du direkt von oben in das Mikrofon sprichst. Nur manchmal gibt es Mikrofone mit einer sogenannten Kugelcharakteristik, die Schall aus allen Richtungen gut aufnehmen können.

Bei Headsets achte darauf, dass dir deine Haare nicht im Weg sind oder deine Ohrringe eventuell stören. Sprich dich mit der Tontechnik ab, ob du Passagen in deiner Rede haben wirst, bei denen du besonders laut oder besonders leise sprichst, damit die Tonqualität darauf abgestimmt werden kann.

Überlege dir zudem: Wirst du völlig frei sprechen oder Notizen in der Hand halten? Entscheidest du dich für Notizen, nimm bitte DIN-A5 große Kärtchen und klebe oder schreibe deine ausgedruckten Stichworte darauf. Zudem empfehle ich dir, die Kärtchen durchzunummerieren, so behältst du den Überblick, sollten sie dir einmal aus der Hand fallen. Halte niemals lose Blätter in der Hand, das ergibt schnell ein Chaos und wirkt unprofessionell.

Beachte auch die Kleidung, die du für deinen Auftritt tragen möchtest. Du kannst nur dann wirkungsvoll auftreten, wenn du dich in deiner Kleidung wohlfühlst. Es ist nicht sinnvoll, dass du dir aus optischen Gründen etwas aufzwingen (oder dich in etwas hineinzwängen) lässt, was so gar nicht dein Stil ist. Oder womöglich kannst du darin nicht atmen und es lässt dich steif oder hölzern erscheinen. Grundsätzlich gilt: Wenn du dich wohlfühlst in deinem Outfit, dann geht es dir gut und du kannst dich auf deinen Einsatz konzentrieren. Achte hier im Speziellen auch auf deine Schuhe. Fort mit Schuhen, die zwar schick sind, aber schmerzen. Wenn dein Outfit nicht deiner Alltagskleidung entspricht, ist es entscheidend, immer wieder im geplanten Outfit zu üben.

Dein Auftritt

Sei rechtzeitig vor Ort, um dich mit allem vertraut zu machen. Denn nun kommt der Moment, auf den du hingearbeitet hast – lass dich jetzt bloß nicht von »Was wäre wenn?«-Gedanken überwältigen, sondern konzentriere dich auf den gegenwärtigen Moment. Sage dir (in Gedanken) folgende Affirmationen:

- »Ich habe schon große Herausforderungen gemeistert, diese Situation bewältige ich auch.«
- »Ich bin sehr gut vorbereitet und weiß, was ich zu tun habe.«
- »Mein Beitrag ist wertvoll und wird geschätzt.«

Zeit für eine Power Pose

Schenke dir dann einige Minuten Zeit vor dem Auftritt für ein kurzes »Power Posing«. Verharre dafür zwei Minuten lang in einer Power Pose! In etwa so, als hättest du gerade einen Marathon gewonnen. Dafür stellst du dich aufrecht hin und streckst deine Arme ausgebreitet nach oben. Du strahlst über das ganze Gesicht, atmest tief ein und aus und machst dich so groß, wie du kannst. Das geht wunderbar in einem privaten Raum, wie etwa auf der Toilette. Es ist eine Technik, bei der man selbstbewusste Körperhaltungen einnimmt, um Sicherheit zu steigern und Stress zu reduzieren. Ganz nach dem Motto: »Tu so, als ob, bis du es schaffst[6]!«

Lass diese Übung zu deinem Ritual werden. Sie wird dich unterstützen und stärken.

Wie du dich und deine ureigenen Kräfte weiter stärken kannst, erfährst du im Kapitel 7 »Deine innere Kraft«.

Überkommt dich die Aufregung, während du bereits in High Heels hinter der Bühne stehst oder du wartend in der ersten Reihe sitzt, hilft dir folgende Übung, die für andere kaum sichtbar ist:

Progressive Muskelentspannung

Spanne deinen gesamten Körper zehn Sekunden lang ganz fest an, jeden einzelnen Muskel, vom Gesicht bis zum Zeh! Dann lass wieder los. Wiederhole das dreimal und gehe dann in die tiefe Bauchatmung über, die ich dir weiter vorne beschrieben habe. Diese kannst du sitzend, an eine Wand gelehnt oder auch im Stehen machen. Dieses ruhige und fokussierte Atmen ermöglicht es dir, ganz tief in dich zu versinken. Genieße die Luft in deinem Körper, so als würdest du das Meer riechen, und lass nur einen einzigen Gedanken zu: »Ich kann das!«

Bleibe während des Auftritts bei der ruhigen Bauchatmung, sie verhilft dir zu einer souveränen Stimme. Wie du deine Stimme am besten einsetzt, erfährst du im Kapitel 9 »Körpersprache und Stimme«. Sprich eher langsam und nimm dir Zeit für Pausen. Die Anspannung, die du vielleicht noch spürst, manifestiert sich oft in unruhigen Gesten und hastigen Schritten. Steuere bewusst dagegen, indem du bedacht ausholende Bewegungen und Gesten machst. Fokussiere nicht deine Angst, sondern deine Botschaft. Beziehe dein Publikum mit ein und suche dir Energiespender, also Menschen, die dir aufmerksam und interessiert zuhören. Wähle eine oder zwei Personen aus und hole dir Energie aus ihren Blicken, achte aber darauf, ebenso den Blickkontakt mit den anderen Anwesenden zu pflegen. Im Kapitel »Weg vom Ich, hin zum Du« werde ich dir noch genauer erläutern, wie du am besten eine Verbindung zu deinen Zuhörer:innen aufbaust. Denke immer daran: Wenn die Bedeutung deiner Botschaft in dir größer wird als deine Zweifel, besitzt du die ideale Energie, um andere zu überzeugen.

Im Anschluss an deinen Auftritt (ganz gleich, ob Vortrag, Rede oder Bewerbungsgespräch) ist es das Wichtigste, dass du dich zuallererst feierst und dich belohnst. Du bist über deinen Schatten gesprungen. Du warst mutig. Du hast dich deinen Herausforderungen gestellt. Was für ein Triumph! Jedes Mal, wenn du deine Ängste überwindest, kommst du deinem strahlenden Selbst einen Schritt näher.

Lampenfieber gibt Energie

Lampenfieber kann dich unter Umständen ein Leben lang begleiten, wie ein Schatten, daher ist (d)eine positive Einstellung und die Fähigkeit, einen effektiven Nutzen aus dieser Energie zu ziehen, entscheidend. Je öfter du Lampenfieber durchlebst, desto leichter wird es. Das ist wie beim Laufenlernen. Wie oft fällt ein Kleinkind auf die Nase, bis es läuft? Und dennoch versucht es das Laufen immer wieder. Plumps, und wieder aufstehen. Plumps, und erneut aufstehen. Genauso ist es mit Lampenfieber. Probier es aus! Es stimmt!

Lampenfieber gibt dir also auch Energie, denn es birgt eine dynamische Kraft, die deine Leistungsfähigkeit steigern und dich mit neuem Elan erfüllen kann. Die Kunst, diese Energie zu deinem Vorteil zu nutzen, fördert dein Selbstbewusstsein und lässt dich mit eindrucksvoller Präsenz auftreten.

Die Verbindung zwischen Lampenfieber, bewusster Atmung und Körpersprache ist tiefgreifend und schafft eine harmonische Basis, die unsere Kommunikation und unser Auftreten wesentlich prägt. Indem wir Lampenfieber als Antriebskraft sehen statt als Barriere, ermöglicht uns das, Nervosität in positive Energie umzuwandeln. Durch gezieltes Atmen bewahren wir Ruhe und Gelassenheit, während wir unsere Botschaft kraftvoll vermitteln. Unsere Körpersprache wiederum, sprich der visuelle Ausdruck unserer inneren Gedanken und Emotionen, verstärkt unsere Worte und macht uns zu selbstsicheren, authentischen Kommunikator:innen.

Lass uns abschließend noch festhalten, dass wir zwar jederzeit unser Bestes geben können, dass wir zugleich aber nicht die Kontrolle über die Meinungen anderer haben. Darum ist es umso wichtiger, dass wir uns auf unseren eigenen Erfolgsbegriff konzentrieren. So gewinnen wir die Freiheit, mit Zuversicht und Überzeugung aufzutreten, und unsere Wirkung wird dadurch authentischer und möglicherweise auch überzeugender für unser Publikum. Für einen gelungenen Auftritt gilt: Fokussiere dich nicht auf deine Angst, sondern auf deine Botschaft!

Kapitel 3
Die Angst, sich zu zeigen: Dein inneres Kind und deine Begeisterung

Das innere Kind

Das Konzept des »inneren Kindes« ist ein psychologisches Erklärungsmodell, das die Vorstellung beschreibt, jeder Mensch trage ein symbolhaftes, inneres Kind in sich. Dieses facettenreiche innere Abbild soll die emotionalen und psychologischen Prägungen und Muster repräsentieren, die in unseren frühen Lebensjahren entstanden sind.

Stell dir vor, unser Leben ist wie ein Buch, und in diesem Buch gibt es Kapitel aus unserer Kindheit, die von bestimmten Erfahrungen geprägt waren. Diese Erfahrungen, sowohl positive als auch negative, haben einen tiefen Einfluss auf unsere Persönlichkeit und unser Verhalten als Erwachsene. Das innere Kind ist sozusagen die Hauptfigur in den Kapiteln unseres eigenen Buches. Es ist jener Teil von uns, der die Emotionen, Überzeugungen und Verhaltensweisen aus unserer Kindheit in sich trägt.

Unser inneres Kind birgt eine Welt aus Glück, Neugier und ungezügelter Lebensfreude, trägt jedoch ebenso Unsicherheiten und vergangene Verletzungen in sich. In schwierigen Situationen oder in Momenten, in denen wir uns besonders exponiert fühlen, zeigt sich dieses innere Kind oft zurückhaltend oder zögerlich. Das ist der Moment, in dem wir uns – jetzt erwachsen – oft hinter einem Schutzwall zurückziehen. Manchmal legen wir auch noch zusätzlich eine Rüstung an, um uns vor weiterem Schmerz möglichst gut zu schützen. Wir verstecken unsere echten Emotionen und Zweifel, und zwar aus Angst davor, erneut verletzt oder abgelehnt zu werden.

Diese schützende Maske, die wir tragen, kann verschiedene Formen annehmen. Manche von uns werden Meister der Selbstkontrolle und zeigen nie Schwäche. Andere verstecken sich hinter Witzen oder betonen ihre Unabhängigkeit. Wieder andere errichten Schutzmechanismen, indem sie Zuflucht in Büchern, Musik oder virtuellen Welten suchen oder sich übermäßig auf Arbeit und Hobbys konzentrieren, um sich vor der Welt zu verstecken statt über persönliche Themen nachdenken oder sprechen zu müssen.

Doch was wir oft vergessen: dass uns diese Schutzmaßnahmen, die unser inneres Kind umgeben, gleichzeitig von echten Verbindungen und erfüllenden Beziehungen abhalten. Indem wir uns nicht zeigen, wie wir wirklich sind, hindern wir uns selbst daran, von anderen verstanden und geliebt zu werden. Diese Rüstung, die einst unsere Verletzungen schützen sollte, kann zu einem emotionalen Gefängnis werden, das uns isoliert und einsam zurücklässt. Die Scheu, manche Facetten von uns preiszugeben, entspringt einer tief verwurzelten Angst, die oft verborgen liegt und schwer zu entschlüsseln ist, doch sie prägt und beeinflusst unser gesamtes Dasein.

Die Verletzungen unseres inneren Kindes

Eine meiner Kund:innen, Elisabeth, erzählte mir, wie schwer es ihr als Lehrerin fiel, größere Ansprachen vor dem Kollegium zu halten. Sie verhasple sich oft und suche nach den richtigen Worten. Und das, obwohl sie schon viele Rhetorikkurse besucht hatte. In unserer Zusammenarbeit zeigte sie mir verschiedene Techniken, die sie erlernt hatte, um über solche Momente hinwegzukommen. Also beispielsweise, wie sie gekonnt improvisierte oder einen Stichwortzettel nutzte. Oder wie sie allgemeine Überleitungen, sogenannte Brückensätze, bildete, wenn ihr die Worte fehlten. All diese Methoden waren zwar praktische Hilfsmittel, doch griffen sie nur an der Oberfläche und packten das Problem nicht an der Wurzel. Denn diese lag viel tiefer, und nach einigen Gesprächen kamen wir dem Kern ihrer Sprechängste auf die Spur.

Elisabeth war als kleines Kind von Bayern nach Norddeutschland gezogen. Ihre ureigene Muttersprache, die sie lange mit Freude gesprochen hatte, wurde dort im neuen Kindergarten vom ersten Moment an verhöhnt. Wenn sie ihre »Jause« auspackte, brachen alle Kinder in schallendes Gelächter aus, verdrehten die Augen und machten ihr deutlich, dass ihre »Semmel« nun »Brötchen« oder »Schrippe« und das »Häferl« eben Tasse hieß. Sprach sie von »Samstag«, musste sie ab jetzt Sonnabend sagen, statt »Stiegen« Treppen und statt »Grüß Gott« gab es ab sofort ein Moin. Es gab auch kein »Glump« mehr, sondern nur noch Kram, Zeug oder Gerümpel. Elisabeth passte sich an, doch sie fühlte sich viele Jahre unwohl. Sie hatte Panik, dass ihr unachtsam ein bayerisches Wort entschlüpfen könnte, dass ihre »andere Sprache« entdeckt und sie verspottet werden könnte. Dieses Gefühl saß tief und blieb – auch dann noch, als sie sich schon längst an den neuen Sprachduktus gewöhnt hatte. Die Angst davor, nicht als »gleich« gesehen zu werden und somit nicht dazuzugehören, schränkte sie bis zum gegenwärtigen Tag ein, verunsicherte sie und brachte sie immer wieder ins Verhaspeln.

Verletzungen des inneren Kindes können dazu führen, dass Menschen im Erwachsenenalter mit Selbstwertproblemen und emotionalen Herausforderungen zu kämpfen haben, die aus diesen frühen Erfahrungen resultieren. Menschen, die in der Vergangenheit gekränkt, gemobbt oder abgelehnt wurden, haben oft Angst davor, erneut verletzt oder gedemütigt zu werden. Diese Angst kann so stark sein, dass sie es vermeiden, sich selbst auszudrücken oder ihre Meinungen und Gefühle zu äußern, um potenzielle Angriffsflächen zu vermeiden. Die Heilung des inneren Kindes kann dazu beitragen, diese Verletzungen anzugehen und das Selbstwertgefühl zu stärken.

Die Hauptaufgabe in der Zusammenarbeit mit Elisabeth bestand deshalb darin, dass sie sich zunächst der Ängste und Verletzungen aus der Kindheit bewusst werden musste, sie lernen musste, sie anzunehmen, um sie dann erst abbauen und heilen zu können. Also trainierten wir positive Selbstgespräche, führten Achtsamkeitsübungen durch, und Elisabeth erarbeitete sich eine authentische Selbstpräsentation, also eine Übereinstimmung ihrer inneren Werte mit ihrer Ausstrahlung.

Ihr Weg der Heilung ermöglichte es ihr, sich in ihrer vollen Präsenz zu zeigen, ohne Furcht vor Ablehnung und ohne das Bedürfnis, sich verstecken zu wollen.

Hast du auch Schwierigkeiten, dich so zu zeigen, wie du eigentlich bist, und das zu sagen, was du möchtest – aus Angst, verletzt zu werden, wie du es von früher kennst, sei es vor fremden Menschen oder auch in deinem näheren Umfeld?

Das öffentliche und das private Selbst

Wir alle haben zwei Seiten in uns: eine öffentliche, die wir zeigen, wenn wir mit der Außenwelt konfrontiert sind; und eine private, die wir zulassen, wenn wir uns unbeobachtet fühlen. Je größer die Kluft zwischen unserem öffentlichen und privaten Selbst ist, desto herausfordernder wird es, dass wir uns authentisch zeigen und so leben können. Oft verstärken wir in der Öffentlichkeit Eigenschaften, von denen wir glauben oder gelernt haben, dass sie gut ankommen, dafür verbergen wir hingegen die Seiten in uns, die wir für weniger attraktiv halten. Doch es sind genau diese versteckten Seiten, die uns menschlich und greifbar machen!

Konkret bedeutet das: Wenn wir gelernt haben, dass unser Humor und unsere Schlagfertigkeit besonders gut ankommen, neigen wir dazu, uns permanent dahinter zu verstecken und uns beispielsweise immer von unserer witzigen Seite zu zeigen. Das macht uns unnahbar und uninteressant und wir wirken nicht mehr echt. Unser Gegenüber spürt, dass das krampfhafte Lustigsein aufgesetzt ist. Sobald wir aber die »Maske« fallen lassen und uns trauen, offen über Sorgen oder Unsicherheiten zu sprechen, gewinnt unser Humor wieder einen besonderen Stellenwert. Unsere Kommunikationsfähigkeit öffnet sich, erfährt eine neue Tiefe und unser Gegenüber kann sich besser mit uns identifizieren.

Wenn wir beispielsweise merken, dass unsere Feinfühligkeit und Hilfsbereitschaft besonders gut ankommen, laufen wir manchmal wie beflissene Engel durchs Leben. Wir überanstrengen uns selbst damit oder werden von anderen sogar als unecht eingestuft. Wieder zeigen wir durch dieses Verhalten wenig von unserer privaten Seite, die vielleicht ganz anders aussieht. Wir wirken unehrlich. Sobald wir allerdings den Mut aufbringen, unsere persönlichen Grenzen abzustecken und auch einmal unseren Unmut zu äußern, ermöglichen wir es anderen, uns den Respekt entgegenzubringen, den wir uns wünschen.

Das persönliche und öffentliche Ich verknüpfen

Führe regelmäßig folgende Reflexion durch: Beobachte dich selbst in Momenten, in denen du glaubst, unbeobachtet zu sein. Das vergleichst du mit Situationen, in denen du dich beobachtet fühlst.

Frage dich: Wann fühle ich mich wirklich wohl in meiner Haut und wie kommuniziere ich dann? Wie ändert sich meine Körperhaltung, wenn ich wirklich ich bin? Unterscheidet sich meine Kommunikation im privaten Umfeld von der im beruflichen Bereich? Setze ich mir manchmal eine »Schaut her, ich bin toll«-Kappe auf? Fühle ich mich in der Öffentlichkeit entspannt und natürlich?

Als nächstes probiere folgendes Spiel, um einen authentischen Auftritt zu üben: Erzähle barfuß, in einer entspannten Körperhaltung und in deinen Wohlfühlklamotten, deinem Wohnzimmer alles, was du in deinem Vortrag sagen möchtest. Spüre, wie es sich anfühlt, ganz du selbst zu sein. Und dann versuche, die Teile, die dich ausmachen, die dich ehrlich, nahbar und spontan erscheinen lassen, auch in deinen öffentlichen Vortrag einzubauen. Dein erklärtes Ziel: herauszufinden, welchen deiner privaten Anteile du auch im Öffentlichen zulassen willst, um persönlicher und authentischer zu wirken.

Meine persönliche Entwicklungsreise zeigt, dass der Weg zur Authentizität nicht immer leicht ist. Als Kind war ich introvertiert und versuchte, den Erwartungen anderer gerecht zu werden. Nach außen strahlte ich die Aura eines artigen Mädchens aus, das höflich antwortete, das bescheiden und zurückhaltend war, immer freundlich und anständig sprach und sogar einen Knicks machte, wenn es Erwachsenen die Hand schüttelte. In meinem Inneren jedoch fühlte ich mich von der realen Welt, außerhalb meiner Träume, überwältigt.

Jahre später, als Schauspielerin, wurde ich für eine Weile so bekannt, dass ich nicht mehr durch die Straßen gehen konnte, ohne angesprochen zu werden. Das überforderte mich völlig, denn ich hatte das Gefühl, die Menschen erwarteten von mir, die Rolle aus dem Fernsehen auch im echten Leben zu spielen. Das wollte ich jedoch nicht. Also zog ich mich erneut zurück, aus Angst, dass mein wahres Ich nicht genügen würde. Ich ließ niemanden wirklich an mich heran, baute eine Fassade der Unverbindlichkeit um mich auf, von der ich hoffte, sie würde mich schützen wie einen Ritter seine Rüstung. Doch bald lernte ich, dass diese Fassade nicht schützte, sondern isolierte.

Versteckst du dich manchmal hinter einem professionellen Schein? Passiert es dir, dass du dich in Zahlen, Daten und Fakten vergräbst, mit deiner Expertise prahlst und dich in Fachbegriffen verlierst? Vielleicht sind deine Gespräche oder Präsentationen überladen mit Informationen und gehen an den Menschen vorbei? In Bewerbungsgesprächen, die du akribisch vorbereitet hast, erreichst du dein Gegenüber nicht, und in Meetings hört dir niemand zu? Es ist, als würdest du in einer fremden Sprache sprechen und deine Botschaft nicht verstanden werden?

Hier bekommst du nun ein paar konkrete Beispiele, wie du deine private Seite in verschiedenen Situationen in deinen öffentlichen Auftritt mit einbinden kannst: Als Führungskraft kannst du offen zugestehen, dass du dich beispielsweise bei einem bestimmten Projekt anfangs unsicher fühltest, ob du die Deadline einhalten könntest, aber wie stolz du nun bist, es geschafft zu haben. Das zeigt deine menschliche Seite und kann anderen die Angst nehmen, sodass sie Mut bekommen, selbst Verletzlichkeit zu zeigen. Beim Feedbackgeben öffnest du die Kommunikation, wenn du sagst: »Es fällt mir nicht leicht, dies anzusprechen, ich habe aber gemerkt, dass …« Damit schafft du nämlich eine Atmosphäre des Vertrauens. Bei deinen Präsentationen und Bewerbungsgesprächen kann das Teilen deiner Erfahrungen mit Blick auf überwundene Herausforderungen und Schwächen von einer besonders tiefen Auseinandersetzung mit dir selbst erzählen. Ja, es kann aufzeigen, was du daraus gelernt hast.

Versuche in Konfliktsituationen in deinen Beziehungen so zu kommunizieren, dass es dir nicht in erster Linie darum geht, recht zu haben, sondern beschreibe eher, welche Gefühle der Konflikt in dir auslöst: »Als das passierte, fühlte ich mich übergangen, was mich traurig macht.« Halte deine eigentlichen Wünsche und Interessen nicht für unbedeutend, sondern teile sie mit deinem Gegenüber.

Bedenke immer: Es ist völlig normal, Angst davor zu haben, sich zu öffnen. Die Benennung deiner Furcht ist der erste Schritt, um diese Angst zu überwinden! Grundsätzlich möchte ich dich ermutigen, deutlich mehr von deiner versteckten, privaten Seite in deine öffentliche Seite einfließen zu lassen. Unsere private Seite ist oft von Spontaneität, Unbekümmertheit, Leichtigkeit, Menschlichkeit und Tiefe geprägt. Sie macht uns zwar verletzlich, darum verstecken wir sie gern, aber sie ist auch der Schlüssel zu mehr Glaubwürdigkeit. (Mehr dazu in Kapitel 7 dieses Buches.) So steht Verletzlichkeit nicht im Gegensatz zur Demonstration von Kompetenz, sondern kann diese ergänzen. Indem du als Redner:in öffentlich von deinen Erfahrungen, Herausforderungen oder sogar Unsicherheiten sprichst, kann sich dein Publikum leichter mit dir identifizieren und sich mit dir verbinden. Du wirkst zugänglich, nahbar und authentisch – damit signalisierst du eine besondere Kraft, nämlich das Bewusstsein, dass du trotz Unvollkommenheiten kompetent und wertvoll bist. Verletzlichkeit öffnet den Weg zu Kreativität, Veränderung und Innovation. Darüber spricht Brené Brown in ihrem berühmten TED-Talk.[7]

Lass deine Begeisterung das Eis brechen

Das Problem in unserer Kommunikation ist oft unsere äußerliche Teilnahmslosigkeit. Wenn du also Angst davor hast, dein wahres Selbst zu zeigen, bleibst du sachlich, neutral, zurückhaltend, unnahbar. Das wirkt auf dein Gegenüber oft langweilig, manchmal auch arrogant oder schlicht uninteressant. Der Funke springt nicht über, egal wie intellektuell und gescheit du auch sprechen magst. Doch Menschen sehnen sich danach, sich mit dir zu verbinden, deine Menschlichkeit zu fühlen. Sie möchten von dir inspiriert werden, mit dir lachen, mit dir weinen, sie möchten dich als Menschen erfahren.

Denk an deine Schulzeit zurück. Welche Lehrer:innen haben dich wirklich erreicht und begeistert? Waren es diejenigen, die nur fachlich perfekt waren und ihren Stoff monoton abspulten? Oder waren es die leidenschaftlichen Lehrer:innen, die sich persönlich engagierten und dich mitrissen?

Lehrer und Lehrerinnen fürs Leben

Welche deiner Lehrer:innen sind dir positiv in Erinnerung geblieben?

Was hat sie so besonders gemacht? Und welche Menschen beeindrucken dich heute? Sind es die kühlen, distanzierten Menschen oder diejenigen, die einen Einblick in ihre Seele gewähren?

Begeisterungsfähigkeit ist ein starkes Mittel, um authentisch zu wirken und tiefe Verbindungen aufzubauen. Sie zeigt, dass du mehr bist als deine Rolle oder Funktion, dass du ein Mensch mit Herz und Seele bist. In diesem Zusammenhang fällt mir eine Geschichte ein.

»Heute ist der Tag!« oder Lektionen aus dem Leben in Kamerun

Wir schreiben das Jahr 2014, es ist September. Die Regenzeit hat begonnen. Heute ist der Tag, an dem die Schweizer Bundesrätin Simonetta

Sommaruga das Trinkwasserprojekt PEP im Regenwald von Kamerun besucht. Seit zwei Jahren leben mein Mann, unsere Tochter und ich in Otélé in Kamerun, zwei Stunden von der Hauptstadt Jaunde entfernt, und leiten dieses Schweizerische Projekt mit 70 kamerunischen Mitarbeitenden. Es ist die bislang intensivste, schwierigste, herausforderndste, aber auch berührendste Zeit meines Lebens.

Nun ist eine Bundesrätin eine wichtige Person. Sie ist eine von insgesamt sieben Bundesrät:innen, die die Schweiz regieren. So ist das etwas sehr Besonderes für uns und unser Projekt, derart hohen Besuch zu bekommen. Die Vorbereitungen laufen seit Wochen. Die Bundesrätin wünscht sich, Land und Leute möglichst authentisch kennenzulernen. Das wollen wir ihr ermöglichen, soweit es das strenge kamerunische Protokoll zulässt.

Und so beginnt schon der Morgen am Tag des Besuches mit großen Aufregungen. Etwa 100 einheimische Sicherheitskräfte durchforsten unser Haus, den Garten, das Bürogebäude und die Fabrik. Sie durchstöbern jeden Schrank, kriechen in den Ziegenstall, kontrollieren die Unterseite der Schreibtische, leuchten in Brunnenrohre und überprüfen die Motorräume der Lkws. Nach zwei Stunden ist der Spuk vorbei und sie verteilen sich auf dem ganzen Gelände. Dort nehmen sie wachsam ihre Positionen ein und verharren den ganzen restlichen Tag still, stumm und unerschütterlich, als wären sie Teil des Regenwaldes.

Das Trinkwasserprojekt und wir sind außerhalb von Otélé angesiedelt, in einem Dorf namens Nkolmelen. Es besteht aus etwa 30 Hütten, einer Kirche, einer Grundschule und uns, den Projektverantwortlichen, dem einzigen Arbeitgeber weit und breit. Rings um uns gibt es nur Wald. Die Erdstraße, die zu uns führt, wird manchmal vom Regen weggeschwemmt, zumeist scheint aber die Sonne und alles erglüht in strahlendem Licht. Vögel, Insekten, Frösche, Grillen, Zikaden und Affen dominieren mit ihren Geräuschen den Wald, alles summt, brummt, wabert und lebt.

Mitten in diese Idylle hinein taucht plötzlich ein Tross von 40 schwarzen, gepanzerten Autos auf. Frau Bundesrätin Sommaruga und ihre gesamte Begleitung, Berater:innen, Funktionär:innen, Presse, sowohl aus der Schweiz als auch aus Kamerun, internationale Botschafter:innen und weitere Sicherheitskräfte entsteigen den Autos und die lange geprobte Führung durch unser Projekt beginnt.

Unsere Mitarbeitenden Rose, Sylvie, Lydie, Augustin und Marlyse sind als Erstes dran und beschreiben aufgeregt, aber fröhlich die Arbeiten im Büro – von der Buchhaltung über die Dokumentation von jedem der weit über tausend Brunnen bis hin zur Koordination der Kommunikation zwischen den verschiedenen Abteilungen und der Dorfbevölkerung. Dann führen Abba, Siddi, Osé, Paul, Barnabe und David durch die Fabrik. Und jetzt passiert er, dieser magische Gänsehautmoment, den alle kamerunischen Mitarbeitenden des Projekts erzeugen können, wenn sie von ihrer Arbeit sprechen. Voller Stolz erklärt Siddi jede Schraube in seinem Magazin. Voller Euphorie beschreibt Paul, wie er mit seiner Wünschelrute jeweils die geeignetste Stelle für die Brunnengrabung findet. Voller Eifer zeigt Barnabe die zum Trocknen aufgestellten Brunnenelemente. Voller Begeisterung beschreibt Abba, wie Rohr um Rohr an einem Seilzug in den Brunnenschacht gehoben wird. Und voller Überzeugung beschreibt Osé, wie er und sein Team die Dorfbevölkerung über die Pflege der Brunnen aufklären. David bildet den Schluss. Er spricht leidenschaftlich über den Zusammenhang von sauberem Wasser, Gesundheit und den damit verbundenen Perspektiven für die Menschen in seinem Land. Die Bundesrätin ist sichtlich berührt; ein solches Leuchtfeuer der Gefühle bei der Beschreibung eines normalen Arbeitsprozesses hatte sie nicht erwartet. Das anschließende Essen in unserem Garten und die mitreißenden musikalischen Einlagen von der Dorfbevölkerung am Brunnen Nummer eins runden diesen gelungenen und herzerwärmenden Tag ab.

Warum erzähle ich dir diese Geschichte? Weil ich möchte, dass du daraus das Allerwichtigste mitnimmst für dich, dein Leben und jeden deiner Auftritte, egal ob Letzterer beruflich oder privat stattfindet. Völlig gleich, ob du deiner Familie eine Hausregel näherbringst, mit deinem Partner oder deiner Partnerin über deine Gefühle sprichst, ob du eine Präsentation hältst, ein Meeting leitest, ein Bewerbungsgespräch führst oder ob du deinen Aufsichtsrat über die Mehrausgaben informieren musst – sprich aus ganzem Herzen, mit ganzer Seele und mit deiner ganzen Leidenschaft! Versteck dich nicht, du kannst dabei nur gewinnen!

Gib dich ganz!

Die folgende Übung hilft dir dabei, dich auf einen Vortrag oder eine Präsentation vorzubereiten. Ich mache sie oft mit meinen Studierenden.

Nimm dir fünf Minuten Zeit, um an ein Erlebnis in deinem Leben zu denken, auf das du wirklich, wirklich stolz bist. Tauche völlig in die Situation ein und erinnere dich: Da ist dir etwas ganz Besonderes gelungen, du freust dich riesig darüber. Das kann ein Sieg im Sport sein, ein Erfolg aus der Schulzeit, ein gelungenes Projekt bei der Arbeit, ein bezaubernder Moment mit einem lieben Menschen.

Nun erzähle dieses Erlebnis in allen Farben einem – in deinem Fall – imaginären Publikum. Stelle dir den darauffolgenden Applaus lebhaft in Gedanken vor. An der Uni erzählt natürlich jede:r Teilnehmende live ein Erfolgserlebnis aus seinem oder ihrem Leben und anschließend klatschen wir uns die Hände wund. Da entsteht eine sehr euphorische, tolle Stimmung. Jedoch kannst du den gleichen Effekt ebenso durch deine Fantasie erreichen. Stell dir vor, wie deine Freund:innen begeistert auf deine Erzählung reagieren, wie deine Familie strahlt und dich umarmt. Stell dir vor, wie deine Kolleg:innen dich bewundernd anblicken.

Spürst du die Freude und die Leidenschaft in deinem ganzen Körper? Beobachte dich: Wie klingt deine Stimme, wenn du von dieser Gegebenheit erzählst? Wo schaust du hin? Wie agiert dein Körper? Welche Gesten machen deine Hände?

Und nun nimm dieses Erlebnis und den damit verbundenen Stolz und deine unendliche Freude über das, was dir da gelungen ist, mit in dein Meeting oder deinen Vortrag! Lass dich tragen von dem starken Gefühl der Begeisterung deiner Zuhörenden und deiner vollkommenen Offenheit. Und dann sprich dein Referat, deinen Bericht, deinen Vortrag mit der gleichen Intention und der gleichen Kraft, Energie und Leidenschaft! Du wirst sehen: Deine Zuhörenden werden begeistert sein.

Studien haben gezeigt, dass das Ausdrücken positiver Emotionen wie Freude und Begeisterung in der Regel zu positiveren Reaktionen beim Gegenüber führt. Wir alle tendieren dazu, Menschen, die ihre Freude teilen, eher zuzuhören und uns in ihrer Gesellschaft wohlzufühlen.[8]

Viele Kommunikationstrainer:innen oder Rhetorikexpert:innen orientieren sich an großen Redner:innen, egal ob das nun Michelle oder Barack Obama, Tony Robbins oder Chimamanda Ngozi Adichie sind. Sie analysieren diese Reden und versuchen, ihren Klient:innen deren Erfolgsgeheimnisse aufzuschlüsseln. Man kann zwar von diesen Redner:innen viel lernen, aber mein Ansatz ist ein anderer: Ich will keine Abziehbilder. Ich bin überzeugt davon, dass du die beste Rede aus deinem Inneren entwickeln kannst, indem du solche Situationen nachlebst, in denen du dich frei, unbeschwert und groß gefühlt hast, und dieses Gefühl nun auf eine andere Situation übertragen kannst. Du bist du. Niemand fühlt dieselbe Begeisterung und Leidenschaft für deine Sache wie du selbst. Hab keine Angst vor Kritik oder Ablehnung. Deine Begeisterung steckt an!

Auch wenn wir in einer Kultur leben, in der Zurückhaltung und ein gewisser Grad an Neutralität geschätzt werden, sind wir immer noch Menschen – und damit empfänglich für Emotionen, besonders wenn sie positiv sind. Du kannst professionell wirken UND begeistert sein! Denke immer daran, dass es viele Seiten in dir gibt, die gebraucht werden, und dass diese, wenn du sie nicht teilst, verloren gehen! Dein privates Selbst ist es, was dein öffentliches Selbst zum Strahlen bringt. Lass also deine Umwelt teilhaben an dem, was du als ganzer Mensch zu geben hast, mit Ecken und Kanten und deiner ganz speziellen Einzigartigkeit!

Hilfe annehmen

Die Fähigkeit, um Hilfe zu bitten und Unterstützung anzunehmen, ist eng verwoben mit der Bereitschaft, dich verletzlich zu zeigen und deine Angst vor Offenheit zu überwinden. Folgendes erlebe ich immer wieder: Stell dir vor, du steckst bis über den Kopf in Arbeitsaufgaben, dein Stresspegel steigt minütlich an. Du weißt nicht mehr, was du zuerst machen sollst, und die herannahenden Abgabetermine nehmen dir die Luft zum Atmen. In dieser Situation kommt jemand und fragt, ob er oder sie helfen kann. Doch trotz deiner Überlastung ist dein erster Impuls: »Nein danke, ich krieg das schon allein hin!« Du traust dich nicht, die Hilfe anzunehmen, aus Stolz oder aus dem Gefühl heraus, die andere Person nicht belasten zu wollen. Damit endet euer Austausch und du plagst dich bis zur Erschöpfung, bis du die Arbeit schließlich allein zu Ende gebracht hast.

Eine andere Variante wäre: Die hilfsbereite Person bietet so intensiv, ja fast schon aufdringlich ihre Hilfe an, bis du einwilligst. Der Effekt: große Erleichterung für dich und sehr oft nur ein ganz kleiner Aufwand für dein Gegenüber.

Aber was wäre, wenn du es sogar schaffst, solch ein Hilfsangebot offen, erleichtert, dankbar und vor allem gleich anzunehmen? Etwa so: »Oh, wirklich? Das wäre total lieb! Danke!« Oder wenn du sogar von vornherein um Hilfe bitten würdest? Hilfe anzunehmen oder um Hilfe zu bitten, erfordert zwar Mut, führt aber zu tiefen, zwischenmenschlichen Beziehungen. Jemandem, dem ich einmal helfen durfte, fühle ich mich enger verbunden als einem Menschen, dem ich nie helfen durfte. Verletzlichkeit zu zeigen bedeutet, dass man echt ist. Das ist das wichtigste Merkmal einer überzeugenden Rednerin oder eines überzeugenden Redners! Es geht nicht darum, schwach zu sein, ganz im Gegenteil. Verletzlichkeit zuzulassen zeigt, dass du mutig genug bist, deine Menschlichkeit anzuerkennen, dich anderen so zu zeigen, wie du bist: nicht perfekt, aber echt.

Bodyshaming

Die Angst, uns zu zeigen, umfasst nicht nur die Angst vor dem Offenbaren unserer Gefühle, sondern auch die Angst vor dem Zeigen unseres Körpers. Viele von uns wurden schon von klein auf mit Bewertungen ihres Äußeren konfrontiert. »Bodyshaming«, das Beleidigen körperlicher Merkmale, richtet sich hauptsächlich gegen das Gewicht, kann aber auch Hautfarbe, Körpergröße oder den Gesundheitszustand betreffen – kurzum alles, was nicht dem gängigen, lokalen Schönheitsideal entspricht. Diese Form der Diskriminierungen reicht von subtilen, spitzen Bemerkungen und vermeintlich wohlmeinenden Tipps für die passende Sommerkleidung bis hin zu von Medien festgelegten Rollen wie die »lustigen Dicken« oder die »Quotenausländer:innen«, die eher stereotype Darstellung als echte Inklusion fördern. Hinzu kommen grobe Beleidigungen, Mobbing und Ausgrenzung. All das tut richtig weh. Im Netz, aber auch im realen Leben.

Viele Frauen, die nicht dem derzeitigen Schönheitsideal entsprechen, haben Angst, einen Badeanzug oder Kleidung zu tragen, die ihre Figur betont. Und Männer, die keinen Sixpack haben, lassen sich genauso ungern im Schwimmbad blicken. Es kann passieren, dass Betroffene Beleidigungen so sehr verinnerlichen, dass sie von sich selbst ein negatives Bild bekommen: Essstörungen, Depressionen, Schlafstörungen, Angstzustände oder der Rückzug aus dem sozialen Leben sind häufig die Folge. Die ständige Notwendigkeit, Spott und negative Kommentare auszublenden, kostet einfach zu viel Energie und übersteigt die Kräfte.

Eine meiner Klient:innen ist mir da in besonderer Erinnerung geblieben. Lena ist eine engagierte Pflegedirektorin in einem großen Krankenhaus. Sie hat einen Masterabschluss in Pflegewissenschaft sowie alle möglichen zusätzlichen Diplome in Schmerzmanagement und Palliativpflege. Lena trägt die Verantwortung für die Entwicklung und Implementierung von Ausbildungsprogrammen für das Pflegepersonal und ist bekannt für ihren innovativen Ansatz in der Pflegepädagogik. Trotz ihrer umfangreichen Erfahrung und ihrer Position war sie immer wieder Bodyshaming-Angriffen ausgesetzt, die ihre Figur – »zu rundlich« für die vorherrschenden Schönheitsvorstellungen – betrafen. Und das kam übrigens von allen Seiten, also von Ärzt:innen, Nachwuchspflegekräften, aber auch von Patient:innen. Von Jahr zu Jahr sank Lenas Freude an ihrer Arbeit. Und eines Tages nach ihren Ferien entwickelte sie eine so heftige Panikattacke bei der Vorstellung, wieder vor einer Klasse zu stehen und neue Pflegekräfte ausbilden zu müssen, dass sie mich anrief und um einen sofortigen Notfalltermin bat. Sie gestand mir, dass sie schon seit Jahren am liebsten im Sitzen unterrichte, versteckt hinter Tisch und Computer, oder dass sie sich hinter einem breiten Stehpult verkrieche. Bei jeder möglichen Gelegenheit delegierte sie ein »nacktes Stehen« vor einer Klasse an Kolleg:innen oder zog sich hinter ihrer Managementtätigkeit zurück.

So begannen wir gemeinsam, Strategien zu entwickeln, um ihre Resilienz gegen solche Angriffe zu stärken. Wir fokussierten uns darauf, ihre inneren Dialoge zu verändern, weg von selbstkritischen, hin zu ermutigenden und positiven Botschaften. Lena lernte, ihre Erfolge anzuerkennen und sich nicht durch die Meinung anderer definieren zu lassen. Stärkende Übungen für ihre Selbstakzeptanz und ihr Selbstbewusstsein bildeten den nächsten Schritt unseres Programms. Zusätzlich suchten wir für sie nach Vorbildern und nach dem Austausch mit Gleichgesinnten, damit sie gelassener mit der Alltagsdiskriminierung umzugehen lernen konnte.

Auf Bodyshaming reagieren

Generell ist es wichtig, dass du als Betroffene:r verstehst, dass es Kritiker:innen vor allem dann möglich ist, dich zu verletzen, wenn du selbst an dir und deinem Körper zweifelst. Klar, wir sind alle meist nicht ganz zufrieden mit unserem Äußeren. Ein Makel hier, ein Pickel da, eine Unsicherheit dort. Aber im Einsatz gegen Bodyshaming ist es ganz besonders wichtig, dass du auf deinen inneren Dialog achtest, dass du liebevoll mit dir sprichst und dich als Ganzes mit all deinen Stärken und Schwächen akzeptierst und wertschätzt. Verletzt dich ein Kommentar, dann versuche, die Person direkt anzusprechen, damit du sofort signalisiert, dass du dir das nicht gefallen lässt! Oft sind sich Menschen gar nicht ihres beleidigenden Verhaltens bewusst, wenn sie wie nebenbei von einer ganz besonders effektiven Diät erzählen oder ähnlich unbedachte Bemerkungen fallen lassen.

Lena und ich entdeckten, dass die Kommentare und Haltungen anderer oft mehr über deren eigene Unsicherheiten und Probleme aussagten als über Lena. In Rollenspielen übten wir, auf Beleidigungen mit einer direkten Frage zu reagieren: »Du bist also der Meinung, dass ich zu dick bin, um mir einen Nachtisch zu gönnen?« In der Kantine beim Mittagessen hatte sie oft, sehr oft sogar die Gelegenheit, diesen Satz und seine Wirkung auszuprobieren. Aber auch folgender Satz fand Einzug in ihren Alltag: »Du findest, ich sollte keine Hosen tragen bei meiner Figur?« Ihr Gegenüber wurde sich dann schlagartig der herabsetzenden Bemerkungen bewusst und ruderte entschuldigend zurück. Das brauchte anfangs ein dickes Fell und viel Zeit, bis Lena schließlich die Kraft hatte, so schlagfertig zu reagieren. Am Ende unseres gezielten Trainings hatte Lena nicht nur ihre Freude am Unterrichten wiederentdeckt, sondern auch ein neues Level an Selbstakzeptanz erreicht, was wiederum ihren Austausch mit ihrem Umfeld deutlich verbesserte.

Die Tatsache, dass Bodyshaming in der realen Welt und in sozialen Netzwerken schon als ganz normale Erscheinung, ja als »Part of the Game« gilt, ist alarmierend! Es ist dringend notwendig, ein gesellschaftliches Bewusstsein dafür zu schaffen, dass die Abwertung von Körpern verletzend und schädlich sein kann – selbst, wenn dies ohne böse Absicht geschieht. Es kann befreiend und aufschlussreich sein, Schönheitsideale infrage zu stellen und seine Wahrnehmungen und Beurteilungen zu reflektieren. Denn Körper sind nicht mit einem normierten Idealbild zu vergleichen, sondern als Ausdruck von Lebensfreude und Selbstliebe zu sehen.

Leichtigkeit und Akquise – oder die Kunst, deine Nase zu verkaufen

»Haha!«, wirst du sagen, »Akquise hat ja nun wirklich nichts mit Leichtigkeit zu tun!« Und ich sage dir: »Doch, hat sie!« Es kommt nur auf die Perspektive an. :) Stell dir vor, Akquise wäre wie ein Date mit jemandem, in den du fürchterlich verliebt wärst. Du ziehst dein schönstes Outfit an. Nicht etwa, weil du musst, sondern weil du es kaum erwarten kannst, zu zeigen, wer du bist. Ja, es kribbelt im Bauch vor Aufregung, und ebenso gesellt sich ein bisschen Angst dazu, bei der anderen Person nicht gut anzukommen – aber hey, das gehört dazu! Statt sofort mit der Tür ins Haus zu fallen und zu gestehen, dass du über beide Ohren verknallt bist, erzählst du von diesem und von jenem, das dann natürlich voller Begeisterung. Du strotzt vor Lebensfreude und leuchtest wie ein Glühwürmchen. Vielleicht ist es deine Stimme oder die Art, wie du lachst, dein Strahlen, deine Begeisterungsfähigkeit, und schwups, ist der Funke übergesprungen. Das ist Akquise!

Woher ich das weiß? Ich glaube, es gibt wenige Berufe, bei denen man Akquise so intensiv lernt wie in der Schauspielerei. Und das Schlimmste daran ist, dass das Produkt du selbst bist, denn unablässig bietest du deine eigene Nase an. Stell dir vor, du müsstest alle davon überzeugen, dass ausgerechnet deine Nase – ja, genau, die in der Mitte deines Gesichts – die schönste, eleganteste, klassischste, zärtlichste, lieblichste, größte ist. Nein, natürlich die kleinste, aber die beste Schnüfflerin unter der Sonne. Versuch sie mal zu verkaufen, deine eigene Nase. Erkläre allen, die es nicht wissen wollen, dass du die überzeugendste Nase weit und breit besitzt. Kein Geruch, der nicht von deiner feinen Nase wahrgenommen, analysiert und kategorisiert wird. Deine Nase ist der Nabel der Welt, das ist völlig klar! Als Schauspieler:in musst du dich tagtäglich – gegenüber deinem Publikum oder deinen Auftraggebenden – genau so verkaufen, als Nabel der Welt. Hierbei entwickelst du eine enorme Elefantenhaut. Abgelehnt zu werden, ist nie einfach, aber wenn es um so etwas Persönliches und Unvergleichliches wie die eigene Nase geht, nimmt die Herausforderung nochmals ganz neue Dimensionen an.

Aber genau hier, in diesem scheinbar absurden Unterfangen, liegt der Spaß. Denn wenn du es schaffst, deine Nase mit solcher Überzeugung anzupreisen, dass selbst die größten Skeptiker:innen einen zweiten Blick riskieren und ins Grübeln kommen, ob deine Nase tatsächlich die beste Nase aller Zeiten sei, hast du die Kunst der Akquise gemeistert. Und alles andere ist ein Kinderspiel. Es geht darum, Leidenschaft und Überzeugung in das zu legen, was du anbietest, sei es deine Nase, dein Produkt oder dein Potenzial.

Denke an ein Kind, das dich mit leuchtenden Augen und einem breiten Grinsen zum Drachensteigen einlädt. Es quengelt nicht, es nörgelt nicht, sondern ist einfach voll und ganz von seiner Begeisterung erfüllt. Dieses Kind hat keine Angst, seine Gefühle zu zeigen, es brennt für das, was es tut, und genau diese Leidenschaft ist ansteckend. Bevor du es mitbekommst, findest du dich schon draußen im Wind wieder, lächelnd und bereit, gemeinsam den Drachen steigen zu lassen. So verhält es sich ebenso mit der Akquise und bei einem überzeugenden Auftritt. Wenn du mit unendlicher Leidenschaft und voller Enthusiasmus agierst, wenn du mit jeder Faser deines Seins davon überzeugt bist, dass das, was du anzubieten hast, wertvoll und bedeutsam ist, dann wird Akquise zu einer freudigen, spielerischen Aktivität. Sie bekommt eine Leichtigkeit, wenn du sie als Möglichkeit erkennst, deine Passion zu teilen. Also dermaßen, wie es unsere Mitarbeitenden in Kamerun damals taten. Sie waren Botschafter:innen ihrer Leidenschaft, und zwar aus vollstem Herzen.

Genau hier liegt das Geheimnis: Akquise und überzeugendes, authentisches Auftreten erfordern keine Überwindung mehr, wenn du für deine Sache brennst. Damit zeigst du, dass du dich für etwas engagierst und du bekommst die Möglichkeit, andere mit deiner Begeisterung anzustecken, ja, andere für deine Vision zu gewinnen. Wie das Kind, das dich zum Drachensteigen überredet, zeigst du deine wahre Leidenschaft und überwindest dabei spielend die Angst, dich nicht zeigen zu wollen, und zeigst dich eben doch.

Beginne, jeden Tag in bisschen mehr von dir zu zeigen, mit all den Narben, Geschichten und Wundern, die dich ausmachen. Brenne für das, was dir wichtig ist und lass deine Leidenschaft die Welt um dich herum erhellen. Denn wenn du es wagst, dich zu zeigen, wie du wirklich bist, mit deinem ganzen Körper und mit ganz viel von deiner Seele, dann erreichst du viel tiefere Verbindungen zu deinem Umfeld als bisher.

Kapitel 4
Die Angst, im Mittelpunkt zu stehen: Trau dich, dir Raum zu nehmen

Für eine längere Zeit spielte ich die weibliche Hauptrolle in einer deutschen Fernsehserie. Die Serie hatte mehrere Millionen Zuschauer und Zuschauerinnen, war also ein absoluter Quotenhit. Kurz bevor ich aussteigen wollte – meine jüngste Tochter war noch klein und ich wollte mehr Zeit mit ihr verbringen –, wurde eine besondere Episode der Serie gedreht und mit einem aufwendigen Presse- und Zuschauerevent gefeiert. Dafür gab es tagelange Vorbereitungen und die Aufregung unter Schauspieler:innen, Produzent:innen, Redakteur:innen und Techniker:innen war groß. Schließlich standen die Einschaltquoten nicht nur in einem direkten Verhältnis zur Qualität der Serie, sondern waren unweigerlich auch mit der Aufmerksamkeit verknüpft, die die Presse ihr und allen Beteiligten schenkte. Da ich zwar sehr gern spielte und voll in meiner Rolle aufging, mir aber solche Events ein Gräuel waren, hatte ich mir eine »Augen zu und durch«-Strategie zurechtgelegt. Es war mir egal, welches Kleid ich zum Pressetermin tragen würde und welche Frisur mir die Maskenbildnerin auf meinen Kopf zaubern würde. Die Beantwortung der Pressefragen fiel mir leicht, zumindest, solange sie sich um das Thema der Serie drehten. Dem ganzen Rest der Aufregung wich ich weitestgehend aus.

So kam der Tag des Events. Alle huschten nervös durch die Gänge, es herrschte eine riesige Anspannung. Während die einen noch versuchten, einen Schokoladenfleck von ihrem Lieblingskostüm zu entfernen, fischten andere ihre aufgeklebten Wimpern aus der Kaffeetasse. Wieder andere kaschierten ihre kahlen Stellen am Kopf mit Kohlefarbe. Vor der Kulisse mit dem großen Serienlogo wurden Bänke nach hinten ansteigend aufgestellt, auf denen sich die Schauspieler:innen platzieren sollten. Da noch niemand auf den Bänken saß und nur ein paar Kostümteile wenige Plätze reservierten, dachte ich mir »Oh, da habe ich ja noch viel Zeit, ich werde mich dann später einfach irgendwo ganz hinten bei den Stehplätzen auf der Seite dazustellen und geh jetzt erst mal ein bisschen spazieren.«

Gedacht, getan. Ich verließ das Studio und drehte eine Runde ums Gebäude. Der Frühlingsduft und das grelle Tageslicht ließen mich sehr die Absurdität meiner Arbeit spüren. Da gab es Menschen, die draußen auf Feldern arbeiteten, in der wunderschönen Natur, mit den Jahreszeiten. Und ich? Ich stand den ganzen Tag bei Scheinwerferlicht in einer Pappmaché-Realität, in einer erdachten Geschichtswelt, eine künstliche Figur spielend. Welchen Sinn ergab meine Arbeit überhaupt? Hier gab es blühende Rapsfelder, die Vögel zwitscherten, die Sonne strahlte und der Himmel war leuchtend blau. War das nicht das Allerwichtigste? Wollte ich nicht längst etwas Sinnstiftendes machen, statt am laufenden Band Fastfood fürs Hirn zu produzieren? War es wirklich mein Lebensinhalt, Menschen in ihrem Alltag mit belanglosen Geschichten abzulenken, damit sie schön stillhalten und weiter im Hamsterrad laufen und bloß nicht nachdenken? Hatten die Geschichten in diesen Filmen überhaupt einen Tiefgang, eine bereichernde Botschaft, inspirierten sie wirklich? Oder war diese gesamte Scheinwelt einfach nur wie eine Dröhnung Kleister, die alles zuklebte und die unerträgliche Leichtigkeit des Seins hinter einer Nebelwolke verschwinden ließ? Und wollte ich, Karina, mir allen Ernstes ansehen, was ich den ganzen Tag über produzierte, oder war mir meine Zeit, meine Lebenszeit nicht zu schade für all das? Wie wollte ich mein einziges, wertvolles, einzigartiges Leben verbringen?

Diese und ähnliche Gedanken beschäftigten mich, während ich meine Runden um das Studio drehte. Gewissenhaft blieb ich in Hörweite des Trubels, um sicherzugehen, dass ich sofort zur Stelle war, sobald man mich rief.

Es roch nach Flieder und ich konnte sogar die Bienen summen hören. Eine unendliche Sehnsucht nach Freiheit, Natur und Zeit ergriff mich. Mein Großvater kam mir in den Sinn. Als er frisch pensioniert war, ging er täglich in den Wald und brachte nach seinen Sammeltouren unendliche Mengen von Blüten, Blättern und Kräutern mit nach Hause. Diese legte er dann zum Trocknen fein säuberlich auf Zeitungspapier und verteilte seine Schätze überall im Haus. Da gab es Kräuter, die für Hustentee getrocknet wurden, andere förderten den Schlaf oder beruhigten den Magen, und nochmals andere – mit bunten Blüten, die besonders süß dufteten – sollten einen guten Start in den Tag ermöglichen. Er drehte und wendete die langsam trocknenden Pflänzchen täglich, roch daran, begutachtete sie von allen Seiten, ja, er streichelte sie fast. Meine Großmutter hingegen fluchte, weil dieses dürre Zeug jedes Regal belegte, und sicherlich ihre Brille, die sie schon seit Tagen vermisste, darunter versteckt war.

Ein lauter Gong riss mich aus meinen Träumen. Normalerweise mahnte dieser Ton kurz vor dem Drehen zur Ruhe, jetzt kündigte er den Beginn des Fotoshootings an. Ich schlich leise in Richtung Halle und beobachtete die Kolleg:innen, die sich um die besten Plätze stritten. Offensichtlich war es allen sehr wichtig, möglichst weit vorn oder in der Mitte zu sitzen, um präsent und bedeutungsvoll auf den Fotos erstrahlen zu können. Da gab es einige, die verteidigten lautstark ihre reservierten Plätze, andere schoben heimlich fremde Kleidungsstücke zur Seite und setzten sich, wohin sie wollten. Wieder andere suchten sich weiter hinten Lücken. Unser Pressechef drängte zur Eile. Insgesamt war es ein einziges Gequetschte, Gerangel, Geschimpfe und Gefluche und entsprach so gar nicht der Serienidylle, die Woche für Woche über die Fernsehkanäle gesendet wurde. Als die etwa 30 Personen sich endlich mit ihren Plätzen abgefunden hatten, schob ich mich hinten an der Seite dazu. Die Pressefotograf:innen, etwa 20 an der Zahl, kamen in den Raum, packten ihre Apparate aus, und auf Kommando sollten wir mal in diese und mal in die andere Kamera »cheesen«, also lächeln. Es hatte kaum begonnen, da unterbrach unser Pressechef das Blitzlichtgewitter und rief: »Moment mal, wo ist denn die Thayenthal?« Stille. Ich streckte aus meiner Position hinten links meine Hand kurz nach oben, um zu zeigen, dass ich da war, versuchte lässig zu beruhigen: »Bin eh da.« So quasi: »Macht weiter!« »Ne, ne, ne, so geht das nicht! Was ist denn das für eine Sitzordnung?«, dröhnte der Pressechef, kam auf mich zu und zog mich am Arm nach vorn. »Die Hauptrollen sitzen vorn in der Mitte, Karina, du musst dich hierher setzen.« Ich wurde wie eine Puppe in die Mitte der ersten Reihe bugsiert, direkt zwischen meinen Serienpartner und dem Gegenspieler und brachte somit die gesamte, von vielen mühsam errungene Sitzplatzordnung komplett durcheinander. Manche, die sich die heißbegehrten Plätze vorne gesichert hatten, flogen links oder rechts an der Seite der Bänke raus, quetschten sich eine Reihe weiter hinten zwischen andere, was wiederum diese störte, weil sie nun von einem großen, ausgerechnet vor ihnen sitzenden Menschen verdeckt wurden. Das Gezanke, Gezeter und Gestänker nahm ein erschreckendes Ausmaß an. Doch damit noch nicht genug. Mit einem Mal trat eine Schauspielerin, die vehement ihren Platz verteidigt hatte und nun einige Reihen nach hinten gerutscht war, nach vorn vor den Pressechef und meinte, das ginge alles so überhaupt nicht, schließlich sei sie die beste Freundin der Hauptrolle und als solche müsse sie auch vorne sitzen. Gesagt, getan. Sie drückte sich direkt neben mich und meinen Serienpartner in die Reihe. Das wiederum erboste meinen Partner, der um einen Platz verdrängt worden war und sich polternd auf meine andere Seite setzte. Das aber brachte die Schauspielerin einer älteren Rolle auf den äußersten Platz der linken Seite, was dieser gar nicht gefiel, denn in ihrem Alter dürfe man nicht so am Rand sitzen, schließlich ging es in der Serie ja auch um Altersinklusion. Das Wort Inklusion machte einen Schauspieler mit Migrationshintergrund wütend, denn er meinte, mit Inklusion hätte die Serie ohnehin nichts zu tun, sonst wäre seine Rolle viel größer, und als Ausgleich müsste er jetzt einen Platz weiter vorne bekommen.

Es ging schon längst nicht mehr nur um die Sitzplätze, nein, es war vielmehr eine Offenbarung all der still erduldeten Verletzungen und Kränkungen, die Schauspieler:innen ihr Leben lang ertragen müssen, um überhaupt überleben zu können. Dieses Aufplatzen einer überreifen Frucht machte den lebenslangen Kampf um Anerkennung und Erfolg, oder ihr Ringen durch Arbeit einfach nur ihre Familien ernähren zu können, sichtbar. All dieser aufgestaute Schmerz entlud sich plötzlich in diesem einen, ziemlich eruptiven Moment.

Ich wollte das nicht auslösen, im Gegenteil, ich wollte mich unsichtbar machen. Wäre dieser Pressechef nicht gewesen, wäre ich gar nicht erst nach vorn gekommen, sondern hinten stehen geblieben. »Fuck off, Mittelpunkt, mir geht es um die Sache!« Heute ist mir klar, dass einer meiner Gedankenfehler damals war, nicht zu erkennen, dass ich »die Sache« war. Die Zuschauer:innen wollten sich mit mir als Hauptfigur und mit meiner Rolle identifizieren, also musste ich im Mittelpunkt stehen und auch für die Presse in der Mitte sitzen.

»Ich bin halt kein Frontmensch«

Im Führungskräftecoaching treffe ich heute oft auf Menschen – ich sage bewusst Menschen, denn dies betrifft nicht nur Frauen, sondern auch viele Männer – die mir sagen, sie möchten lieber im Hintergrund bleiben, denn es ginge ja »um die Sache«. Sie wollen nicht arrogant, selbstgefällig oder gar »bossy« wirken. Aber auch sie unterliegen dem Missverständnis, das mich lange Jahre begleitete: Denn egal, ob Schauspielerin, CEO, Selbstständiger, Politikerin, Lehrer, Anwältin, Verkäufer, Künstlerin, Vater oder Mutter: Du bist »die Sache«. Heute könnte man schon sagen: Du bist die Marke, also die Identifikationsfigur, und damit häufig der Mittelpunkt der Aufmerksamkeit. Ich möchte dich ermutigen, dich dem zu öffnen. Ganz abgesehen davon, mag es ja gemütlich sein im Hintergrund, aber die Aussicht, die lässt von dort dann doch gewaltig zu wünschen übrig! ☺

Nur diejenigen Menschen, und das gilt sowohl beruflich als auch privat, die diesen Mittelpunkt einnehmen, sich voll und ganz einsetzen und damit Verantwortung übernehmen, sind sichtbar und werden gesehen. Und weil sie eben bereit sind, laut und deutlich auf sich aufmerksam zu machen, bekommen sie wirklich supertolle Angebote und Möglichkeiten. Damals, als ich mich verstecken wollte, hatte ich einfach Glück, einem achtsamen Pressechef gegenübergestanden zu sein. Doch oft in meinem Leben habe ich mich versteckt und gehofft, dass Kompetenz und Expertise ausreichten, um Anerkennung oder Erfolg zu bekommen, und dadurch sind mir auch viele schöne Möglichkeiten und Dinge entgangen. Ich bin nicht traurig darüber, mein Weg war ein anderer. Ich habe Erfahrungen auf anderen Kontinenten oder in anderen Berufen gemacht, die mir damals wichtiger oder wertvoller erschienen. Diese Zeit der Entwicklung habe ich für mich gebraucht. Aber ganz ehrlich, ich hätte es auch einfacher haben können.

Deshalb möchte ich dir sagen: Hab den Mut und behaupte deinen Platz. Lass dich nicht kleinmachen und rede dir nicht ein, dass das, wofür du stehst – deine gute »Sache« –, allein schon sichtbar würde, nur weil sie gut ist! Das wird sie nicht! Nur wenn du wirklich, wirklich bereit bist, deine Komfortzone zu verlassen, dich bemerkbar machst, dich einmischst, du deine Meinung sagst, dich einbringst und beteiligst, dann haben andere die Chance, deine wahren Qualitäten kennenzulernen. Wenn du leise darauf wartest, dass ein achtsamer Mensch dich ins Rampenlicht zieht, werden andere dich überholen. Also geh ins Sichtbare und öffne dich für den Austausch. Suche die Menschen, damit sie dich finden. Sprich mit den Menschen, damit sie dich hören. Zeig dich den Menschen, damit sie dich sehen. Du bist gut genug, so wie du bist!

Der Weg der kleinen Schritte

Nun, das klingt alles so einfach. Aber wie setzt du das »Sichtbarmachen« um, wenn du nicht als »Rampensau« geboren wurdest? Versuch den Weg der kleinen Schritte!

Beginne damit, auf dich selbst zu achten. Sitzt du bei Veranstaltungen immer am Rand, mit einer Pobacke in der Luft, oder auch mal zentral in der Mitte? Widersprichst du, wenn du anderer Meinung bist? Sagst du auch einmal laut und deutlich Nein, wenn alle nur an dir zerren und etwas von dir wollen? Teilst du bei einem Meeting klar und deutlich deine Einschätzung mit? Und zwar spontan? Oder drehst du den Satz so lange in deinem Kopf, bis – ups – das Thema schon vorbei ist? Und damit auch die Chance, dich sichtbar und hörbar zu machen.

Mach dir einen Wochenplan und suche dir für jeden Tag eine kleine Herausforderung aus:

- Montag: Auf dem Gehweg nicht ausweichen, sondern den eigenen Weg gehen.
- Dienstag: Im Zug den Platz, auf dem ein Rucksack liegt, für dich beanspruchen.
- Mittwoch: In Meetings spontan und selbstbewusst deine Sichtweise teilen.
- Donnerstag: Sag Nein, wenn du dich überfordert fühlst – laut und bestimmt.
- Freitag: Gönn dir mal eine Pause im schnellen Alltag und informiere auch andere darüber.
- Samstag: Äußere deine Meinung klar in der Familie.
- Sonntag: Reflexion der Woche – wo konntest du dich behaupten und sichtbar oder hörbar werden?

Warum haben manche Menschen überhaupt kein Problem damit, sich zu zeigen, während andere sich lieber im Hintergrund halten? Das Bedürfnis, nicht im Mittelpunkt zu stehen, kann auf verschiedene psychologische Dynamiken hinweisen, die sowohl mit Unsicherheit und falscher Bescheidenheit als auch mit der Sorge vor negativer Beurteilung in Verbindung stehen. Dies kann auf ein geringes Selbstwertgefühl oder Angst vor Kritik und Ablehnung zurückzuführen sein. In solchen Fällen ziehen Betroffene es vor, sich im Hintergrund zu halten und keine Aufmerksamkeit auf sich zu lenken, selbst wenn sie dazu berechtigt wären oder eine wichtige Rolle spielen (könnten).

Erkennst du dich wieder? Dann gilt es, dich nicht dafür zu verurteilen. Wir sind alle unterschiedlich, und das ist gut so. Manche Menschen stehen gern im Vordergrund, andere wirken im Hintergrund. Doch solltest du bemerken, dass deine Bescheidenheit oder Unsichtbarkeit dich einschränkt oder sogar davon abhält, das Leben zu führen, das du möchtest, dann versuche es einmal mit der folgenden Übung:

Kurze Gespräche machen den Anfang

Nutze täglich jede Chance, sei es beim Einkaufen oder an der Bushaltestelle, um einfache Konversationen zu beginnen. Ein Lächeln, ein Gruß oder eine beiläufige Bemerkung zum Wetter können der Anfang sein. Nimm dir danach einen Moment, um über diese Interaktionen nachzudenken – was lief gut und wie hast du dich dabei gefühlt?

Ebenso am Arbeitsplatz hast du die Möglichkeit, Fragen zu stellen. Nicht nur berufliche, sondern auch persönliche. Du kennst sicherlich den Ausdruck: »Wer fragt, der führt!« Mit Fragen zeigst du, dass du dein Gegenüber wertschätzt und an seiner Meinung, seinen Erfahrungen und somit an seinem Leben interessiert bist. Es zeigt auch, dass du dein Gegenüber jenseits von Status- und Dominanzverhalten ernst nimmst. Antworte zum Beispiel mit »Ja, und ...«, um Dialoge zu vertiefen. Das fördert kreatives Denken und aktives Zuhören.

Versuche bei jeder neuen Begegnung etwas Weiterführendes, Interessantes über die Person zu erfahren. Mit dieser Übung verfeinerst du nicht nur deine Kommunikationsfähigkeiten, sondern lernst zudem, entspannt im Mittelpunkt zu stehen und deine Komfortzone Stück für Stück auszubauen.

Allerdings kann das Bedürfnis, nicht im Mittelpunkt stehen zu wollen, auch eine Form der Verantwortungsvermeidung sein. Gleichwohl ein Schutzmechanismus aus Angst, der Verantwortung und deren Folgen nicht gewachsen zu sein.

Ich hatte damals als Person, als Karina, schlichtweg nicht den Mut, mich aktiv einzubringen und Verantwortung zu übernehmen. Und das, obwohl ich als Schauspielerin im Mittelpunkt stand. Mir reichte die Verantwortung der Hauptrolle, ich wollte mich nicht noch in der Öffentlichkeit gekonnt darstellen müssen. Das sah ich als Aufgabe der Presseabteilung. Doch ich habe gelernt, dass das eine nicht ohne das andere funktioniert. Wenn du der Welt etwas mitteilen möchtest, musst du dich sichtbar machen. Wenn du mit Menschen zu tun hast, musst du Verantwortung übernehmen, das gilt sowohl im privaten als auch im beruflichen Bereich. Warum entziehen wir uns dieser Verantwortung? Tun wir das aus Unsicherheit, falscher Bescheidenheit, Überlastung oder aus Angst vor Bewertungen? Ist uns wirklich wohl in unserem Schneckenhaus? Nur, wenn wir unserem Widerstand, im Mittelpunkt zu stehen, wirklich auf den Grund gehen, können wir bewusst entscheiden, was uns guttut und was nicht. Dem Bedürfnis, nicht im Mittelpunkt zu stehen, nachzugeben, kann kurzfristig entlasten, blockiert aber langfristig Chancen und persönliches Wachstum.

Bedenke bei all dem bitte stets: Aufmerksamkeit wird dir nicht gegeben, du musst sie dir schaffen! Zu wissen, wie man sich Dinge nimmt, wenn man sie haben will, ist eine lebenslange Aufgabe. Du musst nicht laut und auffällig dafür sein. Du musst nur hörbar aussprechen, was du sagen willst, ohne dich in Zweifel und Ängste zu verstricken.

Es ist egal, ob du introvertiert oder extrovertiert bist!

Im Mittelpunkt zu stehen, ist für introvertierte Menschen besonders schwierig. Für viele meiner Klient:innen ist ihre Sache, ihre Botschaft, ihre Angelegenheit ein großes Anliegen, und da diese Gewicht und Substanz hat, haben sie kaum ein Problem, diese im Dialog mit einer anderen Person zu verteidigen. Zudem drücken sie ihre analytische und klare Denkweise besonders kompetent und gewandt schriftlich aus. Doch das Leben stellt sie immer mal wieder vor die Herausforderung, ihr Wissen oder ihre Botschaft einem größeren Kreis zugänglich machen zu müssen. Das geht meist nicht ohne Rampenlicht und nicht, ohne die Aufmerksamkeit anderer aushalten zu können. Also, introvertiert hin oder her: Versuche es mit den zuvor vorgestellten Wochenplan-Übungen. Schritt für Schritt.

Dabei ist Extrovertiertheit noch kein Garant für Lockerheit. Eine meiner Kundinnen ist eine sehr extrovertierte Person, sie ist voller Energie, lebensfroh, lustig, hat immer einen frechen Witz auf den Lippen und kann mit ihrer Schlagfertigkeit alle zum Lachen bringen. Sie ist eine erfolgreiche Geschäftsführerin, verantwortungsbewusste Führungspersönlichkeit, durchsetzungsfähig, innovativ, entscheidungsfähig, kundenorientiert und verfügt über ein hohes Maß an strategischem Denken. Doch wehe, sie muss einen Vortrag oder eine Präsentation halten! Wehe, sie spürt alle Konzentration und Augen auf sich gerichtet! Wehe, sie muss im Mittelpunkt stehen. Aus. Vorbei. In ihrer gesamten Berufslaufbahn hatte sie es stets geschickt vermieden, selbst Vorträge zu halten, indem sie entweder Kolleg:innen vorschob oder clevere Ausreden fand, um sich zu drücken.

Eines Tages jedoch merkte sie, dass sie mit dieser Einstellung zwar weit gekommen war, aber nicht mehr viel weiterkam. Sie suchte mich auf und wir begannen, miteinander zu arbeiten. Wir entdeckten, dass ihre Panik vor Auftritten in negativen Kindheitserlebnissen wurzelte, und mit kleinen Schritten fingen wir an, diese Erfahrungen mit positiven, neuen zu ersetzen. Erst hielt sie Reden vor mir, mal längere, mal kürzere. Wir arbeiteten an ihrer Körperhaltung, ihrer Atmung und natürlich auch an ihrem Inhalt. Neben dem Herausarbeiten ihrer Kernbotschaften war es besonders wichtig, dass es *ihre* Worte, *ihre* Satzstellungen, *ihre* Formulierungen waren und nicht meine, die sie sukzessive nach außen tragen würde. Es sollte ja ihr entsprechen und aus ihrem Mund flüssig und leicht hervortreten. Mit jeder Rede wurde sie sicherer. Dann filmte ich die kleinen Auftritte und wir schauten uns das Ergebnis gemeinsam an. Anfangs mochte sie sich selbst nicht sehen und wäre am liebsten davongelaufen. Doch der erste große Erfolg stellte sich ein, als sie eines Tages sagte: »Naja, das ist nicht eine ganz große Katastrophe« – juhuuuuuuu, was für ein Durchbruch!

Als Nächstes übte sie vor ihrer Familie. Wir besprachen die Gefühle, die sie dabei empfand, übten wieder zu zweit, filmten und analysierten das Gesehene. Schließlich ergaben sich für sie Möglichkeiten, dass sie in ihrer Arbeit größere Sitzungen leiten konnte. Wieder bereiteten wir alles intensiv vor. Und so arbeiteten wir uns langsam und kontinuierlich von einer Herausforderung zur nächsten. Diese schrittweise Konfrontation mit Situationen, die Angst auslösten, lehrte sie, Toleranz diesem Gefühl gegenüber zu entwickeln, und sie gewann die Einsicht, dass sie *mit* Angst handeln konnte! So entwickelte sie mit jeder bewältigten Rede und mit jedem Auftritt ein klein wenig mehr Vertrauen in ihre Präsentationsfähigkeiten, bis sie eines Tages feststellte, dass es anfing, ihr Spaß zu machen, zwar aufgeregt, aber doch souverän einen Vortrag zu halten und Freude daran zu finden, auch einmal im Mittelpunkt zu stehen. Und das kannst du auch.

Wenn du das noch nicht glaubst, dann möchte ich dir abschließend noch folgende Gedanken mit in deinen Tag geben: Wenn du nicht im Mittelpunkt stehen willst, wer dann? Und mal ehrlich, welche Folgen hat deine Zurückhaltung für andere? Ist es nicht an der Zeit, dass du dich zeigst, mit allem, was in dir steckt? Wer weiß, vielleicht macht es dir sogar plötzlich Spaß?

Oft unterschätzen wir, wie sehr uns unsere eigene selbstkritische Haltung daran hindert, Risiken einzugehen und uns sichtbar zu machen. Doch es ist genau diese Sichtbarkeit, die Türen öffnet – sei es in Bezug auf deine Karriere, bei Gehaltsverhandlungen oder wenn es um die Anerkennung deiner Erfolge geht. Allzu leicht spielen wir unsere Leistungen herunter. Warum sollten wir nicht stolz auf unsere Errungenschaften sein und sie angemessen würdigen? Vielleicht ist es jetzt an der Zeit, einmal ein bisschen anzugeben mit dem, was du erreicht hast?

Dieses Buch will dich dazu ermutigen, dich deinen Ängsten und Zweifeln zu stellen und sie nicht als unüberwindbare Hindernisse, sondern als Gelegenheiten zum Lernen und Wachsen anzunehmen. Scheitern? Teil des Spiels! Es geht nicht darum, fehlerfrei zu sein, sondern darum, aus jedem Schritt zu lernen, selbst aus Schritten, die dich ins Stolpern gebracht haben.

Mit meinem Weg der kleinen Schritte, den ich dir zuvor erläutert habe, zerlegst du ab sofort große Träume in kleine, machbare Häppchen. Das lässt die ganze Angelegenheit namens »Im Mittelpunkt stehen« weniger bedrohlich für dich erscheinen und ermöglicht dir, jeden kleinen Sieg schon unterwegs zu feiern. Ich wünsche dir, dass jeder kleine Erfolg dein Selbstvertrauen und deine Überzeugung dahingehend stärken wird, dass du im Mittelpunkt stehen und gleichzeitig authentisch bleiben kannst. Pflege nicht deine Zweifel und unterschätze nicht deine Kraft!

Ich lade dich ein, diesen Weg nicht als Last, sondern als spannende Reise zu sehen, auf der du nicht nur deine Ziele erreichen kannst, sondern auch eine andere Seite von dir entdecken wirst, eine Seite, die selbstbewusst und unerschrocken ist. Sei mutig, bring dich in den Mittelpunkt. Denn wenn du strahlst, gibst du auch anderen das Signal, dass sie ihr Licht leuchten lassen.

Zum Abschluss habe ich noch eine kleine Anekdote für dich: Es war in einem meiner ersten Filme, dass ich eine sehr berühmte Partnerin hatte. Seinerzeit war ich noch eine ganz junge Schauspielerin. Wir hatten eine Dialogszene zu spielen. Eine hitzige Debatte. Wir standen uns gegenüber, die Kamera etwa drei Meter entfernt in der Mitte zwischen uns, weil wir beide im Profil zu sehen sein sollten. Ich gehöre zu den Menschen, die jemanden anschauen, wenn sie mit ihm sprechen. Meine Kollegin wich aber unmerklich Zentimeter für Zentimeter zur Seite. Ich, bemüht um Blickkontakt, drehte mich stetig mit, bis ich praktisch nur noch mit Hinterkopf in der Kameraaufnahme zu sehen war, während sie im vollen Rampenlicht und in der Mitte der Kameraeinstellung stand. Ein raffinierter Trick, vor allem unter der Aufsicht eines Regisseurs ohne Durchsetzungsvermögen. Und so lernte ich: Im Rampenlicht zu stehen, bedeutet manchmal, sich einfach nur geschickt genug zu positionieren. ☺

Kapitel 5
Die Angst, nicht geliebt zu werden: Von Anerkennung und Selbstliebe

»Ich bin stolz auf dich!« – »Ich hab dich lieb!« – »Du bist toll, so wie du bist!« Das sind Worte, die manche Kinder selten hören. Auch du warst einmal Kind. Ich lade dich ein, dich bewusst daran zu erinnern, wie häufig du einen von diesen Sätzen so oder ähnlich gehört hast? Wie oft haben dich deine Mutter oder dein Vater in den Arm genommen und dir zu verstehen gegeben, dass sie dich ganz und gar lieb haben, so wie du bist?

Nimm dir einen Moment Zeit, um auf diese Frage zu antworten, und lass auch Trauer zu, wenn du entdeckst, dass es nur wenige oder keine solcher Bestätigungen für dich gab. Wenn du dabei Schmerz empfindest, erlaube dir, das Gefühl anzuerkennen, es ist normal und verständlich. Vielleicht kannst du beginnen, dir selbst liebende und anerkennende Worte zu sagen, die du als Kind vermisst hast. Denke daran, dass deine Vergangenheit dich geprägt hat, zugegeben, aber sie muss nicht deine Zukunft definieren!

Vielleicht hattest du als Kind sogar Angst, weniger geliebt zu werden, weil du zu laut, zu leise, zu dick oder zu dünn warst? Oder deine Schulnoten waren zu schlecht, deine sportlichen Leistungen zu schwach, deine Geschwister in allem angeblich besser? Oder du hast als Kind erfahren, dass Liebe und Anerkennung an Bedingungen geknüpft waren, etwa an Leistung, Verhalten, Aussehen oder dem Erfüllen spezifischer Erwartungen? So ist es doch den meisten von uns ergangen. Und so wiederholen wir auf unserem Lebensweg unsere alten Muster, setzen Liebe mit der Erfüllung von Erwartungen gleich – im Berufs- und im Privatleben gleichermaßen. Das heißt, dass wir uns beispielsweise bemühen, besonders laut und auffallend oder besonders leise und bescheiden zu sein. Oder besonders erfolgreich mit vielen Diplomen ausstaffiert oder besonders niedlich und hübsch. Dies alles in der Hoffnung, dadurch geliebt zu werden.

Wir laufen also mit einer Bedürftigkeit durchs Leben, mit einem Gefühl, etwas zu brauchen, weil wir Mangel verspüren. Wir suchen nach etwas oder jemandem, der uns bestätigt, uns sagt, dass wir liebenswert sind, so wie wir sind. Aber dieses Etwas oder diese Person, die das alles erfüllen kann, gibt es nicht.

Als ich klein war, bekam ich sehr viel Liebe von meiner Mutter. Vor allem dann, wenn ich besonders brav war. Wobei »brav« eher »möglichst unsichtbar« bedeutete. Wenn ich also – als einziges Kind unter vielen Erwachsenen – die Gesprächsabende still über mich ergehen ließ, die sich um den Druck in der Arbeit, finanzielle Sorgen oder darum drehten, wie man sich die Treue eines Mannes sichern konnte, war von mir gefragt: höflich lächelnd und anspruchslos herumsitzend die immerzu gleichen Blumen, Bäume und Häuser zu zeichnen.

Ich spürte, dass Liebe und Fügsamkeit für mich eine gute Kombination waren. Meine Eltern konnten mich in unbekannten Städten in fremden Untermietszimmern abstellen, mich mit allen Ermahnungen und Liebesbezeichnungen dieser Welt versehen und in irgendeine Oper abdampfen, während ich eine Fantasiewelt in die Tapete gravierte. Manchmal verbrachte ich auch sich lange hinziehende Momente alleine in einem VW-Käfer, weil keine Kinderbetreuung in Reichweite war, während meine Mutter als Managerin eines Großbetriebs einen Termin mit ihrem Chef hatte. Hin und wieder musste ich sogar meinem Vater hinterherspionieren und mit verstellter Stimme am Telefon fremde Telefonvermittlerinnen oder Portiers fragen, ob denn Herr X »zufällig« im Opernhaus sei. Meist war er das nicht und das endete dann in Dramen.

Natürlich gab es auch Momente voller Wärme, Humor und Zuneigung, aber meine Erinnerung hat sich vor allem die anderen Eindrücke bewahrt. Karina versuchte brav, anpassungsfähig, pflegeleicht und unsichtbar zu sein. Mein Vater, der selten mit seiner Gegenwart glänzte, fragte mich, wenn er da war, in Geschichte und Geografie ab. Dann erging er sich in euphorischen, endlosen Erzählungen zu eben jenem

Thema. Er lobte mich für jedes historische Datum, jeden Nebenfluss der Donau, jede Sage des klassischen Altertums, die ich runterpredigen konnte. Dabei lernte ich, dass Leistung und ehrfurchtsvolles Zuhören ebenfalls besonders wichtig sind, um geliebt zu werden.

Erkennst du einige meiner Muster in dir wieder? Ertappst du dich manchmal dabei, gegen dein eigenes Gefühl zu handeln, aus Angst, sonst nicht geliebt zu werden? Rennst du immer noch Bestätigungen für deine Leistungen nach, um deinen Eltern etwas zu beweisen? Lässt du dich nur von einer Seite fotografieren, weil dir einmal gesagt wurde, dass diese vorteilhafter sei, oder um deinen schiefen Eckzahn zu kaschieren? Kompensierst du die Angst, nicht geliebt zu werden, mit dicken Autos, großen Reisen oder auffälligen Statussymbolen?

Eine meiner Kund:innen, nennen wir sie Frieda, ist schon seit längerer Zeit auf der Suche nach einem neuen Partner. Sie probiert die verschiedensten Datingplattformen aus. Ihre Strategie ist es, beim ersten persönlichen Treffen mit allem, was möglich ist, auf den Putz zu hauen. Sie kommt direkt vom Friseur, ihr Gesicht erstrahlt im schmeichelndsten Make-up, sie trägt ein Kleid, das ihre Figur aufs Vorteilhafteste betont, sowie Schuhe, die ihre Beine in die Unendlichkeit wachsen lassen. Zudem ist sie eingehüllt in eine Duftwolke von Parfüm. Sie fühlt sich wie Marilyn Monroe persönlich, und selbst Beyoncé würde neben ihrer Ausstrahlung erblassen. Der betriebene Aufwand lohnt sich, denn ihr »Date« ist sichtlich geblendet von so viel Glanz und Glamour, und schnell wird ein nächstes Treffen anberaumt. Beim zweiten Mal aber kommt Frieda direkt vom Sport, verschwitzt in abgewetzten Jogginghosen, einem Pulli, passend für zwei, in ausgelatschten Turnschuhen und mit fettigen Haaren. Sie sieht also in etwa aus, als hätte sie drei unbändige Kinder auf den Abenteuerspielplatz begleitet, nebenbei noch mit dem Familienhund ein Wrestlingmatch gewonnen und bei alledem auch noch das Universum gerettet. Sie begrüßt ihr maximal verdutztes »Date«, das sie konsterniert anstarrt, mit den Worten: »Das letztes Mal war es die Mogelpackung, heute hast du die Realität!« Dieses Statement ist so erfrischend ehrlich, dass es die meisten Herren direkt in die Flucht schlägt. Doch hier und da gibt es einen, der spürt, dass er es da mit echtem Leben zu tun hat, sodass er einen zweiten Blick riskiert – und ein drittes Date.

Dieser humorvolle Ansatz meiner Kundin zeigt tiefgründiger, als es auf den ersten Blick erscheinen mag, ihre Angst, für ihr wahres Ich nicht geliebt zu werden. Ihre Strategie, so unkonventionell sie auch sein mag, legt den Finger in die Wunde unserer Gesellschaft, die oft mehr Wert auf das äußere Erscheinungsbild als auf innere Werte legt. Frieda fordert damit ihre Bekanntschaften – und uns alle – heraus, über den Schein hinauszuschauen und zu erkennen, dass wir uns allzu oft so sehr verstellen, nur um geliebt zu werden, bis wir mit uns selbst nur noch wenig gemeinsam haben.

Ein anderer Kunde von mir, nennen wir ihn Boris, ist der CEO eines großen Unternehmens, das er vom Vater und Großvater mittlerweile übernommen hat. Als wir vor vielen Jahren mit unserer Zusammenarbeit begannen, war er bereits das Gesicht des Unternehmens, musste viele Vorträge und Präsentationen halten und bemühte sich, dabei allen gerecht zu werden. Seine Auftritte und Reden waren gefällig, belanglos und distanziert. Er konnte sich nicht abgrenzen, sagte immer nur das, wovon er meinte, dass die anderen es hören wollten. Vermisst wurde somit die Durchsetzungsfähigkeit, ja, sozusagen das Charisma seines autoritären Vaters. Boris vertraute mir an, dass er sich seit seiner Kindheit die Anerkennung seines Vaters erhoffte, diese aber ausgeblieben ist, weil er schlecht im Lieblingssport seines Vaters war. Trotz beträchtlicher Investitionen in sein Training konnte er die hohen Erwartungen nicht erfüllen – ein Scheitern, das ihn bis heute schmerzt. Die Liebe seiner Mutter sicherte er sich durch seine fürsorgliche Art gegenüber seinen jüngeren Geschwistern. Aus reinem Pflichtbewusstsein hatte er schließlich das Familienunternehmen übernommen, aber sein Herzenswunsch war es nie gewesen, die Leidenschaft dafür fehlte ihm. Bei der Übernahme wollte er es zuerst seinem Vater recht machen, und danach den vielen Mitarbeitenden. Kein Wunder, dass das Unternehmen immer wieder in Schieflage geriet, vor allem in Zeiten steigender Rohstoffpreise. Also arbeiteten wir an seinen Vorträgen, doch es war zäh, weil er sich überhaupt nicht mit den Zielen des Unternehmens identifizieren konnte. Er sprach monoton, desinteressiert und ohne Überzeugung. Erst als wir anfingen, seine Leidenschaft für Nachhaltigkeit zu entdecken, begann eine tiefgreifende Veränderung in seiner Art, Vorträge zu halten, und ebenso in seiner Persönlichkeit. Er widmete sich intensiv Themen wie Energieeffizienz, nachhaltigen Materialien und umweltfreundlichen Herstellungsverfahren der Unternehmensprodukte. In dieser Zeit bestand meine Aufgabe als Coach darin, ihn zu bestärken und zu ermutigen, seinen neu entdeckten Weg selbstbewusst zu verfolgen.

Boris transformierte die gesamte Ausrichtung der Firma, setzte auf recycelte und nachwachsende Materialien. Er etablierte eine Unternehmenskultur, die auf Innovation, Nachhaltigkeit und sozialer Verantwortung basierte. Seine Vision und Werte steigerten nicht nur die Motivation seiner Mitarbeitenden, sondern zogen auch neue Kund:innen und Projekte an. Er erkannte, dass seine wahre Leidenschaft nicht darin lag, den Erwartungen seines Vaters oder der Mitarbeitenden zu entsprechen, sondern vielmehr darin, eine positive Veränderung in seiner Branche zu bewirken. Durch diese Neuausrichtung konnte er sich schließlich von der tief sitzenden Angst befreien, nicht geliebt zu werden, denn er fand Anerkennung und Respekt für seine echten Beiträge, nicht nur für das Erfüllen fremder Erwartungen. So entwickelten sich die Reden und Präsentationen von Boris nach und nach zu inspirierenden, fesselnden Auftritten, die eine Tiefe und Überzeugungskraft widerspiegelten, wie sie zuvor gefehlt hatten. Heute gilt er als authentische Führungspersönlichkeit, der seine Werte lebt, und zudem als Pionier im Bereich nachhaltigen Bauens – ein Vermächtnis, das weit über das hinausgeht, was sein Vater für ihn vorgesehen hatte.

Starte deinen Transformationsprozess

Wie kommen wir nun in die Weite, Fülle, Kraft und Leichtigkeit, wie Boris es gelungen ist, und in das Gefühl, liebenswert zu sein?

Lass uns das in drei Schritte gliedern:

Der erste Schritt, um dich von der Angst zu befreien, nicht geliebt zu werden, beginnt damit, die Ursprünge dieser Angst und der daraus folgenden Muster zu erkennen. Frage dich: Welche Kindheitserfahrungen könnten zu dieser Angst beigetragen haben? Hast du von damals das Gefühl, du musst bestimmte Erwartungen erfüllen, um geliebt zu werden? Suchst du zum Beispiel ständig Bestätigung von deinem Umfeld, weil du dir selbst nicht genug vertraust? Oder vermeidest du Konflikte um jeden Preis, aus Angst abgelehnt zu werden? Wann fühlst du dich ungeliebt oder abgelehnt? Triffst du Entscheidungen, weil sie gut für dich oder gut für andere sind? Überlege dann: Wenn du niemandem etwas beweisen müsstest, wenn du die absolute Gewissheit hättest, geliebt zu werden, egal wer du bist und was du tust, würdest du dann andere Entscheidungen in deinem Leben treffen? Anstatt dich heute für deine Angst zu schämen oder zu verurteilen, sei gütig mit dir und sage: »Schön, dann bist du halt da, liebe Angst. Du hast mir oft geholfen, aber ich brauche dich nicht mehr, ich liebe mich selbst und passe gut auf mich auf!«

Der zweite Schritt ist die Antwort auf folgende Frage: Was findest du an dir liebenswert? Nimm dir jetzt sofort einen Zettel zur Hand und notiere: »Ich bin liebenswert, weil ...« Bitte, bitte schreibe ganz viele Dinge hierzu auf! Lass dir jedes dieser Wörter oder jeden deiner Sätze genüsslich auf der Zunge zergehen und feiere dich dafür! Das, wofür du liebenswert bist, müssen keine riesigen Dinge sein. Es kann sein, dass du fünf Tage hintereinander die gleiche Pizza essen kannst und damit glücklich bist. Oder es betrifft deine Geduld, es hinnehmen zu können, dass du scheinbar jedes Mal die langsamste Kassenschlange im Supermarkt erwischst. Vielleicht ist es auch dein unerschütterlicher Optimismus, immer weiter daran zu glauben, dass irgendwo da draußen genau die Socken liegen, die zu all den einsamen Socken in deiner Schublade passen. Anschließend platzierst du deine »Liebenswertigkeitseigenschaften« dort, wo sie dir täglich ins Auge fallen. Vielleicht neben den Spiegel, um dir beim Zähneputzen ein Lächeln zu entlocken. Lies sie täglich öfters als die Nachrichten auf deinem Handy.

Der dritte Schritt ist, dich von negativen Einflüssen abzugrenzen und dir ein wertschätzendes Umfeld zu schaffen. Menschen, die dir ihre Liebe entziehen, weil du auch mal Nein sagst, sind deine Liebe und Anwesenheit nicht wert. Das Neinsagen übst du in kleinen, weniger wichtigen Momenten, etwa im Schuhgeschäft oder bei der Wahl eines Films, eines Restaurants, eines Ausflugsziels.

Nein zu sagen bedeutet, bereit zu sein für einen Transformationsprozess. Jedes Nein zu etwas oder jemandem kann ein Ja zu dir sein. Und schwups, schon gehen neue Türen auf!

Das Schönheitsideal

Viele von uns haben als Kind die Erfahrung gemacht, dass sie so, wie sie aussehen, nicht geliebt werden. Also mit ihren Sommersprossen, Zahnspangen, Brillen, den wirren Locken. Dann wegen ihres Kleidungsstils, der nicht der traditionellen Geschlechternorm entspricht. Oder der paar Kilos zu viel auf den Rippen. Doch sie merkten ebenso, dass wenn sie sich hübsch machten, sich darum bemühten, besonders jung, schlank, fit oder trendy zu sein, ja, dass sie dann besondere Liebe erfuhren. Das bleibt nicht ohne Folgen, denn hier wird Liebe mit Schönheit verknüpft.

Mir sind schon sehr viele Menschen begegnet, die sich selbst unter den ungemeinen Druck stellen, immer herausgeputzt sein zu müssen. Dies trifft besonders auf Schauspielerinnen und Schauspieler zu, die in einer Branche, in der das Aussehen oft mehr zählt als ihre darstellerische Leistung, berechtigterweise fürchten, nach ihrem Äußeren beurteilt zu werden. Doch dieser Druck ist nicht nur auf die Unterhaltungsindustrie beschränkt. Auch im alltäglichen Leben verlassen viele Frauen niemals das Haus ohne Make-up, gestylte Frisur und Lippenstift. Es gibt Männer, die so viele Haarpflegeprodukte benutzen, dass ihr Badezimmer aussieht wie das Set eines Werbespots für Männerkosmetik.

Der Schein ist wichtiger als das Sein – eine Haltung, die manchmal tief in unserer Kultur verwurzelt ist und von Generation zu Generation weitergegeben wird. Aber: Jeder Körper ist nur so schön, wie der Geist es zulässt. Wenn auch du gelegentlich mit unzufriedenem Blick in den Spiegel schaust oder gar niemals mit deinem Äußeren zufrieden sein kannst, wird dir die nachfolgende Übung helfen, eine positive Verbindung zu deinem Körper herzustellen.

Spüre in deinen Körper hinein

1. Vorbereitung: Finde einen ruhigen, ungestörten, abgeschirmten Ort, an dem du dich wohlfühlst. Schalte dir Musik an, die dir Freude bereitet. Sorge für eine angenehme Atmosphäre, vielleicht mit gedämpftem Licht oder offenem Fenster.
2. Starte im Stehen mit mehreren großen Stoßseufzern. Einatmen durch die Nase, ausatmen (gern seufzend) durch den Mund. Lass allen Ballast und alle negativen Gedanken von dir abfallen und komme immer mehr im Moment und bei dir selbst an.
3. Setze dich hin und beginne erst mit dem linken, dann mit dem rechten Fuß, indem du mit den Zehen wackelst, sie einzeln mit den Händen massierst, und dich anschließend auf die Zehen stellst und dann wieder zurücksinken lässt.

4. Dann drehe jeweils das eine, anschließend das andere Fußgelenk dreimal im Kreis.
5. Führe leichte, spielerische Kniebeugen durch, die das Gefühl von Elastizität und Stärke vermitteln.
6. Leg dir die Hände sanft auf deinen Bauch und mache sanfte Bewegungen, die Wellen imitieren. Diese Bewegung kann eine Verbindung zu deiner inneren Mitte herstellen.
7. Bewege deine Arme und Hände durch die Luft, als würdest du mit ihnen malen oder dirigieren.
8. Ziehe deine Schultern hoch und lass sie wieder fallen, drehe sie dreimal von hinten nach vorn und umgekehrt.
9. Bewege deinen Kopf sanft von einer Seite zur anderen, nach oben und unten, um den Nacken zu dehnen und Beweglichkeit zu trainieren.
10. Nutze deine Mimik, um eine Reihe von Emotionen auszudrücken: Lächeln, Überraschung, Freude, Wut, Ärger und so weiter. Anschließend lass dein Gesicht weich und entspannt werden.
11. Beende die Übung mit einer fließenden Bewegung, die deinen ganzen Körper einbezieht, so etwas wie eine sanfte Verbeugung, ein Stretching oder eine Umarmung von dir selbst, um Dankbarkeit und Liebe für deine ganze Existenz zu zeigen.
12. Rückkehr: Nimm ein schönes Bad, creme deinen gesamten Körper ein oder tanze nackt durch deine Wohnung! Viel Spaß dabei!

Diese nonverbale, bewegungsbasierte Herangehensweise erlaubt dir, eine tiefe Verbindung zu deinem Körper zu spüren, ohne Worte zu benutzen. Du schaffst damit eine innere Sprache der Dankbarkeit und Freude durch Bewegung, die eine kraftvolle Form der Selbstliebe und Körperakzeptanz sein kann. Wenn wir uns endlich von dem Glauben, nicht geliebt zu werden, weil wir so oder eben nicht so sind, verabschieden würden, könnten wir überrascht sein, was passiert. Nicht nur, dass wir plötzlich merken, dass die Welt nicht untergeht, wenn wir einmal nicht das brave Schaf spielen oder uns sogar zugestehen, Nein zu sagen. Wir könnten sogar anfangen, das Leben richtig zu genießen. So wie Boris: vom gescheiterten Sportler zum unbeabsichtigten Revolutionär. Wer hätte das gedacht? Bestimmt nicht sein Vater!

Der Wunsch nach Zugehörigkeit

Ich war noch nicht lange in Kamerun, als ich mit meinem Team in eine entfernte Region fuhr, um einige Dörfer zu besichtigen, die Anträge für den Bau eines Brunnens gestellt hatten. Die Fahrt an diesem Tag dauerte mehrere Stunden. Der Geländewagen schaukelte über holprige Buschpisten, durch dichte Regenwälder, vorbei an Lehmhütten und dem lebhaften Treiben der Menschen. Mehrmals musste Augustin, der am Steuer saß, aussteigen und die Sicherheit einer wackeligen, löchrigen Holzbrücke überprüfen. Gemeinsam mit all den hilfsbereiten Menschen, die wie aus dem Nichts aufzutauchen schienen, wurden sofort Bretter arrangiert, damit wir sicher darüberfahren konnten.

Es fühlte sich an wie das Ende der Welt, als wir schließlich ein kleines Dorf an einem Hügel erreichten. Aufgeregt liefen die Menschen zusammen, als sie unser Auto erblickten. Ein Auto kann in einem abgelegenen Dorf auf dem Land in Kamerun eine absolute Attraktion sein. Wir stiegen aus und begrüßten die Dorfältesten. Da vernahm ich auf einmal einen unglaublichen Tumult. Eine große Gruppe von Kindern hatte sich unbemerkt an mich herangeschlichen, mich entsetzt zwei Sekunden angestarrt, um dann schreiend und kreischend davonzurennen. Ich konnte ihre Worte nicht verstehen, das war kein Französisch, sondern eine der 250 Landessprachen. Ich versuchte, das Geschrei zu ignorieren, und wir sprachen mit den Ältesten weiter über mögliche Positionen eines Brunnens. Wir baten alle Anwohner:innen, ihre Meinung zu äußern, damit wir gemeinsam und demokratisch wichtige Details entscheiden konnten. Doch es war unmöglich. Das Schreien und Heulen war zu groß, eine offensichtliche Panik war unter den Kindern ausgebrochen. Jedes Gespräch wurde im Keim erstickt. Ich spürte, dass es irgendetwas mit mir zu tun haben könnte, wusste aber nicht, was es war. Da erklärte mir Augustin verlegen, dass mich die Kinder für das weiße Gespenst hielten, das gekommen war, um sie zu fressen. Ich konnte tun, was ich wollte: lachen, scherzen, mich auf den Boden legen. Nichts half. Für sie war ich das weiße Gespenst, vergleichbar mit dem Spiel »Wer hat Angst vorm schwarzen Mann«, mit dem manch einer von uns leider noch aufgewachsen ist. Ich musste mich ins Auto zurückziehen, der Wagen wurde abgeschlossen, dann erst konnte mein Team weitermachen.

Da saß ich nun verwirrt im Auto. Es war doch mein Anliegen, mit den Menschen im Dorf in Kontakt zu treten, sie besser kennenzulernen, mit ihnen zu arbeiten. Wieso empfanden mich die Kinder als Bedrohung? Ich fühlte mich ausgeschlossen und isoliert und versuchte das zu verstehen.

Während dieser Jahre in Kamerun triggerte mich oft das Gefühl, immer aus der Menge herauszustechen, anders zu sein, aufzufallen, nicht dazuzugehören. Das hatte vor allem mit meinen Kindheitserfahrungen zu tun, auch damals »passte« ich nicht ins System. In der Grundschule hatte ich als einziges Kind eine Mutter, die arbeitete. In Österreich galt ich als Schweizerin. In der Schweiz galt ich als Österreicherin. Und es ging weiter. Als Halbwaise mit 17 Jahren waren mir gegenüber alle gehemmt. In der Schauspielschule war ich dann die »20-jährige, alleinerziehende Mutter«, ebenfalls nicht konform. Ich war immer anders. Dabei wollte ich immer so sein wie die anderen oder einfach nur dazugehören. Jeder Mensch macht sicherlich einmal im Leben die schreckliche Erfahrung durch, die da heißt, ausgeschlossen zu sein. Besonders schlimme Erfahrungen müssen diejenigen erleben, die aufgrund von systematischer Anfeindung und institutionellem Rassismus – aufgrund ihrer Herkunft, ihres Aussehens, ihrer Hautfarbe, ihrer Religion, ihres Geschlechts oder ihrer sexuellen Orientierung – diskriminiert, weggesperrt, isoliert oder ausgeschlossen werden. Das, was ich damals in Kamerun erlebt habe, war unerwartet und schmerzhaft, aber in keinster Weise vergleichbar mit der Erfahrung von Rassismus und Diskriminierung, der viele Menschen heute noch ausgesetzt sind.

Mir ist bewusst, dass ich als weiße, westeuropäische Frau von »White Privilege« profitiere, und deshalb nicht nachempfinden kann, wie sich systematische rassistische Diskriminierung und Anfeindung anfühlen. Doch die Erfahrungen, die ich in Kamerun, aber auch während meines ganzen Lebens gemacht habe, haben mich zwei entscheidende Dinge gelehrt: Echte Zugehörigkeit definiert sich weder durch Äußerlichkeiten noch durch die Erwartungen anderer. Es geht darum, mit ganzem Herzen und offenen Ohren auf andere zuzugehen, sich selbst treu zu bleiben und die Menschen zu finden, bei denen wir so sein können, wie wir wirklich sind. Zugehörigkeit ist ein Gefühl, das von innen kommt und dort beginnt, wo wir uns selbst annehmen. Erst dann, wenn wir echt sind, finden wir auch ein Umfeld, das zu uns passt. Wir ziehen Menschen und Situationen an, die mit unseren wahren Werten und unserem Selbst zusammenpassen. Das tiefste Zugehörigkeitsgefühl entsteht auf der Grundlage von Authentizität.

Genauso lerne ich Demut und Verständnis für andere. Wenn es uns gelingt, achtsamer, wertschätzender, inklusiver und toleranter durchs Leben zu gehen – und zwar jede:r Einzelne von uns –, dann können dort Brücken entstehen, wo jetzt Mauern existieren. Denn was uns alle verbindet, ist die Suche nach Zugehörigkeit, Liebe und Verständnis.

Resilient gegen Bewertungen

»Lies niemals Kritiken! Kritiken sind völlig egal! Hauptsache dein Name ist richtig geschrieben. Kauf dir niemals eine Zeitung nach der Premiere, lies niemals darin und schon gar nicht, wenn etwas Negatives über dich drinstehen könnte.« Das war das Erste, was ich an der Schauspielschule lernte. Was tat ich als Erstes, kaum nachdem meine erste Premiere gelaufen war? Ich kaufte mir nicht nur eine Zeitung, sondern *alle* verfügbaren Blätter der ganzen Stadt. Hektisch blätterte ich die Seiten durch, bis ich sie endlich fand, die Kritik zu dem Stück, in dem ich spielte. BOING! Dort stand: »In einem ernst gemeinten Drama sorgte Karina Thayenthal unerwartet für Heiterkeit, als sie in einer tragischen Szene stolperte und in eine Vase voller Trockenblumen fiel. Die darauffolgende Szene, in der sie versuchte, ernst zu bleiben, während sie Blüten aus ihren Haaren zupfte, wird als einer der ungewollt komischsten Momente der Theatersaison in Erinnerung bleiben.« Wenn man hier nicht lernt, eine Elefantenhaut zu entwickeln, wüsste ich nicht, wo sonst!

Wir alle haben durch unsere oft herausfordernde Schulzeit ein schwieriges Verhältnis zu Bewertungen entwickelt. Statt der 5-zu-1-Regel, bei der auf jede negative Kritik fünf positive folgen sollten, überwiegt meist das Gegenteil: Negative Kommentare werden betont, während das Positive unerwähnt bleibt. Fehler werden mit Rotstift markiert, richtige Antworten selten mit Grün. Der Fokus liegt definitiv auf dem Negativen, und so schleppen wir die Angst vor Bewertungen und Urteilen mit uns fortan durch unser ganzes Leben.

Eine meiner Kundinnen, Christine, entwickelte in der Vorbereitung zu ihrer Präsentation die Angst, dass sie in ihrem von Männern dominierten Berufsfeld nicht genügend ernst genommen werden könnte. Sie ist Tischlerin und sollte bei einer großen Handwerksmesse ihre innovative Möbelkollektion vorstellen, die Nachhaltigkeit mit modernem Design verbindet. Die Qualität ihrer Arbeit stand außer Frage. In ihrer Werkstatt leitete sie mehrere Auszubildende und bearbeitete die Möbelstücke mit Säge, Hammer und Schleifpapier, sie ölte diese auf Hochglanz – alles mit souveräner Selbstsicherheit. Natürlich erhoffte sie sich von den Zuschauer:innen Anerkennung und Wertschätzung für ihr Projekt, bekam dann im Vorfeld aber die totale Panik, als sie sich ausmalte, wie sie ihre Arbeit überwiegend männlichen Kollegen und Branchenexperten präsentieren sollte.

Ihre Zweifel wurzelten also nicht in der Qualität ihrer Arbeit, sondern sie fürchtete negative Bewertungen in dem Bereich, in dem sie ohnehin unsicher war – in ihrer Rolle als Frau in diesem Berufsfeld –, und nicht dort, wo sie sicher war – in ihrer eigentlichen Fachkompetenz.

In unserer Zusammenarbeit erkannten wir, wie diese Angst vor der Bewertung anderer Christines Unsicherheit widerspiegelte. So war es entscheidend für sie, dass sie auf ihre eigenen Stärken und die Originalität ihrer Arbeit vertraute. Mit dieser Erkenntnis im Hinterkopf fiel Christine ihr Vortrag gleich viel leichter. Sie präsentierte ihre Möbelstücke mit einer Überzeugung, die aus der Gewissheit ihrer eigenen Werte und Fähigkeiten herrührte. Das half ihr, die Furcht vor Ablehnung zu überwinden und zu erkennen, dass Anerkennung und Respekt nicht von der Bestätigung anderer abhängen.

Wenn wir überzeugt sind von unseren Fähigkeiten und Werten, benötigen wir viel weniger externe Bestätigung und dann beeinflusst uns diese auch weniger – da ist es fast schon egal, ob sie negativ oder positiv ist. Unsere Sicherheit und unser Selbstvertrauen fungieren wie ein Schutzschild.

Viele von uns sind mit dem Gefühl aufgewachsen, dass wir Gutes nur erlangen können, wenn wir etwas dafür tun, uns also ganz fest dafür anstrengen. Wir »müssen« uns Liebe und Erfolg durch Leistungen »verdienen«. Wir müssen ja auch Geld »verdienen«, also durch Anstrengung und Fleiß erarbeiten. Wir können nicht einfach so »Geld gewinnen«, wie es im Französischen auch als Bedeutung bei »gagner de l'argent« mitschwingt, oder »Geld machen« wie es, ganz kreativ und unternehmerisch, im Englischen oft als »make money« bezeichnet wird. Das alles ergibt bei uns ein negatives Gefühl, denn »Geld machen« wird fast mit Profitgier und Rücksichtslosigkeit in Verbindung gebracht. Aber stimmt das wirklich?

Ist es nicht an der Zeit, diese Prägungen zu hinterfragen und loszulassen? Wir bekommen keinen Orden für die meisten Schweißflecken im Laufe unseres Lebens. Es gibt keine Belohnung für »Sie/Er hat immer gearbeitet bis zum Umfallen«. Im Gegenteil, ich bin fest davon überzeugt, dass wir nur dann Geschenke im Leben erhalten, wenn wir innerlich bereit sind, diese auch anzunehmen. Und damit meine ich nicht nur Geld und Anerkennung, sondern so viel mehr, was unser Leben ausmacht. Vielleicht Leichtigkeit, Glück, Freude oder Freunde und Freundinnen. Wir dürfen lernen, dass es in Ordnung ist, manchmal einfach zu sein, ohne etwas zu tun.

Die folgende Übung bietet dir Anregungen, die Freiheit zu feiern, du selbst zu sein, und zwar jenseits der Angst, nicht geliebt zu werden. Es ist eine kleine Rebellion gegen die Vorstellung, dass wir uns anpassen müssen, um geliebt zu werden. Wahre Zugehörigkeit und Liebe sind nicht an Bedingungen geknüpft.

Der »Tag der Neugier«

- Wähle einmal pro Woche eine Kleidung aus, die du normalerweise nicht tragen würdest, weil sie zu auffällig, zu bunt, zu hell, zu dunkel oder zu dramatisch ist. Eine Kleidung, für die du viel Mut aufbringen musst, um sie zu tragen.
- Lade einen Freund oder eine Freundin in ein Restaurant ein und vereinbare, etwas zu bestellen, was ihr noch nie gegessen habt.
- Nimm einen anderen Weg zur Arbeit oder um deine Einkäufe zu erledigen.
- Schaue einen ganzen Tag lang nicht auf dein Handy, schreibe dafür einen Brief an jemanden, der dir etwas bedeutet.
- Achte beim Einkauf darauf, nur Dinge zu kaufen, die du noch nie in deinem Einkaufskorb hattest.
- Kaufe eine Leinwand und male ganz spontan ein Bild.
- Frage deine Kolleg:innen nicht, wie es ihnen geht, sondern was das Verrückteste war, was sie je zum Frühstück gegessen haben.
- Umarme einen Baum.
- Leg dich ins Gras und beobachte die Wolken.

Du kannst nun deine Zweifel und Ängste – die häufig sehr diffus sind, aber auch einen enormen Einfluss auf deine Kommunikationsfähigkeiten haben – besser benennen, einordnen, analysieren und wieder loslassen. Manche Ängste wirst du mit den Übungen und Gedankenanstößen aus den vorherigen Kapiteln bewältigen können, andere werden dich noch weiter begleiten. Lass sie kommen und ziehen wie Wolken am Himmel. Dieses Buch soll dir dabei helfen, Auseinandersetzungen mit deinen Zweifeln und Ängsten zu einer persönlichen Kraft- und Entwicklungsquelle werden zu lassen. Daher: Je öfter du dich ihnen stellst, desto leichter wird es für dich werden, ihre versteckten Chancen für Entwicklung zu erkennen.

Somit sind wir am Ende des ersten Teils angekommen und ich freue mich dir noch Folgendes mit auf den Weg zu geben. Wenn du das Leben lebst, das andere von dir erwarten, zweifelst du an deinen eigenen Werten und kannst auch nicht authentisch kommunizieren. Wir haben ja nur dieses eine Leben. Schade um die Lebenszeit, die wir im Zweifel verbringen.

Auch wenn!

Wenn dich trotz allem Zweifel überrollen, nimm die zwei kleinen, aber feinen Wörtchen: »Auch wenn ...«. in deine Selbstgespräche auf. Hier einige Beispiele:

- »Auch wenn dort noch so viele Menschen sein werden, die ich nicht kenne ...«
- »Auch wenn heute nicht mein Tag ist ...«
- »Auch wenn mein Chef oder meine Chefin mich schief anschaut ...«
- »Auch wenn ich das vielleicht nicht kann ...«
- »Auch wenn ich daran zweifle, ob mir das gelingt ...«
- »Auch wenn mein:e Partner:in das nicht gern hört ...«
- »Auch wenn ich sehr nervös bin ...«

Und dann fährst du fort: »... wage ich es trotzdem und gebe meinen Ängsten und Zweifeln jetzt keine Macht.«

Und nun lass uns weitermachen mit dem zweiten Teil dieses Buches. Denn dranzubleiben und nie aufzugeben, ist ein absolutes Erfolgsgeheimnis!

TEIL II

Entwickle deine kraftvolle und überzeugende Kommunikation

Einführung: Hab den Erfolg, den du dir wünschst – oder: Vom Erfolg zur Erfüllung

Als Einstieg zum zweiten Teil dieses Buches möchte ich dir die Geschichte vom alten Fischer erzählen, weil sie uns viel über persönlichen Erfolg lehren kann:[9]

In einem malerischen kleinen Küstendorf lebte ein Fischer. Sein Alltag begann früh am Morgen, wenn er mit seinem kleinen Boot hinausfuhr, um Fische zu fangen. Er verbrachte nur ein paar Stunden auf dem Meer, aber genug, um so viele Fische zu fangen, damit er seine Familie ernähren und noch ein paar zusätzliche im Dorf verkaufen konnte. Das sicherte seiner Familie ein bescheidenes Einkommen und immer genug zu essen. Nach dem Fischen kehrte er nach Hause zurück, um Zeit mit seiner Familie zu verbringen, mit seinen Freunden zu plaudern, Siesta zu halten und abends Gitarre zu spielen.

Eines Tages beobachtete ein erfolgreicher Geschäftsmann, der aus der Stadt zu Besuch kam, den Fischer, wie er mit seinem alten Boot, dessen ehemals leuchtende Farbe an vielen Stellen abgeblättert war, und seinem bescheidenen Fang, den er in einem kleinen Eimer transportierte, am Hafen anlegte. Neugierig und ein wenig herablassend fragte der Geschäftsmann den Fischer, warum er nicht länger auf dem Meer bliebe, um mehr Fische zu fangen. Der Fischer erwiderte einfach: »Ich fange genügend Fische, damit ich meine Familie ernähren und ein paar verkaufen kann. Das ist alles, was wir brauchen.«

»Aber was machst du mit all deiner freien Zeit?«, fragte der Geschäftsmann in seinem dicken Anzug, während er sich den Schweiß von der Stirn wischte. »Ich schlafe aus, spiele mit meinen Kindern, mache Siesta mit meiner Frau, und abends treffe ich mich mit Freunden, trinke Wein und spiele Gitarre. Ich habe ein erfülltes Leben. Was brauche ich mehr?«

Der Geschäftsmann schüttelte den Kopf und sagte: »Ich habe alle Erfolge, die man haben kann, und Geld ohne Ende. Ich könnte dir helfen, ein sehr reicher Mann zu werden. Stell dir vor: Du verbringst ab sofort mehr Zeit damit, zu fischen. Fängst du mehr Fische als bisher, könntest du das zusätzliche Geld, das du durch deren Verkauf verdienst, nutzen, um ein größeres Boot zu kaufen. Mit einem größeren Boot könntest du daraufhin noch mehr Fische fangen und mehr Geld verdienen, bis du eine ganze Flotte von Fischerbooten besitzt. Anstatt dein Produkt an einen Zwischenhändler zu verkaufen, könntest du direkt an die Verarbeiter verkaufen und schließlich deine eigene Fischverarbeitungsfabrik eröffnen.« Der Unternehmer redete sich in Rage: »Dann könntest du die Produktion kontrollieren, die Verarbeitung und den Vertrieb. Du müsstest natürlich in die Stadt ziehen, vielleicht sogar ins Ausland, um dein Unternehmen richtig zu leiten. Was hältst du davon? Ich zeige dir, wie es geht, mein Freund!«

Der Fischer hörte aufmerksam zu, wandte sein Gesicht der Sonne zu, blinzelte ein wenig und fragte dann, während er aufs Meer schaute: »Und wie lange würde das dauern?« »Oh, zwanzig, vielleicht fünfundzwanzig Jahre«, antwortete der Geschäftsmann. »Aber danach, mein Freund, kommt das Beste: dein Erfolg! Du kannst dein Unternehmen für Millionen verkaufen.«

»Millionen? Und dann?«, schüttelte der Fischer ungläubig seinen Kopf. »Dann kannst du dich zur Ruhe setzen. In ein schönes Dorf an der Küste ziehen, morgens fischen gehen, nachmittags mit deinen Kindern spielen, Siesta mit deiner Frau halten und abends mit deinen Freunden Wein trinken und Gitarre spielen.«

Erfolg hat eben verschiedene Gesichter. Erfolg wird häufig sichtbar gemacht anhand von Titeln, SUVs, Yachten, Immobilien, Kleidung, Schmuck, Reisen und Follower:innen. Erfolg ist eine Leistung, die man meint, in Geld umwandeln zu können: ein Diplom. Eine Auszeichnung. Eine Beförderung. Ein hoher Jahresumsatz. Es wird uns weisgemacht, dass einfach nur gute Arbeit nicht mehr reichen würde. Scheitern sei keine Option und die Lücke im Lebenslauf sollte am besten nicht existieren, um dem Vergleich mit anderen standzuhalten. Diese Werte prägen nicht nur die Arbeitswelt und die Gesellschaft, die uns umgibt, sondern durchdringen auch unsere persönlichen Überlegungen über Selbstwert und Erfolg. Die Angst vor einem vermeintlichen »Versagen« und der Druck, dem idealisierten Bild von Erfolg gerecht werden zu wollen, verstärken unsere Zweifel an uns selbst.

Wenn wir aber erkennen, dass echter Erfolg von unserem eigenen Empfinden abhängt – von dem, was *wir* erreichen wollten und wie *wir* uns dabei gefühlt haben –, dann verringert sich der Druck, der von außen auf uns einwirken kann. Wir dürfen uns unseres eigenen Maßstabs für Erfolg bewusst werden und uns dadurch von der Angst vor der Bewertung durch andere befreien. Diese innere Umdeutung von Erfolg gibt uns unsere Kraft zurück.

Für mich hat sich die Definition von Erfolg verändert: Es geht nicht mehr nur um das Erreichen von Zielen, sondern ebenso um das Überwinden persönlicher Herausforderungen, um inneres Wachstum und Treue zu meinen Werten. Und es geht um das Bewusstsein, mein Bestes gegeben zu haben. Dies unabhängig von den gesammelten Trophäen. Im Laufe meines Lebens habe ich festgestellt, dass nicht alle meine erfolgreichen Leistungen mich tatsächlich erfüllt haben. Erfüllung geht für mich tiefer und ist für mich ein Zustand inneren Friedens. Also wenn ich genau das tue und lebe, was und wie es mir sinnvoll und wichtig erscheint. Erfolg kann ein Teil meiner Erfüllung sein. Erfüllung bekomme ich durch die Hingabe an das, was mir am Herzen liegt. Auch wenn es so gar nicht im Trend ist.

Erfüllung ist definitiv ein Luxusthema, ja, ein »First World Problem«, das gebe ich zu. Hätte ich meinem Großvater etwas von meiner Sehnsucht nach Erfüllung erzählt, hätte er mir viel Glück gewünscht, wäre in seinen Schuppen gegangen und hätte Holz gehackt, um damit das Haus im Winter zu heizen. Erzähle ich meiner kamerunischen Freundin Colette etwas von Erfüllung, dann geht sie in ihren Wald, prüft die Kakaofrüchte und freut sich ihres Lebens, wenn diese orangerot und somit reif sind, denn dann sind sie perfekt und können gut verkauft werden. Frage ich einen lieben Schauspielerkollegen, was für ihn

Erfüllung ist, dann sagt er mir: »Das ist der Moment nach einer Vorstellung, wenn der Vorhang fällt und ich das Gefühl hatte, zwei Stunden lang mein Publikum unterhalten zu haben.«

Ein Blick auf deinen ganz persönlichen Erfolg
Nimm dir einen Moment Zeit, um über folgende Fragen nachzudenken: Wie sieht Erfolg, den du dir wünschst, für dich persönlich aus? Was macht dich wirklich glücklich? In welchen Momenten spürst du Erfüllung? Und warum spürst du sie dann?

Deine Reise zur Einzigartigkeit

Kinder fragen unermüdlich »Warum«? Sie haben ein endloses Wissensbedürfnis. Warum musst du arbeiten? Warum wird es nachts dunkel? Warum ist es im Keller so kalt? Warum stechen Mücken? Warum ist der Himmel blau? Irgendwann hören wir auf, nach dem Warum zu fragen, und nehmen Dinge als selbstverständlich hin. Doch ich möchte dich ermutigen, in den kommenden Minuten nochmal Kind zu sein.

Dein eigenes »Warum«[10]
Warum stehst du morgens auf? Warum machst du deine Arbeit? Warum lebst du an deinem Ort und nicht woanders? Warum sind dir bestimmte Menschen in deinem Leben wichtig? Warum fühlst du dich zu bestimmten Orten hingezogen? Warum nimmst du Herausforderungen an oder meidest sie? Warum hast du dir deine Hobbys gewählt? Warum reagierst du in Stresssituationen so, wie du es tust? Warum hältst du an bestimmten Überzeugungen und Werten fest?

Dein Warum ist wichtig, um herauszufinden, wer du bist. Ferner ist es wichtig, um zu klären, ob du von etwas wegwillst und ob du irgendwo hinwillst. Wenn du dein persönliches Warum gefunden hast, findet sich dein berufliches Warum automatisch.

Finde dein »Warum« und gehe mit jeder Frage eine Schicht tiefer (mögliche Antworten habe ich für dich nur beispielhaft in Klammern gesetzt, deine Antworten mögen ganz anders aussehen):

1. Warum willst du Erfolg haben? (Weil ich genügend Geld verdienen möchte.)
2. Warum willst du genügend Geld verdienen? (Weil ich mir und meiner Familie dann mehr bieten kann.)
3. Warum willst du dir und deiner Familie mehr bieten? (Weil es Sicherheit bedeutet und Freude macht.)
4. Warum brauchst du das Gefühl von Freude und Sicherheit? (Weil ich dann entspannter und glücklicher bin.)
5. Warum brauchst du Glück und Entspannung? (Weil ich mich nur dann voll und ganz entfalten und mein bestes Selbst sein kann.)

Wären das deine Antworten, würde es bedeuten, dass du Glück und Entspannung brauchst, um ganz du selbst zu sein.

Vielleicht bist du an einem Punkt in deinem Leben angekommen, an dem du feststellst, dass dein aktuelles Leben nicht das Leben ist, das du führen möchtest? Dann ist jetzt der richtige Zeitpunkt gekommen, dir selbst den Wert zu geben, auf dein Herz zu hören, Mut zu entwickeln, groß zu träumen und dein eigenes, wahres Ich zu leben.

Überlege doch einmal für dich: Wer möchtest du in deinem Leben sein, wenn dir alle Möglichkeiten offen stehen würden?

Einer der wenigen großen Vorteile in unserer heutigen Zeit und in unserer westlichen Welt ist, dass wir immer und immer wieder neu beginnen können. Niemand verlangt von uns, ein Leben lang das Gleiche zu tun, außer vielleicht wir selber. Ich kenne so unendlich viele Menschen, die im Alter zwischen 35 und 45 Jahren oder sogar später ihren Beruf komplett gewechselt haben. Sie haben Zeit und Geld in zusätzliche Ausbildungen investiert und trauen sich anschließend, genau das zu machen, wovon sie immer geträumt haben. Das kann von der Projektleitung ins Coaching sein, vom Lehramt in die Politik, von der Geschäftswelt in die Musikbranche, von der Bank in die Sozialarbeit, von der Oper in die Entwicklungszusammenarbeit, vom Sport in ein Start-up, von der Kirche in die Medizin, von der Gastronomie in die Publizistik. Diese Beispiele verdeutlichen, dass der Weg zur persönlichen und beruflichen Erfüllung selten linear verläuft und zudem Mut verlangt, dass aber genau dieser Weg das beglückende Gefühl der Selbstverwirklichung bringen kann. Der Trend zum Berufswechsel zeigt, dass lebenslanges Lernen mehr und mehr zur Norm wird.

Letztendlich verbindet uns Menschen alle ein universelles Verlangen: das Streben nach einem erfüllten Leben, das unseren innersten Wünschen und Träumen entspricht. Exakt diese Sehnsucht begegnet mir auch in meiner langjährigen Tätigkeit an Universitäten, diplomatischen Akademien und Migrationszentren in verschiedensten Ländern. Alle Menschen haben ähnliche Lebensträume: Gemeinschaft, Leichtigkeit und ein sicheres Zuhause. Diese Wünsche treiben viele dazu an, sich immer wieder neu zu erfinden und mutige Schritte zu wagen.

Spürst du auch den Wunsch in dir, furchtlos zu sein und ein sinnerfülltes Leben zu leben? In diesem Traum liegen die sechs Grundbedürfnisse der Menschen versteckt, wie sie erst von dem amerikanischen Psychologen Abraham Maslow entwickelt und später von dem Coach und Autor Tony Robbins erweitert wurden: Sicherheit, Abwechslung, Bedeutsamkeit, Liebe/Zugehörigkeit, Wachstum und Beitrag.[11] Das sind erst einmal nur Begriffe. Daher überlege einmal: Welche Bedeutung haben diese Bedürfnisse für dich?

Deine sechs Grundbedürfnisse

1. Sicherheit: Mache eine kurze Liste über die Situationen in deinem Leben, in denen du dich sicher gefühlt hast. Wer oder was gab dir das Gefühl von Sicherheit? Überprüfe, ob du mit deinem »Warum«, das du in der obigen Übung ermittelt hast, das Maß an Sicherheit, das du dir wünschst, erreichen kannst. Schaffe Rituale oder Routinen in deinem Alltag, die dir das Gefühl von Stabilität und Sicherheit geben können.
2. Abwechslung: Erinnere dich an Momente, in denen du dich wach und begeistert gefühlt hast. Was hast du da getan? Probiere auch einmal Aktivitäten aus, die außerhalb deiner Komfortzone liegen. Können sie helfen, deine Sehnsucht nach Abwechslung zu befriedigen?
3. Bedeutsamkeit: Reflektiere, wann und warum es Situationen in deinem Leben gab, in denen du für dich oder andere bedeutsam gewesen bist oder einen Unterschied im Leben von anderen gemacht hast. Fühlst du dich durch deine Arbeit, deine Familie oder deinen Beitrag innerhalb einer Gemeinschaft bedeutsam?
4. Liebe/Zugehörigkeit: Überlege, mit wem du dich am meisten verbunden fühlst. Welchen Stellenwert haben Liebe und Zugehörigkeit für dich? Wie kannst du diese Gefühle weiter pflegen und ausbauen? Nimmst du dir regelmäßig Zeit, deine Wertschätzung auszudrücken?
5. Wachstum: Betrachte Bereiche in deinem Leben, in denen du in den letzten Jahren gewachsen bist. Was möchtest du zusätzlich lernen, damit du dich durch solch eine neu erworbene Fähigkeit in deinem Leben gestärkt fühlst?
6. Beitrag: Können deine Erfolge oder Rückschläge das Leben anderer positiv beeinflussen? Welche sinnstiftenden Beiträge hast du bisher in der Welt um dich herum geleistet oder willst du noch leisten?

Und nun noch eine Abschlussfrage: Wenn diese Grundbedürfnisse alle erfüllt wären, würdest du dann dein Leben als erfüllt betrachten?

Wichtig ist, dass es immer »nur« um *Momente* von Erfüllung geht. Niemand von uns kann ein Leben voller Erfüllung erwarten, vielmehr sind es die vielen kleinen Momente, diese flüchtigen Augenblicke, in denen wir uns wahrhaft lebendig fühlen. Die zählen wirklich! Mit zwanzig Jahren habe ich mich das erste Mal gefragt, wie viele Momente der Erfüllung die Laufbahn als Schauspielerin wohl für mich bereit halten würde. Hier die Geschichte dazu:

Ich war zu dem Zeitpunkt hochschwanger und lag statt Senta Berger, die keine Zeit gehabt hatte, an der Probe teilzunehmen, neben Götz George im Bett. Nur auf der Bühne und nur zur Probe, doch trotzdem hatte ich vor Aufregung hochrote Ohren und stammelte den Text von Sentas Rolle, damit diese Hauptprobe bei den Salzburger Festspielen stattfinden konnte. Götz spielte den Danton in dem gleichnamigen Stück von Büchner und hatte einen langen Monolog, in dem er seine Skepsis zu dem Terror der Französischen Revolution, der im Namen der Freiheit ausgeübt wurde, äußerte und sich nachdenklich fragte, ob der Zweck die Mittel in der Politik heilige. Währenddessen musste ich mich als Marion in einem wallenden Nachtgewand erheben, mühsam meinen (echten) dicken Bauch aus dem Bett hieven, Gladiolen in Vasen verteilen und dabei melancholische Worte über Liebe in Zeiten der Revolution säuseln. Die Figur, die ich hier für Senta spielte, strebte mehr nach ihrem individuellen Glück, während ich, Karina, mich während dieser Probe ehrlich wunderte, wie man so einen Beruf ein Leben lang machen konnte. Hunderte Male Gladiolen in Vasen verteilen und dabei Text aufsagen … Und das, während man hochschwanger war oder Kinder hatte, die spielen wollten, oder währenddessen draußen die Sonne schien. War das sinnvoll? Gab es dafür ein Warum? Welche Grundbedürfnisse erfüllte diese Schauspielerei eigentlich? Reichte das an Erfüllung für ein ganzes Leben?

Im Bewusstsein der Vergänglichkeit

Die Frage, ob sich Menschen zutrauen, für ihre Wünsche loszugehen, stellte sich mir damals schon. Ich vertraute darauf, mit den Herausforderungen, die mir das Leben bieten würde, umgehen und etwas in meinem Leben bewirken zu können. Also entschied ich mich, nicht mehr Opfer meiner Umstände zu sein.

Für mich war es ein bewusster Akt der Selbstverantwortung, zu erkennen und auch zu akzeptieren, dass ich selbst Entscheidungen für mich und mein Leben treffen kann und will. Sehr geprägt vom frühen Tod meiner Mutter war mir die Sterblichkeit von uns allen sehr gegenwärtig und ich hatte das Bedürfnis, jeden Tag meines Lebens voll auszukosten.

Auch in unseren Beziehungen, Träumen und Ideen erleben wir immer wieder kleine Tode, die uns die Endlichkeit unserer Existenz vor Augen führen. So könnte man den Tod auch als Lehrmeister:in betrachten, damit wir begreifen, was wirklich wesentlich in unserem Leben ist. Etwa: Wie engagiert haben wir uns für unsere Träume eingesetzt? Haben wir zu oft nur Pflichten erfüllt? Wie häufig haben wir nicht unser Leben gelebt, sondern die Erwartungen anderer erfüllt? Was wäre, wenn du ein Jahr zurückdrehen könntest, würdest du etwas anders machen? Und was, wenn du dein ganzes Leben zurückdrehen könntest?

Wenn ich eines Tages auf mein Leben zurückblicken werde, dann möchte ich das Gefühl haben, alles versucht zu haben, dass mein Dasein nicht in der Rolle der zynischen Beobachterin verharrte, sondern dass ich als aktive Gestalterin meines Schicksals und der mich umgebenden Welt wirkte. Dass meine Taten, mögen sie auch noch so unvollkommen und bescheiden gewesen sein, eine positive Spur hinterlassen haben. Ich erhoffe mir das beruhigende Gefühl, dass ich den Menschen, die mir viel bedeuten, mehr Gutes getan als Vorwürfe gemacht habe, und ebenso die Gewissheit, ein erfülltes Leben gelebt zu haben. Reich an Höhen und Tiefen, reich an inspirierenden Menschen und Abenteuern, voll ins Risiko und voll ins Glück.

Und jetzt lade ich dich ein, dir einen Zettel und Stift zu nehmen, dir ein schönes Glas deines Lieblingsgetränks einzuschenken und lust-

und humorvoll mit viel Fantasie aufzuschreiben, wie du gerne eines Tages auf dein Leben zurückschauen möchtest.

Danach wünsche ich dir mit dem zweiten Teil dieses Buches viele weitere bereichernde und zur Transformation einladende Momente.

Kapitel 6
Deine Wahrnehmung: Der Schlüssel zur Kommunikation

Gestern Nachmittag traf ich meinen Nachbarn im Treppenhaus und fragte ihn, wie es ihm gehe. Er seufzte: »Puh, schwierig, schwierig, meine Mutter ist im Krankenhaus, ich besuche sie ganz oft, mindestens zweimal am Tag …« Um beide etwas zu entlasten, beschloss ich, seine Mutter anzurufen. Auf meine Frage, wie es ihr denn gehe, sagte sie mir: »Ach, schwierig, schwierig, mein Sohn hat sehr viel Arbeit, er besucht mich ganz wenig, nur zweimal am Tag …« Somit ist »Wahrnehmen« eben nicht immer »wahr nehmen«, im Sinne von »die Wahrheit aufnehmen«, sondern reine Auslegungssache.

Willkommen bei einem Thema, das mir ganz besonders am Herzen liegt und wofür in unserem hektischen Alltag doch allzu oft das Bewusstsein verloren geht: die Wahrnehmung. Wie wir uns selbst und unser Umfeld wahrnehmen und andererseits meinen, von anderen wahrgenommen zu werden, beeinflusst maßgeblich, wie wir kommunizieren und wie unsere Botschaften ankommen. Als Einstieg in dieses Thema möchte ich dir eine kleine Geschichte erzählen, die mich ein tiefes Verständnis für die Bedeutung unserer Wahrnehmungsfähigkeit gelehrt hat.

Osé

Als ich in Kamerun relativ neu meine Arbeit im Bereich des »Capacity Building« und der Kommunikation für ein Trinkwasserprojekt mit 70 kamerunischen Mitarbeitenden übernahm, war es eine meiner ersten Aufgaben, die Situation vor Ort in den Dörfern zu evaluieren. Zur

Unterstützung wurde mir von meinen Vorgängern ein einheimischer Mitarbeiter zugeteilt, der aufgrund seiner guten Ortskenntnis auch das Auto fahren sollte. Der Mann hieß Osé. Diejenigen, die das Projekt bislang geleitet hatten, waren frustrierte Menschen, die einen sehr kolonialistischen Arbeits- und Lebensstil pflegten. Die Aufgabe meines Mannes und mir nach der Projektübernahme sollte daher sein, alles neu zu strukturieren und einen Dialog auf Augenhöhe zu implementieren. Doch noch waren wir in der Einarbeitungsphase und die Vorgänger diktierten ihr beängstigendes Gewaltregime.

Ich setzte mich an besagtem Tag also neben Osé ins Auto, nahm meine Tasche von der Schulter, stellte sie auf die Sitzbank zwischen Osé und mich und fieberte den neuen Eindrücken entgegen. Wir verbrachten eine spannende Zeit unterwegs, inspizierten Brunnen, plauderten mit der Dorfbevölkerung. Gelegentlich fischte ich auch ein Bonbon oder eine Wasserflasche für Osé und mich aus den Untiefen meiner Tasche hervor. Osé lenkte den einfachen Geländewagen sicher durch das unwegsame Gelände und mir fiel auf, dass er manchmal irritiert, ja irgendwie berührt wirkte. Teilweise stotterte er vor Aufregung, während er mir leidenschaftlich von seinen Landsleuten und dem Leben in den Dörfern ohne Zugang zu sauberem Trinkwasser erzählte. Ich saugte all seine Geschichten auf. Was für eine neue, fremde und beeindruckende Welt! Abends, als wir zurück in unser Dorf kamen, sprang ich flugs aus dem Auto und wollte mich gebührend für den eindrucksvollen Tag bedanken. Osé griff nach meiner Tasche, die ich im Auto vergessen hatte, schaute verlegen auf den Boden und überreichte sie mir mit den Worten: »Ich habe schon viele Weiße durch den Busch begleitet und sie saßen meist stumm in die Türseite des Sitzes gedrückt und hielten ihr Gepäck fest umklammert. Noch nie hat eine weiße Person ihre Tasche neben mich gestellt und mir Proviant angeboten!«, brach es aus ihm heraus. »Das kenne ich so gar nicht!« Da begriff ich beschämt, dass diese kleine, für mich völlig unbedachte Geste im Leben eines Menschen etwas bewegt hat.

Osé entpuppte sich als hochsensibler Mitarbeiter mit einem fein ausgeprägten Gespür für Situationen und subtile Signale, das uns in unserer Arbeit noch oft helfen sollte. Er hatte lange unter einem System gelitten, das ihn und seine Kolleg:innen nicht als gleichgestellt mit anderen Menschen, den »Weißen«, ansah. Seine tägliche Realität war geprägt von herablassender Behandlung und der ständigen Erinnerung an eine ungleiche Machtverteilung. Dank seiner besonderen Sensibilität markierte das Erlebnis mit meiner Handtasche den Beginn einer wichtigen persönlichen Veränderung für ihn. Über die Jahre, bis zu meiner Rückkehr nach Europa, hat er dies oft erwähnt. Ich habe das Glück, mit ihm noch heute in freundschaftlichem Kontakt zu stehen. Osé erkannte, dass sein Selbstwert nicht durch die Augen anderer definiert werden sollte, und gab seiner Wahrnehmung Raum, sich zu entfalten. Seine außergewöhnliche Fähigkeit, feine Nuancen in Stimmungen und Gesten zu erkennen, entwickelte sich zu seinem größten Vermögen. In Dörfern, die schon Brunnen hatten oder in denen Brunnen gebaut werden sollten, spürte er Spannungen und daraus resultierende Konflikte, bevor sie eskalierten. Die Dorfbevölkerung nahm ihn als ihresgleichen wahr und befolgte aufgeschlossen seine Anleitungen. Ich lernte von Osé, wie tief verankert Rassismus auch heute noch in vielen Gesellschaften ist und wie achtsam wir unsere Handlungen hinterfragen müssen – insbesondere dann, wenn sie uns als »normal« oder »angemessen« erscheinen. Für diese Erfahrung und die vielen anderen, die in diesem fantastischen Land folgten, bin ich ihm und seinen Kolleg:innen unendlich dankbar. Bis heute war Osé in Tausenden von Dörfern und hat bereits vor Hunderttausenden von Menschen – egal ob Bauern, Bischöfe oder Botschafter – über sauberes Trinkwasser, Brunnenunterhalt und den Zusammenhang von Gesundheit und Hygiene gesprochen. Zum Abschied nach 5 Jahren und 4 Monaten schenkte er mir ein Bild, das einen kleinen Jungen vor seiner Hütte zeigt, während im Hintergrund die Sonne hellrot aufgeht. Ich bedankte mich gerührt, er winkte verlegen ab: »Wie bei einem Sonnenaufgang.« So hätte er sich gefühlt, als ich bei unserer ersten gemeinsamen Autofahrt meine Tasche offen zwischen ihn und mich gestellt hatte.

Die Erfahrung mit Osé hat mich tief berührt und mir gezeigt, wie bedeutend unsere Interaktionen und die Art, wie wir unsere Umgebung und die Menschen darin wahrnehmen, sind. Es ist, als ob jede Geste, jedes Wort und jeder Blick Teile eines größeren Puzzles seien, die zusammen unsere Sicht auf die Welt gleichzeitig widerspiegeln und formen. Um verständnisvoll, sensibel und empathisch mit unserer Umgebung und den Menschen in ihr interagieren zu können, ist es essenziell, dass wir lernen, unsere Wahrnehmung und unsere Sinne bewusst zu schärfen. Die Geschichte von Osé unterstreicht die Macht der nonverbalen Kommunikation und die Wichtigkeit, diese auch wahrnehmen, entwickeln und verfeinern zu können.

Durch die Schulung unserer Wahrnehmung stärken wir unser Selbst-Bewusstsein, wir wissen dann besser, wer wir sind, was uns wichtig ist und wie wir unsere Gedanken und Gefühle erkennbar ausdrücken können. Dieses Bewusstsein nimmt starken Einfluss auf unsere Kommunikation und macht uns glaubwürdig und überzeugend. Ebenso ist ein tiefes Verständnis von uns selbst Voraussetzung für eine offene und geschärfte Wahrnehmung unseres Umfeldes. Indem wir uns mit den Bedürfnissen, Emotionen, Befindlichkeiten und Perspektiven anderer aufmerksam auseinandersetzen, können wir empathisch kommunizieren, Verbindungen herstellen oder auch bewusst loslassen. Wir erkennen Missverständnisse schneller und können sie gezielt klären, bevor sie zu ernsthaften Konflikten führen.

Da wir in unserem Alltag permanent mit äußeren Reizen überflutet werden, ist die Fähigkeit, sich selbst und sein Umfeld sensibel wahrzunehmen, ein unschätzbarer Vorteil. Sie ermöglicht uns, Beziehungen aufzubauen, aber auch Grenzen zu setzen, Konflikte zu lösen und gemeinsame Ziele zu erreichen. Von entscheidender Bedeutung ist es aber auch, anzuerkennen, dass andere uns möglicherweise ganz anders – als wir uns selbst – wahrnehmen. Ein Beispiel dafür, wie Fremd- und Selbstwahrnehmung oft nicht übereinstimmen, sind Menschen, die dir von ihrem Lampenfieber erzählen, während du ihnen ihre Nervosität überhaupt nicht angemerkt hattest. Oder Personen, die sich immer als Opfer empfinden, während sie in Wirklichkeit ihr Umfeld tyrannisieren. Und es gibt noch solche, die an ihrer Überzeugungsfähigkeit zweifeln, während du sie als selbstbewusst und wirksam empfindest.

Wenn wir Menschen uns mit einem Eisberg vergleichen, dann liegen die Anteile, die wir bewusst wahrnehmen, als kleiner Teil über dem Wasser. Doch der eigentliche Kern, der große, geheimnisvolle, mächtige Eisberg, schwimmt unter der Wasseroberfläche. Wir entscheiden, wie viel wir entdecken wollen – bei uns und auch bei anderen.

Zwischen Spiegel und Fenster – die Kunst der Wahrnehmung

Es gibt zwei fundamentale Aspekte, die die Essenz unserer Interaktion mit der Welt und mit uns selbst definieren: Selbstwahrnehmung und Fremdwahrnehmung.

Selbstwahrnehmung

Stell dir vor, du stehst vor einem Spiegel. Was siehst du? Wer blickt dir aus dem Spiegel entgegen? Was du siehst, ist nicht nur dein physisches Erscheinungsbild, sondern ein Zusammenspiel aus deinen Charaktereigenschaften, Fähigkeiten, Gedanken, Gefühlen, Wünschen, Werten, Überzeugungen und Ängsten. Das alles bist du, deine Selbstwahrnehmung. Es ist die Art und Weise, wie du dich selbst siehst, verstehst und bewertest. Diese gesamte innere Landschaft kennenzulernen, kann eine herausfordernde, doch lohnenswerte Reise zu deinem Selbstbewusstsein sein.

Schauen wir uns das einmal etwas näher an: Bemerkst du Lachfalten? Siehst du sie nur als Zeichen des Alterns und bewertest sie negativ, oder erinnern sie dich an viele ausgelassene Momente und du verbindest sie mit Lebensfreude? Vielleicht bemängelst du die Größe deiner Nase? Verbindest du diese Nase vielleicht mit einem Familienmitglied, das für Charaktereigenschaften steht, die dir positiv oder negativ in Erinnerung sind?

Jetzt drehe dich um, weg vom Spiegel, weg von dir selbst, hin zu einem Fenster, ins Außen. Durch dieses Fenster betrachtest du die Welt und die Menschen um dich herum. Das bedeutet deine Wahrnehmung von deiner Umwelt – deine Beobachtung anderer Menschen, dein Verständnis für deren Handlungen und Reaktionen. Diese Erkenntnisse beeinflussen, wie du dich in deiner Umgebung bewegst und wie du soziale Bindungen gestaltest.

Fremdwahrnehmung

Gleichzeitig kannst du durch dieses Fenster aber auch von deinem Umfeld gesehen werden. Fremdwahrnehmung ist die Einschätzung, die andere von dir haben in Bezug auf deine Charaktereigenschaften, Verhaltensweisen und Kompetenzen. Sie beschreibt, wie andere deine Handlungen, Motive und Einstellungen interpretieren und bewerten. Diese Fremdwahrnehmung ist eine externe Sichtweise, die Auswirkungen auf deine sozialen Beziehungen hat und ebenso darauf, wie du von der Gesellschaft akzeptiert wirst.

Stell dir vor, du hast ein Vorstellungsgespräch. Du bist perfekt vorbereitet und möchtest die Stelle unbedingt bekommen. Deine Interviewer:innen hören aber nicht nur deine Antworten, sondern nehmen auch deine Körpersprache, deine Art zu sprechen und deine Art zu interagieren wahr und interpretieren und bewerten sie. Diese Fremdwahrnehmung beeinflusst maßgeblich ihre Entscheidung, ob du sowohl fachlich als auch persönlich ins Team passt.

Beide Wahrnehmungsformen, die interne und die externe, sind miteinander verflochten und beeinflussen sich gegenseitig, was zu einem dynamischen Wechselspiel führt zwischen dem Bild, das wir von uns selbst haben, und dem Bild, das andere von uns haben.

Wir agieren dabei in zwei Rollen gleichzeitig. Wir sind wie Schauspieler:innen, die einen Charakter nicht nur zutiefst nachempfinden, sondern selbst auch betrachtet werden, wir spielen hier sowohl die Rolle der Beobachtenden als auch die der Beobachteten. Die Herausforderung hierbei ist, die Vielschichtigkeit der Perspektiven zu erkennen, die andere von uns haben, die wir von anderen haben, und sie alle zu respektieren.

Die Unterscheidung zwischen Selbst- und Fremdwahrnehmung ruht auf einem Fundament, das wir durch unsere fünf Sinne gebildet haben. Unsere fünf Sinne bilden die Brücke zwischen der äußeren Welt und unserer inneren Erfahrung, durch sie empfangen wir ständig Informationen, die sowohl unsere Sicht auf uns selbst als auch auf unsere Umwelt beeinflussen.

Die Sprache der fünf Sinne

Sprechen wir über Wahrnehmung, möchte ich gern zwischen sensorischer Wahrnehmung (Riechen, Hören, Sehen, Schmecken, Tasten) und der Wahrnehmung von Gedanken und Emotionen unterscheiden. Lass uns einmal erkunden, wie eine Schulung unserer fünf Sinne nicht nur unsere Selbstwahrnehmung vertieft, sondern wie sie ebenso unsere Fähigkeit verbessert, die Welt und die Menschen um uns herum mit Empathie und Verständnis zu erleben. Unsere fünf Sinne begleiten uns jeden Tag. Geruchssinn, Gehörsinn, Sehsinn, Geschmackssinn, Tastsinn – jeder dieser Sinne und insbesondere die Kombination mehrerer Sinne untereinander – verbinden uns mit uns selbst, mit anderen Menschen und mit der Welt in ihrer ganzen Vielfalt. Meistens machen unsere Sinne einfach ihr Ding, ohne dass wir in unserem Alltag besonders darauf achten würden. Wir merken erst, was sie leisten, wenn einer von ihnen ausfällt. Die bewusste Auseinandersetzung mit deinen fünf Sinnen schärft deine Wahrnehmung. Denn dadurch trainierst du dich darin, spezielle nonverbale Signale wie die Mimik eines Gesichts, ein Zögern im Tonfall oder die Intensität einer Umarmung besser zu deuten und empathischer darauf zu reagieren. Sie dient dir dazu, aus dem Automatismus des Alltags – zumindest für eine Zeit lang – auszusteigen und den Moment mit voller Aufmerksamkeit zu leben.

Der Geruchssinn: Deine Nase weiß Bescheid

Kennst du die Redewendung, dass jemand eine feine Nase hat? Diese Redewendung bedeutet meist nicht, dass jemand gut riechen kann, sondern dass jemand ein gutes Gespür besitzt. Da sehen wir nun schon, welch wesentliche Bedeutung du mir nicht »aus der Nase zu ziehen« brauchst, da ich sie dir ja schon »unter die Nase gerieben« habe, womit ich dich nicht »an der Nase herumführen« oder dir gar »auf deiner Nase herumtanzen« möchte. Nein, ich möchte dich ermutigen, immer »der Nase nach« deinen Weg zu gehen, damit du «stets die Nase vorn haben» kannst und somit allen »vor der Nase davonfahren« und dir eine »goldene Nase verdienen« kannst! ☺ Was unsere Nasen nicht alles können!

Doch unsere Nase ist nicht nur im gegenwärtigen Moment zugange, denn ein damit verbundener Geruchssinn versetzt uns manchmal in Sekundenbruchteilen zurück in die Kindheit. Wir riechen eine feuchte Kellertreppe, einen verschwitzten Turnsaal, Zimtsterne im Backrohr – und schon sind wir gedanklich in einer längst vergangenen Zeit. Gerüche verankern sich tief in unserem Gedächtnis und können an bestimmte Erinnerungen und deren emotionalen Hintergrund gekoppelt sein. Sie versüßen uns die Gegenwart, wie etwa der salzige Geruch von Meer, die frische Brise des Frühlings oder der vertraute Geruch unseres Lieblingsgerichts. Der Geruchssinn kann einen subtilen, aber tiefgreifenden Einfluss auf unsere Wahrnehmung und unsere Beziehungsdynamik ausüben, je nachdem, ob wir positive oder negative Assoziationen damit verbinden.

Doch wie können wir diesen mächtigen Sinn schärfen? Ganz einfach: durch Schnüffeln! Widme jeden Tag ein paar Momente dem bewussten Riechen. Erkunde die duftenden Geheimnisse deiner Wohnung, deines Büros, deines Kissens. Welche Gerüche sind dir angenehm? Welche nicht? Der Duft von nassem Gras nach einem Sommerregen, das Bouquet eines samtigen Rotweins oder der Geruch eines alten Buches? All diese Gerüche können dir etwas bedeuten. Indem du sie dir bewusst machst, bist du präsent im Hier und Jetzt. Dein Essen wird dir gleich viel besser schmecken, wenn es auch noch gut riecht. Oder du nutzt die Wirkung von Aromatherapie, um deine Stimmung zu beeinflussen. Du hast nur eine Nase, vertraue ihr! Denn sie ist ebenso ein wertvoller Indikator für deine Beziehungen. Sie zeigt dir, wen du gut riechen kannst und wann es Zeit ist, zu sagen: »Jetzt habe ich die Nase voll!«

Trainiere deine »feine Nase«
Spüre jeden Morgen drei verschiedene Gerüche auf und beschreibe sie. Ob es das Aroma des Frühstückstees, Morgenkaffees oder der Duft deiner Duschcreme ist – das schärft deine Nase und macht Spaß.

Der Tastsinn: Mit Fingerspitzengefühl die Welt begreifen

Lange bevor Kinder ihre ersten Worte plappern, erforschen sie mit ihrem Tastsinn ihre Umgebung, stecken sich Gegenstände in den Mund, krallen ihre Fäustchen in unseren Haaren fest oder betasten stundenlang ihre eigenen Zehen. Die Entwicklung des Tastsinns ist wesentlich für uns Menschen, um Informationen über unsere Umwelt zu erhalten, einzuordnen und langfristig zu verarbeiten. Tag und Nacht nehmen wir über die Haut, unser größtes Sinnesorgan, physikalische Reize auf. Sie ist ausgestattet mit einer Vielzahl von Rezeptoren, die uns feine Unterschiede in Textur, Temperatur und Gewicht erkennen lassen. Von Druck über Berührungen bis hin zu Wind und Feuchtigkeit – all diese Empfindungen werden über Bereiche unseres Körpers wahrgenommen, die besonders reich an Sinneszellen sind, wie beispielsweise unsere Fingerspitzen, Fußsohlen, Lippen und Handflächen.

Interessanterweise besitzen zwar alle Menschen einen Tastsinn, doch nicht jede:r verfügt über das nötige »Fingerspitzengefühl«. Das kann uns dann tief »berühren« oder gehörig »unter die Haut gehen«. Manch eine:r ist eine »ehrliche Haut«, so hoffen wir, dass so jemand »mit heiler Haut« davonkommt und sich nicht erst eine »dicke Haut zulegen« muss. Wer sich nicht »wohl in seiner Haut fühlt«, sehnt sich vielleicht sogar danach, »aus seiner Haut zu fahren« oder einfach nur »auf der faulen Haut zu liegen«. Manche Menschen können mit Leichtigkeit aus deiner Hand lesen, als würden sie die Handlung einer ergreifenden Geschichte erzählen. Doch unsere Haut und unser Körper können noch mehr, als nur zu »fühlen«. Handarbeit und Handwerk bringen uns das Greifbare nahe. Sie lehren uns ganz handfest, Dinge zu begreifen, geschickt zu handhaben oder sogar ein gutes Händchen für kreative Schöpfungen zu entwickeln.

So erzählt auch jede Berührung, sei sie zart oder fest, ihre eigene Geschichte. Alles hinterlässt ein Gefühl: die raue Oberfläche eines Steins oder die sanfte Wärme der Sonne auf unserer Haut. Unser Tastsinn verdient es, sich in der Vielfalt der Natur – im Sand, im Matsch, auf knorrigen Bäumen und inmitten einer nassen Wiese – zu entfalten, anstatt auf den glatten, mit Desinfektionsmitteln gereinigten Plastikoberflächen unserer Zeit zu verkümmern. Kinder brauchen vielfältige sensorische Erfahrungen, um ihren Tastsinn zu schärfen und ihr Verständnis von der Welt zu erweitern.

Unser Tastsinn spielt eine entscheidende Rolle dabei, wie verbunden und präsent wir uns fühlen. Eine Berührung kann mehr als Worte vermitteln: Ein kräftiger Händedruck kann Vertrauen ausdrücken, eine sanfte Berührung Trost spenden und eine Umarmung kann uns das Gefühl von Sicherheit und Zugehörigkeit geben.

Nun hast du schon eine Menge über deinen Tastsinn erfahren und ich lade dich auf eine Tast-Entdeckungsreise ein. Entwickle deinen Tastsinn weiter, indem du bei nächster Gelegenheit die Augen schließt und die Welt um dich herum nur durch Berührung erkundest. Mach es spielerisch wie in der Kindheit, als wir uns gegenseitig die Augen verbunden und versucht haben, unsere Freund:innen nur durch Tasten wiederzuerkennen. Fühle, erfahre und entdecke, wie reichhaltig und vielschichtig die haptische Welt ist. Unsere Hände und unsere Haut sind viel mehr als das, was sie nach außen scheinen. Sie sind Instrumente der Kommunikation, Heilung und Kreativität, die es zu entdecken gilt.

Stärke dein »Fingerspitzengefühl«

Schließe deine Augen und fühle mit den Händen, was da ist. Probiere das beim Zähneputzen aus. Lerne die Welt mit den Händen kennen, nur allein die Zahnpasta mit geschlossenen

Augen – also nur mit deinen Händen – auf die Zahnbürste zu geben, ist eine Kunst – und im weiteren Alltag haben plötzlich Oberflächen, Kanten, Texturen, Gewichte und Temperaturen eine ganz andere Bedeutung.

Der Geschmackssinn – oder: Verbrenn dir nicht deine Zunge

Erinnerst du dich, dass wir uns als Kinder im Streit manchmal die Zunge gezeigt haben? Das war sicherlich »nicht nach deinem Geschmack« und vielleicht »lag es dir auf der Zunge«, etwas dagegen zu tun, aber du hast dein »Herz nicht auf der Zunge getragen« und hättest dir vielleicht auch eher »die Zunge abgebissen«, als dich mit »bösen Zungen« anzulegen, denn du wolltest dir »nicht die Zunge verbrennen«.

Unsere Zunge ist reich an Geschmacksknospen. Damit ermöglicht sie uns, fünf Geschmacksrichtungen zu unterscheiden: süß, sauer, salzig, bitter und umami – eine Geschmacksdimension, die erst seit der Jahrtausendwende wissenschaftliche Anerkennung gefunden hat. Umami ist ein würzig-fleischiger Geschmack, eine Mischung aus Oliven, Hefe, Pilzen, Tomaten und proteinreichen Stoffen. Neugeborene kennen aus der Muttermilch erst einmal nur »süß« und »umami«, die restlichen Geschmäcker entwickeln sich erst mit der Zeit.

Die Fähigkeit, Geschmäcker zu unterscheiden, ist genauso vielfältig wie unser Leben, das manchmal süß oder bitter, salzig oder sauer, oder eben umami sein kann. Vielleicht ist es an der Zeit, dass wir lernen, diese Vielfalt nicht nur zu erkennen, sondern auch wertzuschätzen. Dies nicht nur auf unserer Zunge, sondern mit unserem Herzen.

In unserem Alltag werden Worte oft schneller gesprochen als bedacht, da könnte ein bisschen mehr Geschmack im Umgang miteinander ein erfrischendes Rezept sein, das uns näher zusammenbringt und die Wärme von Menschlichkeit schätzt, ohne uns die Zunge verbrennen zu müssen.

Kleiner Tipp: Wenn du schon jemals in einem Dunkelrestaurant gewesen bist, hast du erfahren, wie sehr unser Geschmackssinn auch mit dem Sehvermögen in Verbindung steht. Probiere es einmal für dich aus: Iss dein Frühstück mit verbundenen Augen! Die Reduktion eines Sinnes verschärft gleichzeitig die der verbliebenen Sinne! Wahrscheinlich schmeckst du viel intensiver, wenn du nicht durch deine Augen abgelenkt bist.

Schule deinen guten Geschmack

Wenn du das nächste Mal etwas essen willst, nimm zunächst nur einen Bissen, dann halte inne. »Zerlege« die Geschmäcker und versuche, die einzelnen Zutaten und Gewürze zu erkennen. Was schmeckt dir? Warum schmeckt dir etwas gut oder weniger gut?

Das Auge: ein Fenster zur Seele und unsere Brücke zur Welt

Wann hast du zuletzt »Ich sehe was, was du nicht siehst« gespielt? Dieses Spiel ist ein einfaches Beispiel dafür, wie unser Sehsinn uns erlaubt, unsere Umgebung auf spielerische Weise zu erkunden und uns anderen dahingehend mitzuteilen.

Unser Sehsinn ist nicht nur der am meisten erforschte, sondern ebenso der am stärksten geforderte unserer Sinne. Innerhalb kürzester Zeit fangen unsere Augen mehr Informationen ein als alle anderen Sinne zusammen – bis zu 80 Prozent aller Eindrücke, die wir aufnehmen, sind visuell[12]. Die Verbindung des Sehsinns mit unserem emotionalen Zentrum in unserem Gehirn ist stark, unmittelbar und sogar sichtbar. Unsere Pupillen erweitern sich nicht nur bei Licht, sondern auch, wenn wir von Gefühlen wie Wut, Trauer oder Freude überwältigt werden. Fast scheint es so, als ob unsere Augen manchmal ehrlicher sind als unsere Worte, verraten sie doch spontan, was tief in uns vorgeht. Unsere

Augen werden oft als »Spiegel der Seele« bezeichnet. »Schau mir in die Augen«, sagt man, und schon glaubt man sich in der Lage, die Person gegenüber zu verstehen. In unserer Sprache spiegelt sich die Wichtigkeit und Vielseitigkeit des Sehens wider: Manchmal bekunden wir etwas »mit einem lachenden und einem weinenden Auge«. Dann müssen wir auch schon einmal »ein Auge zudrücken« oder jemanden »mit einem blauen Auge davonkommen« lassen. Wir »werfen ein Auge auf jemanden« oder sagen uns bei einem Auftritt »Augen zu und durch«. Erkenntnisse fallen uns manchmal »wie Schuppen von den Augen«, wir »verlieren jemanden aus den Augen«, haben deshalb »kein Auge zugetan«, wünschen uns ein Gespräch »unter vier Augen« oder »trauen unseren eigenen Augen nicht«.

Das Auge an sich ist neutral, es transportiert alle Botschaften unmittelbar ans Gehirn, wo sie ausgewertet und beurteilt werden. So kommt es, dass unsere visuelle Wahrnehmung einen starken Einfluss darauf hat, wie wir körpersprachliche Signale interpretieren oder das äußere Erscheinungsbild einer Person einordnen – um damit dann zu entscheiden, ob wir Vertrauen und Verbindungen aufbauen wollen oder nicht. In Verbindung mit den gespeicherten Informationen in unserem Gehirn erlaubt uns der Sehsinn, Perspektiven zu wechseln und einen Blick auf das zu werfen, was uns sonst verborgen bliebe. So werden unsere Augen zu einer Brücke, die nicht nur unsere eigene Welt, sondern auch die von anderen erhellt.

Betrachte dein Umfeld

Entwickle ein Gefühl für die Weite und nimm die Ränder deines Sichtfeldes bewusst wahr. Anstatt dich auf einen Punkt zu fokussieren, lass deinen Blick weich werden, nimm von deiner Umgebung so viel wie möglich gleichzeitig auf und versuche, das zu beschreiben.

Das Ohr: Unser 24-Stunden-Service

Das Ohr nimmt Schallwellen aus der Umgebung auf und wandelt sie in elektrische Signale um, die an das Gehirn weitergeleitet werden. Diese Verarbeitung ermöglicht es uns, Musik, Sprache und Umgebungsgeräusche zu unterscheiden. Ebenso interpretiert und bewertet unser Gehirn auch die Art, wie jemand spricht – den Tonfall, das Tempo, die Lautstärke –, und verhilft uns so, zwischen den Zeilen zu lesen, sprich die wahren Gefühle hinter den Worten zu erfassen und empathisch zu reagieren.

Selbst wenn du schläfst, schalten deine Ohren nicht ab und geben Informationen weiter an dein Gehirn, das dich sofort weckt, wenn es ein ungewöhnliches Geräusch wahrnimmt. Diese beiden Organe leisten zusammen ein tolles Teamwork.

Wir haben zwei Ohren. Das ermöglicht uns zu unterscheiden, aus welcher Richtung zum Beispiel ein fahrendes Auto kommt. Ein Geräusch auf der linken Seite erreicht unser linkes Ohr schneller und einen Hauch lauter als das rechte Ohr. Unser Gehirn nutzt dann diese Informationen, um zu analysieren, aus welcher Richtung der Schall kommt – sehr nützlich beim Überqueren der Straße.

Unsere Sprache ist gespickt mit Redewendungen rund ums Hören: »Viel um die Ohren haben«, »halt die Ohren steif« oder »auf taube Ohren stoßen« sind nur einige Beispiele, die zeigen, wie zentral das Hören für unser soziales und emotionales Erleben ist. Ob wir jemandem »einen Floh ins Ohr setzen« oder »ganz Ohr sind«, stets spielen unsere Ohren eine entscheidende Rolle in unserem täglichen Leben.

Lausche, und zwar richtig!
Geräusche sind überall. Gib ihnen fünf Minuten deiner ungeteilten Aufmerksamkeit und du wirst überrascht sein, was du alles hörst. Nenne mindestens fünf verschiedene Dinge, die du draußen hörst oder in dem Raum, in dem du dich gerade befindest.

Lass uns die Sinne als das ansehen, was sie – trotz unseres turbulenten Alltags – wirklich sind: eine Quelle von Energie und Kraft, die uns jederzeit zur Verfügung steht, kostenlos und unerschöpflich. Ihnen mehr Raum zu geben, bedeutet, auf dem Boden zu bleiben und gleichzeitig der Intuition zu folgen. Das Vertrauen in unsere Intuition erlaubt es uns, uns reaktionsstärker und offener durchs Leben zu bewegen. Willst du dein Gegenüber wirklich verstehen? Dann fang bei dir an, schärfe deine Sinne und du wirst Dinge aufnehmen, die anderen verborgen bleiben. Das Trainieren deiner Sinne ist praktische Sinnlichkeit in Aktion, weit weg von nüchternem Intellektualismus. Nutze es. Lebe es.

Wahrnehmung von Gedanken und Emotionen

Die Art, wie wir unsere Gedanken und Gefühle wahrnehmen, prägt unser Selbstbild und beeinflusst entscheidend, wie andere uns sehen und wie wir andere wahrnehmen. Wenn wir den Mut haben, unsere inneren Vorgänge auszudrücken, werden wir zugänglicher und verständnisvoller – für uns selbst und für die Menschen um uns herum. Diese Art der interaktiven Wahrnehmung, also der fließende Austausch zwischen Selbst- und Fremdwahrnehmung, spielt eine entscheidende Rolle in unserem täglichen Leben, da sie die Basis für unser Handeln, unsere Entscheidungen und die Qualität unserer Beziehungen bildet. Die Fähigkeit, sich selbst zu erkennen, zu verstehen und zu steuern, ist ein wesentliches Element für emotionale Intelligenz. Diese Selbstwahrnehmung ermöglicht es dir, deinen Kommunikationsstil entsprechend anzupassen, dich in andere Menschen leichter hineinzuversetzen und Empathie zu entwickeln.

Johari-Fenster – oder: Nutze durchlässige Wände

Ein praktisches und anschauliches Modell, um zusätzlich Orientierung zwischen Selbst- und Fremdwahrnehmung zu finden, ist das Modell des Johari-Fensters, das von den amerikanischen Sozialpsychologen Joseph Luft und Harry Ingham 1955 entwickelt wurde.[13] Obwohl es schon alt ist, wird es wegen seiner Verständlichkeit und praktischen Anwendung sowohl in der psychologischen Beratung als auch beim persönlichen Coaching und ebenso in der Organisationsentwicklung und Unternehmensberatung weiterhin häufig benutzt. Es fördert die Selbstreflexion und eine offene Feedbackkultur, was wesentlich zur Stärkung von Kommunikationsfähigkeiten und beruflicher Entwicklung beiträgt. Das Johari-Fenster ist eine visuelle Gegenüberstellung bewusster und unbewusster Persönlichkeitsmerkmale und Verhaltensweisen. Dahinter steht die Theorie, dass die zwischenmenschliche Kommunikation einfacher und besser wird, wenn sich Selbst- und Fremdbild annähern. Man bekommt neue Erkenntnisse zu sich selbst und darüber, welches Fremdbild man ausstrahlt, und kann somit aktiv an sich arbeiten. Es trainiert Feedback und Selbstoffenbarung.

So funktioniert es: Stell dir ein Fenster vor, das in vier kleine Scheiben unterteilt ist, wie bei den alten Fenstern in Fachwerkhäusern. Nun bekommt jede dieser vier Scheiben eine Funktion: Die Fensterscheibe links oben ist der öffentliche Bereich. Darin ist alles, was du (bewusst) über dich selbst weißt und was andere über dich wissen (z. B. bist du herzlich, fröhlich, gewissenhaft, chaotisch, kreativ, lustig). Darunter, links unten, liegt die Scheibe, in der die Dinge sind, die ausschließlich dir bekannt sind, anderen aber unbekannt – vielleicht, weil du sie bewusst oder unbewusst verheimlichst (du schnarchst, isst um Mitternacht gern Spaghetti oder hast einen Putzfimmel). Wenn du mehr von dir zeigst, rutschen diese Dinge automatisch in das obere, das öffentliche Fenster (links oben), ansonsten bleiben sie dein Geheimnis. Auch gut. Es geht hier nicht um Bewertung, sondern nur um Klarheit.

In der Fensterscheibe rechts oben liegt der blinde Fleck. Darin sind all die Dinge, die andere an dir wahrnehmen, die dir aber nicht bewusst sind (etwa deine natürliche Führungsqualität; dein erheiternder Humor; dein Einfühlungsvermögen oder aber auch dein herablassender Tonfall; deine Tendenz, andere nicht ausreden zu lassen; dein Vermeiden von Augenkontakt, dein notorisches Zuspätkommen oder dein Hang dazu, gern anderen die Schuld zu geben). Hier geht es darum,

Selbsterkenntnisse durch eine sensible Feedbackkultur zu erweitern, so können Missverständnisse vermieden werden. Traue dich, andere sanft auf ihre blinden Flecke hinzuweisen (wenn ihr ein entsprechendes, wertschätzendes Miteinander pflegt). Vielleicht spürt dein Teamkollege nicht, dass seine zurückhaltende Körpersprache oft abweisend wirkt, und ist froh über (d)ein offenes Feedback?

In der Scheibe rechts unten ist das Unbekannte. Dinge, die weder dir noch anderen bekannt sind (hast du ein Talent für technische Zusammenhänge oder eine Begabung für eine spezielle Sportart – vielleicht Boxen; oder in dir steckt eine wunderschöne Stimme; oder es verstecken sich ungeahnte Ängste oder Träume in deinem Inneren?). Dieser unbekannte Bereich kann eine Quelle tiefgreifender Einsichten über dich sein. Es lohnt sich, auf Forschungsreise zu gehen. Wer weiß, was du alles noch an dir entdeckst? Dafür darfst du mutig sein und neue Dinge ausprobieren. Buche einen Boxkurs, gehe in den Chor, halte eine Rede – du wirst schnell entdecken, was dir Freude macht und was nicht. Unser Leben kann so vielfältig sein, wenn wir uns ausprobieren und Neues entdecken.

Insgesamt geht es beim Johari-Fenster darum, ein besseres Gleichgewicht und eine größere Klarheit darüber zu schaffen, was man über sich selbst und ebenso anderen gegenüber offenbart. Das schärft unsere Selbstwahrnehmung und erhöht unsere Sensibilität für die Wahrnehmung anderer. Dabei ist das offene Empfangen und Verarbeiten von Feedback ein Schlüssel zu tieferem Selbstverständnis und verbesserten Beziehungen, was letztendlich zu einer harmonischeren und produktiveren Interaktion führt.

Wahrnehmungsfilter – oder: »wahr nehmen« ist nicht gleich »wahrnehmen«

Es wird angenommen, dass wir täglich um die 60 000 verschiedene Gedanken haben und darauf basierend viele Entscheidungen treffen.[14] Bewusstes Denken und Entscheiden sind anspruchsvolle Prozesse, die einen erheblichen Teil unserer Energie verbrauchen. Das Gehirn verbraucht rund 20 Prozent der gesamten Energie des Körpers.[15] Um diese Ressourcen zu schonen, hat die Natur einen Mechanismus entwickelt, der nur Informationen zulässt, die im gegenwärtigen Moment relevant für dich sind. Dieser Filter wählt aus, welche Informationen du beachtest und welche du ignorierst, je nachdem, wie du geprägt bist, aus welchem kulturellen Hintergrund du kommst und in welcher Stimmung du dich gerade befindest. Bist du beispielsweise schwanger, siehst du vielleicht überall schwangere Frauen. Läufst du auf Krücken, fallen dir die Menschen mit Krücken besonders auf. Hast du einen Hund, siehst du überall Hundebesitzer:innen. Ist dein Alltag von schwierigen Umständen geprägt, siehst du überall Probleme. Wir gehen davon aus, dass das, was wir sehen, die Wahrheit ist. Aber das, was wir als Wahrheit annehmen, ist nur ein Bruchteil von dem, was ist. Wir haben eine selektive Wahrnehmung und unser Gehirn filtert alles heraus, was nicht unbedingt relevant ist in diesem Moment. Bist du etwa unter vielen Menschen, hörst du vielleicht trotz lautem Stimmengewirr deinen Namen heraus oder etwas, was dein besonderes Interesse betrifft. Sehr oft neigen wir dazu, Informationen zu suchen, die unsere bestehenden Überzeugungen bestätigen. Wenn du also der Meinung bist, dass dir eine bevorstehende Präsentation Lampenfieber bereitet, werden deine Filter immer wieder das durchlassen, was dieses Selbstbild bestätigt. Bist du der Meinung, dass deine Kollegin vergesslich ist, siehst du immer die Dinge, die sie vergessen hat. Also, fokussiere dich mehr auf Dinge in deinem Leben, die positiv sind, dann wird auch deine Lebenseinstellung leichter werden. Dein Gehirn lernt dazu und deine Filter passen sich an.

Dein Tagebuch der positiven Momente

Notiere täglich drei schöne Erlebnisse. Plötzlich wirst du sehen, wie viele positive Dinge dir in deinem Alltag widerfahren!

Unsere Wahrnehmungsfilter machen so gründliche Arbeit, dass sie sogar noch interpretieren, was zu uns durchdringt, und gaukeln es uns als Wahrheit vor. Stell dir vor, du hältst eine Präsentation und dein Gehirn aktiviert den »Alle sind gelangweilt«-Filter. Du bemerkst, wie einige auf die Uhr schauen oder gähnen und interpretierst es sofort als Desinteresse. Das macht dich zusätzlich nervös. Nach deiner Präsentation erfährst du, dass alle begeistert waren, sie mussten nur rasch zum nächsten Termin oder entschuldigen sich vielleicht für ihre Müdigkeit. So kann dein negativer Wahrnehmungsfilter deine Selbstwahrnehmung verzerren und zu einem Gefühl des Misserfolgs führen. Es ist wichtig, dass wir unsere eigenen Wahrnehmungsfilter erkennen und deutlich infrage stellen, damit wir häufiger ein breiteres Spektrum an Perspektiven zulassen können.

Zum Abschluss dieses Kapitels

… möchte ich dir noch eine kurze Inspiration mitgeben, die konkret zeigt, wie unser Gehirn dazu neigt, selektiv Informationen zu speichern und zu verarbeiten, und wie unsere Wahrnehmungsfilter unsere Aufmerksamkeit und Erinnerung beeinflussen können. Wir erhalten keine objektive reale Wahrheit, sondern einen subjektiven Blick.

- Schritt 1: Schau dich in deinem Raum um: Was ist alles rot? Merke es dir! (Lies erst weiter, nachdem du wirklich alles, was rot ist, wahrgenommen hast.)
- Schritt 2: Und nun schließe deine Augen und sag laut, was alles blau ist!

Kapitel 7
Deine innere Kraft: Entdecke, was in dir steckt

Selbstliebe

Ein gesundes, neugeborenes Baby schläft, wenn es müde ist; es isst, wenn es Hunger hat; schaut, wenn es wach ist, und schreit, wenn ihm nicht wohl ist. Es lebt in perfektem Einklang mit seinen Instinkten – voller Natürlichkeit.

Dann wachsen wir auf und ein »Kleidchen« nach dem anderen wird uns übergestülpt. Manchmal sind es schöne Kleidchen, in gewinnenden Farben und leichten Stoffen, oft aber sind es zu enge, zu große oder zu förmliche Gewänder. Manchmal passen sie überhaupt nicht zu unserem Typ und wir wünschen uns andere, dürfen diese aber nicht tragen. Oft wird uns sogar eingeschärft, wir müssten unser Kleidchen ganz besonders sauber halten. Tja, und dann laufen wir steif und unsicher durchs Leben und ziehen uns erst recht die dicksten Flecken zu, die nicht mehr auszuwaschen sind. Oder wir zerreißen unsere Kleidchen gar, weil wir uns zu oft durch Dornen gezwängt haben oder gezwängt wurden. All diese verschiedenen Kleidungsstücke haben eins gemeinsam: Sie verbergen, wer wir wirklich sind.

Auf meinem eigenen Weg zur gesunden Selbstliebe habe ich viele solcher Kleidchen getragen und wieder abgelegt. Es war eine lange Reise und ich wünsche dir von ganzem Herzen, dass du schneller die Kleidung findest, die deine wahre Natur widerspiegelt und dir erlaubt, dich zu lieben, wie du bist. Selbstliebe beginnt mit einer Entscheidung. Einer Entscheidung für dich. Denn die wichtigste Beziehung in deinem Leben ist die Beziehung zu dir selbst.

Alte Kleider ablegen, neue anziehen

Stelle dir einmal folgende Fragen: Was liebst du alles nicht an dir? Deinen Körper? Entscheidungen aus deiner Vergangenheit? Verurteilst du dich manchmal und denkst: »Hätte ich doch …! Wäre ich doch …!« Bitte mache eine Inventur und schau einmal, wo du tatsächlich stehst.

Überlege, wie oft du dich selbst kritisch beurteilst, mit anderen vergleichst oder abwertend über dich sprichst oder denkst. Nun versuche, diese negativen Selbstgespräche zu erkennen und zu benennen. Reflektiere im Anschluss für dich: In welchen Momenten bist du ganz du selbst? Morgens im Pyjama? Abends nach einem Glas Wein? Wann liebst du dich, so wie du bist? Beim Tanzen? Beim Sex? Und wie bist du dann, wenn du ganz und gar du selbst bist? Wie gehst du, stehst du, sprichst du, atmest du dann? Gehst du leichter? Stehst du stabiler? Sprichst du freier? Atmest du tiefer? Finde spielerisch heraus, wie dein ureigenes, einzigartiges Ich ist. Und nun schreibe dir positive, aufbauende Glaubenssätze auf, mit denen du mögliche negative übermalst!

Wenn du alle »Kleidchen«, die nicht zu dir gehören, abgelegt hast, kannst du ganz natürlich und authentisch durchs Leben gehen, in einer Kleidung, die du selbst gewählt hast, die bequem sitzt und die deine Einzigartigkeit unterstreicht. Egal, ob im Beruf oder privat. Dann bist du endlich du! Dann kann niemand Macht über dich gewinnen, niemand mehr dich kleinmachen. Du fängst an, immer mehr dir selbst zu gehören. Dir und sonst niemandem.

Selbstliebe ist kein negativer, egoistischer oder narzisstischer Akt. Sie hilft uns, optimal für uns selbst zu sorgen – körperlich, geistig und emotional. So führt sie uns Schritt für Schritt weg von selbstzerstörerischen Gedanken und Handlungsmustern, hin zu mehr Authentizität und Charisma. Selbstliebe ist ein zentraler Baustein für deinen erfolgreichen Auftritt und für die Pflege und Aufrechterhaltung von nährenden, fruchtbaren Beziehungen. Wer mit seinen eigenen Bedürfnissen empathielos umgeht, wird niemals richtig empathisch im Umgang mit seiner Mitwelt sein.

Ich wünsche dir viel Freude beim Ausmisten deiner »Kleidchen«. Entsorge Altes und schaffe Raum für Neues. Werde authentischer und natürlicher, gib dich zu erkennen und finde wieder Zugang zu deiner zentralen Kraft: deiner Intuition. Dazu möchte ich dir nun noch im Folgenden das russische Märchen von Vasalisa und Baba Yaga erzählen.

Die Reise zu unserer Intuition

In einem russischen Dorf lebt Vasalisa, die von ihrer verstorbenen Mutter eine magische, handgestrickte Puppe geerbt hat. Nach dem Tod der Mutter heiratet ihr Vater erneut, und Vasalisa findet sich unter der Fuchtel einer grausamen Stiefmutter und deren Töchter wieder. Ihre Tage sind gefüllt mit harter Arbeit und Demütigungen, doch die Puppe gibt ihr Mut und Zuversicht, so meistert sie jede Aufgabe. Getrieben von Neid und Hass schicken ihre Peinigerinnen sie in den finsteren Wald, um bei der furchterregenden Hexe Baba Yaga Feuer zu erbitten – ein Auftrag, der ihr Verderben bringen sollte.

Doch Vasalisa lässt sich nicht unterkriegen. Mit zitternden Händen, aber festem Schritt nähert sie sich Baba Yagas Hütte und stellt sich den gefährlichen Prüfungen. Unter der Führung ihrer magischen Puppe übersteht sie diese Herausforderungen und erhält das Feuer. Zurück zu Hause entfaltet sich ihre innere Kraft. Als ihre Stiefmutter und Stiefschwestern erneut drohen, wendet sich das Blatt: Das Feuer vernichtet sie. Frei von der Tyrannei blüht Vasalisa auf und geht ihren Weg fortan selbstbewusst und unabhängig.

In diesem Märchen repräsentiert die Puppe unsere innere Ratgeberin, unsere Intuition. Die Stieffamilie symbolisiert unsere Gesellschaft und unsere Umgebung, die Werte klar vorgibt und gewisse Verhaltensweisen ohne Rücksicht auf individuelle Bedürfnisse einfordert. In unserem Alltag gibt es oft wenig Raum zur Entfaltung unserer Stärken.

Versuchen wir uns auszuprobieren oder gar, uns treu zu bleiben, riskieren wir, komplett abgelehnt oder ausgegrenzt zu werden. Also bleibt uns nichts anderes übrig, als uns fügsam anzupassen, unsere Authentizität zu opfern, getrieben von der Hoffnung auf Anerkennung und Liebe. Aber mithilfe unserer Intuition könnten wir an Herausforderungen wachsen, sie bewältigen und schließlich das Selbstvertrauen gewinnen, unseren eigenen Weg zu beschreiten. Baba Yaga verkörpert das wilde, archaische Element des Lebens, das uns zur Selbstentdeckung herausfordert. Sie steht für eine lebenshungrige Energie, Lust und Natürlichkeit, die in unserem Alltag voller aufgezwungener Routinen oft fehlt. Die Angst vor dieser »Hexe« spiegelt die Angst vor der eigenen inneren Kraft wider.

Die Geschichte von Vasalisa bestärkt uns, unserer inneren Stimme Gehör zu schenken. Unterdrücken wir sie, führt das meist zu falschen Entscheidungen. Wenn unser Bauchgefühl »Halt! Stopp!« ruft, sollten wir darauf achten und uns in jeder Lebenslage von dieser Stimme leiten lassen. Zugang zu unserer Intuition erhalten wir, indem wir uns empfangsbereit machen für das, was wir fühlen, aber nicht sehen können. Mit jedem Moment der Berücksichtigung und Hinwendung, die wir unserer Intuition schenken, wird sie stärker. Je mehr wir auf sie hören, desto mehr dient sie uns als Schlüssel zur persönlichen Entwicklung und Erkenntnis.

Intuition ist das Gefühl, »etwas einfach zu wissen«, ohne erst den Verstand befragt zu haben. Es ist wie eine plötzliche Erkenntnis und lässt sich kaum in Worte fassen, fast wie ein leises Klopfen in deinem Inneren, das dich auf irgendetwas aufmerksam machen will. Dazu brauchst du keine Plus-Minus-Listen, keine SWOT-Analyse, keine Entscheidungsmatrix, sondern den Mut, in dich hineinzuhören. So wie Vasalisa ihrer Puppe vertraute, können auch wir in Zeiten des Zweifels oder der Unsicherheit darauf vertrauen, dass wir eine eigene, zuverlässige Quelle der Weisheit in uns tragen.

Erinnerst du dich noch an eine spezifische Entscheidung, die du aufgrund deiner Intuition statt aufgrund logischer Überlegungen oder dem Rat anderer getroffen hast? Kannst du diesen Prozess, der dich damals zu deiner Entscheidung geführt hat, beschreiben? Gab es bestimmte Gefühle, körperliche Empfindungen oder Gedanken, die dich geleitet haben? Ist es dir schwergefallen? Hattest du Zweifel, deiner Intuition zu vertrauen, oder verlief dieser Prozess ganz automatisch? Wie schaust du rückblickend auf diese Erfahrung zurück und was hast du daraus gelernt – oder was kannst du noch daraus lernen? Bei vielen von uns wird die Intuition überlagert von Glaubenssätzen oder gern auch von unserem Verstand, der es vermeintlich besser weiß.

Trainiere deine Intuition

1. Hör auf, alles intellektuell zu hinterfragen; hör auf, zu denken, zu analysieren, deinen Kopf als einzigen Maßstab zu akzeptieren, und lass dich spielerisch auf das Erspüren deines Bauchgefühls ein.
2. Achte auf deine Wahrnehmung, gib dich dem Moment hin und streife den Außenlärm ab. Was spürst du? Was nimmst du wahr?
3. Sei mutig, folge deinen Impulsen und überliste deinen Verstand.
4. Gib deiner Intuition einen liebevollen Namen! Vielleicht einen Kosenamen, etwas, womit du dich identifizieren kannst.
5. Nun lerne sie ganz behutsam kennen, deine Intuition, indem du sie statt dein Handy oder deinen Reiseführer befragst, wenn du durch eine fremde Stadt gehst! Wenn du kochst, folge ihr statt dem Kochbuch! Suchst du ein schönes Restaurant, lass dich von ihr durch die Straßen führen statt von den Google-Sternchen! ☺

Anschließend reflektiere diese intuitiven Entscheidungen. Wie haben sie sich angefühlt? Was war das Ergebnis? Verstärkt das Experiment dein Vertrauen in deine Intuition oder schwächt es sie? Eine Herausforderung, der eigenen Intuition zu folgen, kann darin liegen, dass sie häufig gegen sogenannte »vernünftige« Ratschläge anderer oder gegen die eigenen, rational gelagerten Pläne gerichtet ist. Aber genau dann, wenn Verstand und Bauchgefühl nicht unbedingt einer Meinung sind, ist der Moment gekommen, der meist einen tieferen Einblick, ein Gefühl für das, was wirklich richtig für einen selbst ist, verlangt.

Eine Freundin, ihr Name ist Lydie und sie lebt in Kamerun, erzählte mir eine beinahe rätselhafte Geschichte. Nach einem äußerst anstrengenden Tag war sie auf dem Heimweg von der Arbeit gewesen. Sie schlenderte wie immer mit ihren Taschen die belebten Straßen zwischen den Straßenhändler:innen und Gemüseverkäufer:innen entlang, als sie plötzlich den starken Impuls verspürte, stehen zu bleiben. Fast wie in Trance wandte sie ihren Blick zur Seite und entdeckte einen Sandweg, der sich den Hang hinunter schlängelte. Unzählige Male war sie bereits an diesem Pfad vorbeigegangen, aber heute zog er sie wie magisch an. »Ich kann ja mal einen kleinen Umweg machen«, legte sie sich im Kopf ihre Entscheidung zurecht. Mit jedem Schritt verstärkte sich ihr Gefühl, dass sie genau hier jetzt entlanggehen sollte. Also nahm sie den Weg, stolperte über alte Autoreifen, vorbei an kaputten Wasserbehältern, bis sie plötzlich vor einer halb verfallenen Hütte stand, wo ein kleiner Junge weinend auf dem Boden saß. Er war etwa vier Jahre alt, hatte sich verlaufen und fand sein Zuhause nicht mehr. Er war offensichtlich bereits seit zwei Tagen unterwegs, hatte ewig lang weder etwas getrunken noch etwas gegessen, und so nahm sich Lydie seiner an. Sie kaufte ihm etwas zu essen und zu trinken und nachdem sein Magen gefüllt war, konnten sie mithilfe der Anwohner:innen das Zuhause des Jungen finden. Als sie jedoch in der Dunkelheit das Haus erreichten, bemerkte Lydie ein gefährliches Flackern. Die Feuerstelle, an der normalerweise gekocht wurde, hatte sich selbstständig gemacht, und das Feuer begann sich gerade über die getrocknete Wäsche auszubreiten und das Haus zu erfassen. In der allerletzten Minute konnte Lydie das Feuer mit ihrer Arbeitstasche erschlagen. Durch den Lärm eilten die Nachbarn herbei und halfen mit. Das Geschrei war so laut, dass die Eltern des Jungen, die in der Nähe durch die Gassen eilten, auf der Suche nach ihrem Kind, darauf aufmerksam wurden. So führte Lydies ungewöhnlicher Umweg dazu, dass die Familie wiedervereint wurde.

Glücklicherweise hatte Lydie an diesem Tag etwas gemacht, was sie sonst nie tat. Sie war einen Umweg gegangen. Irgendetwas in ihr hatte sie veranlasst, dies zu tun. Hatte sie damit das Leben des Jungen gerettet? Möglicherweise. Zumindest aber hatte sie ihm und seinen Eltern ein paar weitere bange Stunden erspart. Sicher ist, dass sie durch ihr Handeln die Hütte der Familie vor dem Abbrennen bewahrte. Ihre Intuition schickte sie an diesem Tag auf eine seltsame und doch wertvolle Reise.

In die Kraft finden

Hast du dich schon mal gefragt, wo genau wir denn unsere innere Kraft, die uns in herausfordernden Situationen Energie und Selbstvertrauen gibt, spüren?

Du kannst es ganz leicht herausfinden, indem du dir überlegst, wo der Punkt in deinem Körper ist, an dem du Schmerz am deutlichsten empfindest. Wohin geht der Stich, wenn du plötzlich eine schlimme Nachricht bekommst? Genau, mitten ins Herz und/oder mitten in den Bauch. Es ist wie ein Schlag. Alles zieht sich zusammen. Genau dort, wohin sich alles zusammenzieht, wo der Schmerz sich zentriert, genau dort ist auch der Ursprung deiner Kraft. Die Herz- und Bauchgegend ist dein Zentrum. Fühlst du dich frei und sicher, kannst du aufrecht, selbstbewusst und stolz dein Zentrum zeigen. Das funktioniert auch umgekehrt: Trainierst du dein Körperzentrum, fühlst du dich automatisch wohler und wirkst selbstbewusster. Diese Wechselwirkung ist unendlich hilfreich. Allein, wenn du durch Balanceübungen dein Zentrum trainierst, fühlst du dich aufrechter und stärker. Probiere es aus: Stell dich, zum Beispiel beim Zähneputzen, auf ein Bein. Oder versuche im Zug oder Bus das Gleichgewicht zu bewahren, ohne dich festzuhalten. Allein diese klitzekleine Übung hilft dir dabei, immer mehr in deine Kraft zu kommen, denn dein Körper kann deine Gedanken beeinflussen (und umgekehrt). Deine Gedanken, gemeinsam mit deinem Körper, bestimmen deine Gefühle, und deine Gefühle steuern deine Handlungen!

Das Geniale daran ist: Eine Person, die in ihrer Kraft ist, entscheidet selbst, was für sie richtig oder falsch ist. Genau diese Haltung ist essenziell, damit wir in Zeiten gesellschaftlicher Veränderungen nicht denen hinterherrennen, die zu wissen meinen, wie es geht. Sind wir in unserer Kraft, können wir eher sagen: »Herzlich willkommen, liebes Problem, was kann ich von dir lernen?« Diese Haltung erreichen wir aber nur, wenn wir immer und immer wieder mit Problemen konfrontiert werden, sie anerkennen und geduldig versuchen, aus ihnen zu lernen und mit ihnen zu wachsen.

Und da das nicht nur im Erwachsenenalter gilt, möchte ich dich dazu ermutigen, solltest du mit Kindern und Jugendlichen zu tun haben, ihnen liebevoll und mit viel Humor kleine Probleme vor die Füße zu schmeißen, damit sie früh die Erfahrung machen dürfen, sich selbst zu vertrauen.

Indem wir sie ermutigen, Schwierigkeiten direkt anzugehen und zu bewältigen, lehren wir sie, mit jeder Erfahrung zu wachsen. Dies fördert ihre Resilienz und bereitet sie darauf vor, mit Selbstvertrauen und Eigenständigkeit ihre Kraft zu finden.

Persönlichkeit

Persönlichkeiten sind Menschen, die für sich entschieden haben, dass nicht allein die Welt dafür verantwortlich ist, wie sie sich fühlen, sondern auch sie selbst. Dieses Wissen macht sie als Individuen einzigartig und gibt ihnen die innere Fähigkeit, authentisch die eigenen Werte zu leben und empathisch mit anderen zu kommunizieren.

Werde eine starke Persönlichkeit

Hier sind meine Tipps für dich, wie dir das gelingen kann:

- Selbstreflexion: Nimm dir Zeit, um über deine Werte, Überzeugungen und Leidenschaften nachzudenken. Wer bist du und was ist dir wichtig? Das hilft dir nicht nur, vieles über dich herauszufinden, sondern zeigt auch, wie du dich in Bezug auf andere positionierst.

- Mut: Nun brauchst du Mut, um auch wirklich das zu leben, was du bist, und um für dich einzutreten. Manchmal erfordert das, dich nicht anzupassen, gegen den Strom zu schwimmen und dich von den Erwartungen anderer zu lösen, um deiner Authentizität Raum zu geben und dich in deiner Verletzlichkeit zu zeigen.
- Offenheit: Um alte Anschauungen über Bord werfen und neue Perspektiven zulassen und dich ein Leben lang weiterentwickeln zu können, brauchst du eine gewisse Leichtigkeit mit dir selbst, zudem eine Prise Selbstironie. Bleibe ein Leben lang neugierig.
- Resilienz: Entwickle die Fähigkeit, Probleme und Hindernisse als Wachstumschancen zu sehen.
- Empathie: Versuche, mit den Augen eines anderen zu sehen, mit den Ohren eines anderen zu hören, in den Schuhen eines anderen zu gehen und mit dem Herzen eines anderen zu fühlen.

Charisma

Manche Menschen betreten einen Raum und der Raum fängt an zu strahlen. Manche Menschen verlassen einen Raum, und der Raum fängt an zu strahlen. Manche Menschen kommen in einen Raum und geben allen Anwesenden Bedeutsamkeit und Hoffnung. Manche Menschen verlassen einen Raum und nehmen alle Energie mit. Was unterscheidet diese Menschen? Die einen haben Charisma, die anderen nicht.

Charisma kommt aus dem Altgriechischen und heisst »Gnadengabe«. Also entweder hast du es, oder du hast es (noch) nicht! Na, toll, wirst du sagen, ist charismatisch zu sein wie ein Lottogewinn? Nein, Charisma kannst du entwickeln – und ja, teilweise sogar lernen, wie du auch eine andere Sprache erlernen kannst. Charisma ist eine Mischung aus Präsenz, Kraft und Wärme.

Über Präsenz hast du in diesem Buch schon häufig gelesen. Damit gemeint ist das Gefühl, ganz im jetzigen Moment und verbunden mit deinem Gegenüber zu sein. Du gibst deinem Gegenüber damit das Geschenk, also das Präsent, deiner vollen und ganzen Aufmerksamkeit. Nutze dafür deine fünf Sinne, um dich vollständig zu erden. Schweift dein Fokus ab, konzentriere dich für ein paar Sekunden auf deine Fußsohlen und das Gefühl, wie sie den Boden berühren, oder auf die Farbe der Augen deines Gegenübers, sie sind jetzt das Zentrum deines Universums! Lass die Essenz deines Gegenübers ans Licht kommen – das ist Präsenz.

Kraft bezieht sich darauf, wie der Einfluss wahrgenommen wird, den du auf andere nehmen kannst. Das kann sich in Geld, Wissen, Status, aber auch Expertise, Selbstbewusstsein und Ausstrahlung widerspiegeln. Das Bewusstsein für diese Bedeutung, die du einnimmst, kann dir Größe und Überzeugungsfähigkeit geben. Es ist deine Gewissheit, dass du etwas Wertvolles zu teilen hast. Damit bist du in deiner Kraft.

Wärme ist die Fähigkeit, dich voller Empathie und Zuwendung deinem Gegenüber zu widmen. Dabei ist es egal, ob dir diese Person in dem Moment sympathisch oder unsympathisch ist, du nimmst sie als einen Mensch mit seinen ganzen Verletzlichkeiten wahr. Nur, wer selbst voller Wärme ist, kann auch andere anzünden. Denn Menschen vergessen sehr schnell, was du Gescheites gesagt oder gemacht hast, aber sie vergessen nicht, wie sie sich bei dir gefühlt haben.

Charisma ist also oft eine Art von Aura, die wir als magnetisch, anziehend oder elektrisierend beschreiben. Charismatischen Menschen gelingt es, eine emotionale Verbindung zwischen sich und ihrem Gegenüber herzustellen, Vertrauen aufzubauen und zu inspirieren. Bleibe dir selbst treu, das ist das Fundament für eine charismatische Ausstrahlung!

Achtung, Charisma und moralische Integrität sind nicht dasselbe! Charismatische Menschen sind nicht automatisch »gut«, sie können ihre Fähigkeiten und ihre Ausstrahlung auch für manipulative Absichten nutzen.

Wenn Charisma aber auf echtem Interesse und Respekt für andere basiert, kann es eine kraftvolle Energie für positive Veränderungen sein. Es ermöglicht charismatischen Individuen, Brücken zu bauen, ein Gemeinschaftsgefühl zu stärken und echten Wandel zu bewirken.

Stil

Stil ist nicht das Ende vom Besen, sondern ein Ausdruck deiner Persönlichkeit und dessen, was dich in deinem Kern ausmacht. Er kann sich in deiner Kleidung, deinem Lebensstil, deiner Art zu denken, zu handeln und Entscheidungen zu treffen, manifestieren. Äußerlicher Stil prägt den ersten Eindruck, innerer Stil ist das, was bei Menschen hängen bleibt, wenn du schon längst wieder den Raum verlassen hast. Wahrer Stil entsteht, wenn äußerlicher Ausdruck mit deinem inneren Wesen harmoniert. Das bedeutet Unabhängigkeit von Trends, von Moden und vom Mainstream. Es bedeutet, sich nicht automatisch gesellschaftlichen Strömungen anzupassen, ohne sie zu hinterfragen; ihnen nicht blindlings zu folgen und sich einem vermeintlichen Zeitgeist zu beugen, sondern einen eigenen Weg zu gehen – auch im Privatleben. Es erfordert Mut und Bereitschaft, Risiken einzugehen. Ich bin überzeugt davon, dass nur diejenigen Spuren hinterlassen können, die ihren eigenen Weg gehen.

Persönlichkeit, Charisma und Stil sind keine Frage des Alters, sondern der Einstellung, des Selbstbewusstseins und der Fähigkeit, authentisch zu sein. Erhebend, nicht wahr, dass es Dinge gibt, die mit dem Alter nicht schwinden, sondern sich sogar vermehren?! Mehr Falten, mehr Charisma – sozusagen! Jede Falte, jede Lachlinie – ein Abenteuer. Stell dir vor, wie reich an Geschichten unser Gesicht im Laufe der Zeit wird. Was für eine Perspektive!

Lachen

In Kamerun ist mir aufgefallen, wie nah die Menschen dort an ihren Emotionen sind und wie unverhohlen sie diese ausdrücken. Bei einem Todesfall wird der Schmerz geradezu hinausgeschrien. Eine meiner Mitarbeiterinnen spielte eines Tages die verhaltene Trauer, die sie von Beerdigungen in Europa kannte, ironisch nach. Sie imitierte jemanden, der sich verstohlen die Tränen abtupfte, bemüht um Haltung, steif, förmlich und alle Emotionen tapfer nach innen gerichtet. Von außen betrachtet war es zum Schreien komisch, doch es machte mich auch nachdenklich. Denn es sind nicht nur Trauergefühle, die wir zurückhalten, auch andere Gefühlsregungen wie Gähnen unterdrücken wir, und sogar unser Lachen ist gedämpft, wenn wir überhaupt lachen. Wir scheinen zu denken, dass wir uns ständig ein seriöses, intellektuelles und ernsthaftes Image geben müssten. Schätzungen zufolge lachen Vorschulkinder im Westen rund 300- bis 400-mal am Tag, während Erwachsene im Westen im Durchschnitt nur etwa 15- bis 20-mal am Tag lachen.[16] Unglaublich, diese Zahlen, findest du nicht auch?

Unsere Rechtsanwältin in Kamerun konnte sich beim Lachen so fallen lassen, dass sie regelmäßig bei Sitzungen in ihre Hände klatschte, den Kopf zurücklegte, sich unter den Tisch gleiten ließ, dort lauthals lachte und nicht mehr aufhörte. Anschließend setzte sie sich mit ruhiger und gelöster Miene an den Tisch und arbeitete locker und schwungvoll weiter.

Dies habe ich mir zum Vorbild genommen, als ich einer Kundin vor einer schweren Aufsichtsratssitzung, bei der es um die Abwahl eines Familienmitglieds ging, die nur um des Honorars Willen im Aufsichtsrat saß, einen Tipp gab. Ich riet ihr, sich von einer humorvollen und witzigen Kollegin bis zum Sitzungsraum begleiten zu lassen. Im Wissen, dass meine Kundin inhaltlich bestens vorbereitet war, bat ich ihre Kollegin so albern, witzig und unterhaltsam wie möglich zu sein. Tatsächlich lachten und blödelten die beiden während des ganzen Weges. Das hatte dann zur Folge, dass meine Kundin völlig locker, leicht und gelöst ihre Argumente, die gegen eine Wiederwahl des Familienmitglieds sprachen, darbringen konnte.

Auch heute wünsche ich mir, dass wir in unserem Leben viel lauter, häufiger und intensiver lachen. Damit es nicht beim Wünschen bleibt, hier ein paar schöne Möglichkeiten, wieder ins Lachen zu kommen.

Lachübungen für deinen Alltag

- Jedes Mal, wenn du an einem Spiegel vorbeigehst, lächle dich bewusst an!
- Praktiziere gelegentlich Lachyoga. Es basiert auf der Idee, dass dein Körper nicht zwischen echtem und künstlichem Lachen unterscheiden kann. So werden die typischen Stresshormone wie Adrenalin und Cortisol gesenkt, dein Immunsystem wird gestärkt und Endorphine werden freigesetzt (also deine körpereigenen Schmerzmittel, auch Glückshormone genannt). Das fördert dein Wohlbefinden und insgesamt werden die Herzfrequenz erhöht, die Blutzirkulation verbessert, die Atmung vertieft und die Muskeln entspannt. Schau dir bewusst lustige Filme, Serien, Videos, Kabarett an. Erzähl Witze!
- Verbringe deine Zeit mit Menschen, die die Stimmung heben, die eine humorvolle und positive Ausstrahlung haben, denn ihr Lachen kann ansteckend sein. Die Wahrscheinlichkeit zu lachen ist in einem Umfeld von Menschen, die du gut kennst, 30-mal höher, als wenn du allein bist.[17]
- Sei albern! Erlaube dir, zu blödeln, Grimassen zu schneiden, zu spielen und so richtig, richtig übermütig und spaßig zu sein. Genau dazu passt auch mein nächstes Thema.

Leichtigkeit als Schlüssel zur inneren Kraft

Magst du Musik? Singst du gern? Beides hebt die Stimmung und deine gute Laune steckt alle an, die du umgibst. Setze dir zum Ziel, jeden Tag ein Lied zu singen! Sei es unter der Dusche, im Auto oder beim

Kochen. Weil mir als Kind immer gesagt wurde, wie falsch ich singen würde, singe ich immer nur, wenn ich allein Auto fahre. Das ist schmerzfrei für die Welt und pures Glück für mich. Vielleicht magst du es auch einmal ausprobieren? Wissenschaftliche Studien legen nahe, dass Singen unsere Stimmung verbessern kann, indem es Endorphine freisetzt und gleichzeitig den Cortisolspiegel senkt, was das Immunsystem stärkt. Stimme also jeden Tag ein Liedchen an – dabei kommt es gar nicht darauf an, perfekt zu sein – und mach das Singen zu deinem Glücksrezept![18]

Erstelle zudem eine Playlist für unterschiedliche Stimmungen. Denn Musik, die zu dem passt, wie du dich fühlen möchtest, hilft dir, deine Stimmung dahin zu lenken. Integriere Musik in deine tägliche Routine. Sie ist ein universeller Stimmungsmodulator und kann deine Gefühlswelt im Nu heben oder senken.

Um neben einem flotten Lied auf den Lippen mehr Leichtigkeit in deinem Leben zu erreichen, versuche bitte einmal, immer wiederkehrende Gedanken und das Durchspielen von Gesprächen sowohl im Voraus als auch im Nachhinein zeitlich zu limitieren. Viele von unseren Tausenden täglichen Gedanken sind erstaunlicherweise Wiederholungen aus den vorherigen Tagen. Außerdem sind diese repetitiven Gedanken häufig negativ und drehen sich um deine Sorgen und Ängste. Du trittst gedanklich auf der Stelle und bist in einem negativen Kreislauf gefangen. Das raubt dir jegliche Leichtigkeit.

Um mit dieser speziellen Art des zyklischen Denkens umzugehen, beschränke die Zeit, die du für ein bevorstehendes Gespräch – oder ebenfalls nach einem Gespräch – zur Reflexion nutzt, auf zehn Minuten und wechsle dann bewusst zu einer anderen Aktivität. Vielleicht kannst du ein Gespräch auch leichter loslassen, wenn du dir Notizen darüber gemacht hast. So hast du deine Gedanken zwar gespeichert, aber es bleibt dir mehr mentale Energie für produktive und erfüllendere Aktivitäten.

> **Befreie dich aus Gedankenschleifen**
> Entscheide, ob diese oder jene Gedanken gerade hilfreich in deinem Leben sind. Wenn nicht, setze sie gedanklich auf Wolken und lass sie davonfliegen. Betrachte Gedanken als Gäste, die kommen und gehen. Sie sind nur auf der Durchreise und keine Dauermieter.
>
> Schreibe wiederkehrende Gedanken nieder. Vielleicht kannst du nach ein paar Tagen eine andere Perspektive dazu einnehmen? Überprüfe mit etwas Abstand nochmals ihre Bedeutung und verbrenne sie oder werf sie weg, wenn sie dir nicht guttun, denn sie sollen keine Macht mehr über dich haben.

Nachdem wir die unterschiedlichen Aspekte, die deine innere Kraft unterstützen können, betrachtet haben – von der unerschütterlichen Selbstliebe über die magische Klarheit der Intuition bis hin zur ansteckenden Freude des Lachens –, möchte ich dich dazu ermuntern, diese authentische Energie und tiefe Selbsterkenntnis in deinen Alltag und damit auch in dein Auftreten einfließen zu lassen.

Betrachte die Welt da draußen nicht als einen Gegner, bei dem du ständig auf der Hut sein musst. Betrachte sie als deinen Freund, dann kann sie zu einem werden. Die Stärke, die in dir schlummert, dient nicht nur deinem Wohl, sondern wird auch für die Menschen in deinem Umfeld zur unerschöpflichen Inspirationsquelle. So gesehen kannst du mit jeder Unterhaltung, mit jedem Bewerbungsgespräch, bei jeder Begegnung und bei jedem Vortrag die Früchte deiner inneren Arbeit präsentieren. Dein Selbstbewusstsein wird in dem Zuge wachsen, je mehr du dich traust, es zu zeigen. Erkenne, welche Kraft in dir steckt. Jeden Tag neu, jeden Tag mehr.

Kapitel 8
Strukturierte Inhalte: Emotionale Geschichten und wirkungsvolle Präsentationen

Geschichtenerzählen: deine Tradition der Zukunft

Die Tradition des Geschichtenerzählens hat sich im Laufe der Menschheitsgeschichte stetig weiterentwickelt. Sie reicht von den mündlichen Überlieferungen der Vorzeit bis hin zu den schriftlichen Texten und der modernen Unterhaltungsindustrie mit Büchern, Filmen, Fernsehen und digitalen Medien.

Trotz dieser Veränderungen bleibt das Erzählen von Geschichten eine grundlegende menschliche Tätigkeit, die nach wie vor unsere Kommunikationsweise, Gestaltung von Beziehungen und kulturelle Identität tiefgreifend prägt.

Egal, ob du einen Vortrag hältst, in einem Meeting die Ereignisse der letzten Woche zusammenfasst oder bei einem Bewerbungsgespräch über dein Leben berichtest: Geschichten zu erzählen, ist unverzichtbar. Gleiches gilt für den Austausch mit Freund:innen, für das Teilen von Kindheitserlebnissen mit Partner:innen oder das Präsentieren einer Geschäftsidee vor wichtigen Sponsor:innen. In jedem Kontext bist du gefragt mit deinem Engagement und deiner Bereitschaft, dich einzubringen, und deine Geschichten zu teilen, denn das ist von unschätzbarem Wert.

Warum solltest du es dir unnötig schwermachen? Hab Spaß daran und du wirst feststellen, dass es nicht nur eine Notwendigkeit ist, sondern auch eine bereichernde Erfahrung, die dein Leben auf vielfältige Weise beeinflusst.

In diesem Kapitel erkunden wir deshalb die Kraft strukturierter Inhalte, kombiniert mit der Tiefe emotionaler Geschichten. Wir haben festgestellt, dass die Akzeptanz deiner eigenen Persönlichkeit die Grundlage dafür ist, dass andere dir vertrauen können. Authentizität ermöglicht es dir, in deiner Kommunikation wahrhaftig zu sein, was Menschen instinktiv anzieht. Lass uns ausprobieren, wie du durch das Teilen deiner Erfolge, Herausforderungen und sogar Fehltritte eine wirkliche Verbindung zu deinem Gegenüber herstellst. Echte Geschichten umfassen alle Facetten des Lebens – die guten wie die schlechten. Erzähle also nicht irgendeine Geschichte, sondern *deine* Geschichte. Vielleicht ermutigt sie ja andere, ihre eigene Authentizität zu leben, ihre Träume zu verfolgen und die Welt mit offenem Herzen und offenen Augen zu erkunden?

In diesem Sinne lade ich dich ein, dich auf die nächste Erzählung einzulassen, und bin neugierig, wohin sie dich tragen wird.

Nicht einsteigen

In den neunziger Jahren befand sich der deutsche Film im Wandel, weg von den großen Pionieren des Autorenfilms wie Fassbinder und Herzog, hin zu einer von Einschaltquoten dominierten Fernsehlandschaft. Als Schauspielerin, die ursprünglich aus dem Theater kam, fühlte ich mich von der Oberflächlichkeit der TV-Branche zunehmend unterfordert. Ich führte mehr und mehr Regie und begann – inspiriert durch das Studium amerikanischer Kinoerfolge und die Heldenreisetheorie von Joseph Campbell und Christopher Vogler, von der ich dir später erzählen werde –, tiefer in die Welt der Dramaturgie und des Drehbuchschreibens einzutauchen.

Dies führte mich zu Tom Schlesinger, einem renommierten Drehbuchlehrer aus Kalifornien, der zusammen mit Keith Cunningham eine eigene Schule für Drehbuchautor:innen in den USA leitete. Begeistert von ihren Methoden, gründete ich eine Firma, die Drehbuchlehrer:innen vermittelte, und brachte Tom nach Europa, wo er und Keith maßgeblich dazu beitrugen, den Berufsstand der Drehbuchautor:innen zu etablieren und damit viele deutsche Regisseur:innen zu ihren Erfolgen führten. Toms Arbeit mit deutschen Filmemacher:innen war so einflussreich, dass viele entweder ihr Englisch verbesserten oder eine:n Übersetzer:in engagierten, denn Tom sprach kein Deutsch.

Eines Tages sollte Tom zwei Regisseur:innen am Rosenheimer Platz in München treffen, um über eine mögliche Zusammenarbeit zu sprechen. Seine Zeit in Europa war begrenzt, also musste er sich für einen von beiden entscheiden. Der Termin vormittags war für einen sehr erfolgreichen Regisseur reserviert, der sich mit seinem nächsten Drehbuch wieder einen großen Preis holen wollte. Nachmittags stand eine junge Regisseurin mit Namen Caroline Link auf dem Programm, die mit ihrem Erstlingsfilm *Jenseits der Stille* Furore gemacht hatte.

Wir sprachen beide Termine durch und Tom machte sich auf den Weg zur S-Bahnstation in München. Dort angekommen, setzte er sich, wie von mir genauestens erklärt, in die S6, breitete seine Drehbücher aus, versank völlig in die Arbeit und vergaß darüber Zeit und Raum. Irgendwann merkte er, dass die S-Bahn immer noch an der gleichen Stelle stand. Er wunderte sich, stieg aus, kontrollierte, dass es wirklich die S6 war, las als Destinationsziel »Nicht einsteigen« und setzte sich beruhigt wieder auf seinen Sitzplatz. »Nicht einsteigen« schien ein Stadtteil von München zu sein, den er bisher nicht kannte. Nach einer Weile nahm er den Stadtplan von München aus seiner Tasche und studierte die Umgebung vom Rosenheimer Platz. »Nicht einsteigen« war da aber nirgends zu finden. Während Tom noch überlegte, setzte sich der Zug plötzlich in Bewegung. Endlich ging es Richtung »Nicht einsteigen« und er könnte am Rosenheimer Platz unterwegs aussteigen, zwar verspätet, aber doch noch zu seinem Termin erscheinen – das zumindest dachte Tom. Dass es in die falsche Himmelsrichtung losging, hatte er nicht gemerkt. Hauptsache, es bewegte sich endlich. Befriedigt vertiefte er sich wieder in seine Manuskripte.

Nach circa einer halben Stunde hielt der Zug mit einem ächzenden Geräusch in Fürstenfeldbruck. Tom schaute kurz aus dem Fenster, konnte weder Rosenheimer Platz noch »Nicht einsteigen« lesen, versank daraufhin beruhigt wieder in seiner Lektüre. Dies mit dem Gefühl, noch viel Zeit zu haben. Es dauerte lange, bis er bemerkte, dass neben dem Zug immer noch das Schild »Fürstenfeldbruck« stand. Das irritierte ihn und er beschloss, auszusteigen und nachzufragen. Das ging aber nicht. Die Türen waren verriegelt. Er lief durch alle Abteile, von einer Tür zur anderen, und stellte fest, dass alle Türen nach draußen verschlossen waren, und er der einzige Mensch in diesem Zug war. Auch draußen war weit und breit niemand zu sehen.

In der heutigen Zeit mag eine solche Situation mit einem Griff zum Handy schnell lösbar sein, aber Anfang der neunziger Jahre gab es diese kleinen Dinger für die Hosentasche noch nicht, sondern nur große, schwere tragbare Apparate von der Größe eines Staubsaugers. Ein solches Gerät hatte Tom nicht bei sich. Die Zeit verstrich. Tom grübelte. Der Regisseur, den er treffen sollte, würde ihn schon längst als »typisch unzuverlässigen Ami« bezeichnet haben und verschwunden sein. Für die Regisseurin am Nachmittag würde es noch reichen, wenn ihn denn jemand je aus diesem Zug aussteigen ließe. Er klopfte und hämmerte gegen das Fenster. Nichts. Wo niemand ist, kann niemand etwas hören. Es dauerte noch eine ziemliche Weile, bis Tom in der Ferne eine Bewegung sah und sofort richtig laut gegen die Scheibe trommelte. Die herannahende Person erschrak sich fürchterlich, drehte auf dem Absatz um und lief davon. Tom war frustriert. Würde er jemals wieder aus diesem Zug herauskommen? Zwischenzeitlich hatte der Mitarbeiter des Reinigungsdienstes, der sich zu Tode erschrocken hatte, als Toms Trommelkonzert aus der S-Bahn bis nach draußen dröhnte, die Bahnpolizei informiert.

Drei bayerische Herren in Uniform kamen nach etwa 20 Minuten anmarschiert, ließen die Türen öffnen und Tom wurde abgeführt. In einem kleinen Kämmerchen mit reichlich uniformierten Herren und noch mehr Schreibmaschinen musste er Platz nehmen. Sein Gegenüber spannte ein Blatt in die Schreibmaschine. Eine Befragung begann: »Wia hoassen Sie?« – Keine Reaktion von Tom. »Wot is se name?« – »Ah, äh Tom, I'm Tom.« – »Wos fir a Tom?« – »Schlesinger, Tom Schlesinger, is this Nicht Einsteigen? Then I went too far, need to go to Rosenheimer Platz, I am in a hurry!« – »Mia hom koan Harry do!« – »Is this Nicht Einsteigen?«, Tom gab nicht auf. – »Jo, genau, ›Nicht Einsteigen‹ steht ja drauf!!! Ko ma net lesn bei de Amis? Wieso san Sie denn eingschting?« – »Sorry, I am in a hurry.«

»Nix Harry, mia miasn priafn, ob des a Veastoss gegn die Nutzungsbedingungen der Deutschen Bahn, und zwoar noch Paragraf XY is …«, sprachs, zog das Blatt aus der Schreibmaschine, ließ den weltberühmten Drehbuchlehrer einfach sitzen und verschwand.

Alles in allem dauerte es noch etwa eine Stunde, bis Tom wieder in eine S-Bahn gesetzt wurde, jedoch nicht, bevor ihm noch rasch eine Verwaltungsstrafe von 100 DM aufgebrummt und ihm mit Händen und Füßen die Bedeutung von »Nicht einsteigen« nochmals explizit veranschaulicht wurde.

Mit vier Stunden Verspätung kam Tom am Rosenheimer Platz an. Der Regisseur vom Vormittag hatte Pech, er war natürlich schon gegangen, und Tom konnte diesen Termin auch nicht mehr nachholen. Doch alles hat seinen Sinn im Leben, und eine wundervolle Arbeit mit Caroline Link begann, die beide über einen langen Zeitraum beschäftigte, bis schließlich der Film *Nirgendwo in Afrika* entstand. Der Film wurde mit dem Bayerischen Filmpreis, dem Deutschen Filmpreis in sechs Kategorien, als bester Film, beste Regie, beste Kamera, beste Musik, bester Nebendarsteller und beste Hauptdarstellerin ausgezeichnet. Er bekam eine Nominierung für den Golden Globe und erhielt sogar den Oscar für den besten ausländischen Film 2003. 23 Jahre nach der *Blechtrommel* von Volker Schlöndorff ging ein Oscar wieder an einen deutschen Film. Was für ein Erfolg!

Warum erzähle ich dir diese Geschichte? Nicht, um dir die Bedeutung eines amerikanischen Drehbuchgurus oder Einzelheiten der deutschen Filmgeschichte nahezubringen. Auch nicht, um von den zahlreichen Auszeichnungen, die dieser Film (wie hieß er doch gleich …?) bekommen hat, zu berichten. Und schon gar nicht, um über die Beschriftung von Münchner S-Bahnen zu sprechen. Nein, ich erzähle sie dir, weil ein kleines, denkwürdiges Detail haften bleiben wird: der chaotische amerikanische Drehbuchlehrer, der »Nicht einsteigen« für einen Ortsnamen hielt. Vielleicht wirst du das nächste Mal, wenn du einen Zug mit dem ungewöhnlichen Reiseziel »Nicht einsteigen« siehst, an diese Geschichte denken. Und vielleicht wird es dir, wenn du dich selbst in einem fremden Kulturkreis unsicher fühlst, helfen, diese Verlorenheit zu akzeptieren, dich zu entspannen und womöglich sogar ein wenig zu schmunzeln.

Viel mehr als bloße Fakten lieben Menschen Erzählungen oder Vorträge, die sie berühren und fesseln, die sie mitfühlen lassen. Emotionale Geschichten wecken Interesse, erzeugen Empathie oder regen zum Lachen an. Wir wollen uns mit den Charakteren identifizieren, ihr Freud und Leid teilen und in ihre Welt eintauchen. Das ist der Zauber von Geschichten, Heldenreisen oder neudeutsch »Storytelling«.

Eine Geschichte erzählen, die in Erinnerung bleibt

Die Kunst des Geschichtenerzählens ist ein faszinierendes Handwerk, das die Fähigkeit erfordert, deine Gedanken und Emotionen auf eine Weise zu teilen, die andere berührt. Wie oft haben wir Vorträge und Geschichten gehört, die uns verwirrt zurückgelassen haben, weil sie unklar sind oder voller Fachjargon stecken? Das betrifft sowohl den geschäftlichen als auch den privaten Bereich. Kennst du solche Leute, die zu deiner Tür hereinkommen und dich förmlich mit einem Wasserfall von unzusammenhängenden, doch äußerst aufgebrachten Informationen überfluten? Sie fragen gar nicht erst, wie es dir geht, ob du hören willst, was sie zu sagen haben. Sie überhäufen dich mit Details, ohne dir den Kontext zu erklären. Sie werfen fremde Namen in die Runde, als wären es alte Bekannte. Und du? Du verstehst hier absolut gar nichts!

Gute Geschichten erzählen
Um eine Geschichte zu erzählen, die Emotionen weckt und in Erinnerung bleibt, müssen wir Antworten auf folgende Fragen finden:

1. Zuallererst ist es wichtig, dein »Warum« zu klären! Denn dieses Bewusstsein beeinflusst, wie du deine Botschaft zielgerichtet formen wirst.

   Warum erzählst du diese Geschichte? Willst du unterhalten, motivieren, dich auskotzen oder suchst du nach Anerkennung? Willst du deine:n Partner:in überzeugen? Aufgestaute Gefühle loswerden? Freund:innen unterhalten? Einen Job bekommen? Deine:n Vorgesetzte:n beeindrucken? Geschäftskund:innen gewinnen? Überlege dir dein Warum!

2. Dann beachte dein Gegenüber: Ist das, was du sagen möchtest, für dein Gegenüber relevant? Wer ist deine Zielgruppe? Hat dein Gegenüber Vorwissen zu deinem Thema? Welchen Nutzen kann dein Gegenüber aus deiner Geschichte ziehen; kann es überhaupt einen Nutzen daraus ziehen? Ist dein Gegenüber im gegenwärtigen Moment aufnahmefähig?

3. Des Weiteren spielt der Rahmen eine entscheidende Rolle: Hast du ein informelles Gespräch unter Freund:innen oder eine formelle Präsentation im Beruf? Hast du ein Gegenüber oder mehrere hundert? Kommst du aus einem ähnlichen Hintergrund wie dein Publikum oder kommst du von extern? Und wann teilst du deine Geschichte mit, morgens während einer Sitzung? Oder abends vor dem Dinner?

4. Dann kläre dein »Was«: Was ist die Kernaussage deiner Geschichte? Ganz gleich, ob ein Geschäftsbericht, eine Präsentation, ein Erlebnis, ein Rat oder eine Inspiration, überlade deinen Inhalt nicht mit unzählig vielen Botschaften – mehr als ein bis drei Kernaussagen können Zuhörende nicht aufnehmen. Frage dich, welches Fazit deine Zielgruppe mitnehmen soll.

Der rote Faden oder das strukturelle »Wie«

Nun richten wir unseren Fokus auf das »Wie«: Lass uns gemeinsam untersuchen, welchen Einfluss das strukturelle und das emotionale »Wie« auf deinen Inhalt hat.

Beginne mit einer prägnanten Einleitung, die das Interesse deiner Zuhörer:innen weckt. Führe dann deine Geschichte geschickt zu einem Höhepunkt. Und finde einen klaren und überzeugenden Schluss. Oder du orientierst dich an der Reise des Helden nach Campbell/Vogler, bei der der Protagonist im Mittelpunkt steht und eine Reise unternimmt, Hindernisse überwindet, dabei wächst und sein Ziel schließlich erreicht. Ich werde dir im Folgenden eine grundlegende Struktur vorstellen, die beides verbindet, das klassische Erzählmuster und die Heldenreise. Sie dient dazu, deine Geschichte gut zu organisieren sowie das Interesse deines Publikums zu wecken und aufrechtzuerhalten.

Der Aufbau deiner Geschichte

1. Einleitung
   - Exposition: Stelle die Hauptfigur(en) sowie den Ort und die Zeit, in der die Geschichte spielt, vor. Beschreibe die Grundlagen der zugehörigen Alltagswelt, in der sich die Geschichte entfaltet.
   - Hauptproblem oder Konflikt: Präsentiere das Hauptproblem, den Konflikt oder die Herausforderung, mit der sich die Hauptfigur(en) auseinandersetzen muss/müssen. Dies kann eine Frage oder ein Ziel beziehungsweise ein Hindernis sein, das es zu bewältigen gilt: der Ruf zum Abenteuer.
   - Aufhänger: Schaffe einen fesselnden Aufhänger oder eine spannende Situation, die das Interesse des Publikums weckt und es in die Geschichte zieht. Das kann eine unerwartete Wendung, eine Frage oder ein Kon-

flikt sein: Oft zögert die Hauptfigur, den Ruf zum Abenteuer anzunehmen. Hier taucht dann häufig ein:e Mentor:in auf und ermutigt die Figur, den entscheidenden Schritt zu wagen.

2. Mitte
   - Handlungsentwicklung: Entwickle die Handlung, indem du auf den Hauptkonflikt oder das Hauptproblem eingehst. Zeige, wie die Hauptfigur(en) versucht/versuchen, damit umzugehen und welche Hindernisse oder Herausforderungen auftreten: Das Abenteuer beginnt.
   - Höhepunkte: Füge Spannungsmomente, Hindernisse, Feind:innen, Wende- oder Höhepunkte hinzu, um die Geschichte interessant zu gestalten. Diese Momente können Konflikte verschärfen, Geheimnisse offenbaren oder die Charakterentwicklung vorantreiben.
   - Charakterentwicklung: Zeige, wie sich die Hauptfigur(en) im Laufe der Geschichte verändert/verändern, wie jemand wächst und sich weiterentwickelt.

3. Schluss
   - Auflösung des Konflikts: Löse den Hauptkonflikt oder das Hauptproblem auf eine Weise, die für die Geschichte sinnvoll ist. Dies kann eine Lösung des Problems, eine Antwort auf die Frage oder eine Klärung des Konflikts sein.
   - Abschluss: Schließe die Geschichte ab, indem du die Handlungsfäden zusammenfügst und die Schicksale der Hauptfigur(en) auflöst. Lass das Publikum wissen, wie die Dinge enden oder wie sich die Situation entwickelt.
   - Botschaft oder Lehre: Eine gute Geschichte sollte abschließend eine Botschaft, eine Lehre oder eine Erkenntnis vermitteln.

Damit hast du nun dein Handwerkszeug für eine Struktur, die übrigens immer flexibel ist. Du kannst auch mittendrin beginnen, solange du im Laufe des Erzählens alle weiteren, nötigen Informationen lieferst. Das Wichtigste ist, dass die Geschichte klar und fesselnd präsentiert wird, sodass das Publikum mit ihr mitfühlen und sich darin vertiefen kann.

Die Heldenreise

Archetypische Strukturen, wie sie die Heldenreise anbietet, liegen sehr vielen Büchern und Filmen zugrunde, hier eine kleine Auswahl:

- *Alice im Wunderland*: Die Abenteuer von Alice entsprechen oft der Heldenreisestruktur, da sie eine Welt betritt, die sich von der ihren unterscheidet, und weil sie sich Herausforderungen stellt.
- *Der Zauberer von Oz*: Das Buch und der Film erzählen die Geschichte Dorothys, die in das Land von Oz gerät und auf dem Weg zur Smaragdstadt viele Abenteuer erlebt.
- *Die Eiskönigin – Völlig unverfroren*: Dieser Disney-Film präsentiert die Heldenreise von Anna, die sich auf eine gefährliche Reise begibt, um ihre Schwester Elsa wiederzufinden und ihr Königreich zu retten.
- *Forrest Gump*: Der Film verfolgt das Leben Forrest Gumps, einem Mann mit eingeschränkter Intelligenz, der jedoch durch sein einfaches Gemüt und sein Herz viele außergewöhnliche Abenteuer erlebt.
- *Der Herr der Ringe:* Er zeigt Frodo Beutlins Entwicklung, wie er vom einfachen Hobbit zum Weltretter aufsteigt, indem er zahlreiche Prüfungen besteht und letztlich den einen Ring zerstört, um Mittelerde zu retten.

Nicht nur in den großen Roman- und Filmklassikern findet sich diese Struktur. Auch in der Welt der Cartoon-Unterhaltung hat die Heldenreise ihre Spuren hinterlassen. Micky Maus, ja genau, die Geschichten dieses fröhlichen, ohrenwackelnden Gesellen ist nach der Reise des Helden strukturiert. Wollen wir einen Blick darauf werfen?

Micky lebt in der vertrauten Umgebung von Entenhausen, wo ihn plötzlich ein Ereignis aus seinem Alltag reißt – Minnie Maus ist manchmal in Schwierigkeiten. Zunächst zögert Micky, den Ruf zum Abenteuer anzunehmen. Erst die Ermutigung durch eine weise Figur, wie zum Beispiel Goofy, gibt ihm den nötigen Schubs, sich ins Unbekannte zu wagen.

In dieser neuen Welt begegnet Micky Herausforderungen, löst Rätsel, bekämpft Gegner:innen und gewinnt Verbündete. Diese Erlebnisse lassen ihn über sich hinauswachsen. Seine Reise gipfelt in einer ultimativen Prüfung, die all sein Können fordert.

Dank seiner Entschlossenheit und Intelligenz meistert Micky diese Herausforderung und erntet eine verdiente Belohnung, sei es die Rettung seiner geliebten Minnie oder die Lösung eines großen Problems. Verändert durch seine Erlebnisse kehrt er nach Entenhausen zurück, reifer und weiser, bereit für neue Abenteuer.

Emotionale und mitreißende Geschichten

Geschichten entfalten ihre größte Wirkung, wenn sie Emotionen ansprechen, sei es im privaten oder im beruflichen Kontext. Wenn etwa schlagfertiger, humorvoller oder geistreicher Charme zu deinen Qualitäten zählt, dann zögere nicht, ihn in vollem Umfang während des Erzählens deiner Geschichte einzusetzen! Menschen lieben es, zu lachen, du kannst ihnen keine größere Freude machen, als sie humorvoll zu unterhalten. Und für dich als Vortragenden gibt es nichts Erfüllenderes, als eine Pointe so zu setzen, dass sich der gesamte Raum vor Lachen biegt.

Aber selbst, wenn du dich oder dein Thema nicht als so witzig empfinden solltest, bedeutet das nicht, dass du nicht dennoch etwas Wertvolles zu vermitteln hättest. Dies kann eine Erzählung sein, die dazu dient, andere Menschen zu motivieren, zu ermutigen oder zu stärken. Dabei können Elemente wie Durchhaltevermögen, Mut, Hoffnung und positive Veränderungen eine entscheidende Rolle spielen.

Solche Geschichten haben Kraft, die es uns ermöglicht, dass wir unsere eigene Situation aus einer neuen Perspektive betrachten können, unsere Einstellungen hinterfragen und mit der wir uns ermutigen lassen können, unsere Träume zu verfolgen oder Hindernisse zu überwinden. Diese Art von Geschichten können uns wachrütteln und erinnern, dass wir nicht allein sind, dass andere ähnliche oder sogar noch größere Herausforderungen gemeistert haben und es auch für uns möglich ist, unsere Ziele zu erreichen.

Ich habe einen ganzen Fundus solcher Geschichten. Doch keine Sorge, du musst nicht in Kamerun gelebt oder eine Karriere als Schauspieler:in hingelegt haben, um von inspirierenden Erlebnissen berichten zu können. Wir alle können spannende Geschichten erzählen, der Alltag schreibt die besten davon.

Meine Ziehmutter beispielsweise war ihr Leben lang Lehrerin und hatte eine ungebrochene Leidenschaft für das Unterrichten von Sprachen. Selbst im Ruhestand lehrte sie weiterhin Französisch, Spanisch und Portugiesisch, bis eine ernste Augenerkrankung, eine Makuladegeneration, ihr die Möglichkeit nahm, weiter zu unterrichten. Dies stürzte sie in eine tiefe Depression, da sie plötzlich auf die Hilfe anderer angewiesen war, was sehr schwer für sie war. Anfangs lehnte sie jede Unterstützung ab, sie stürzte oft und verletzte sich. Doch ihre Neugier und ihr unabhängiger Geist hielten sie nicht davon ab, uns in Kamerun zu besuchen, wo sie trotz ihrer Einschränkungen mutig über die holprigen Dorfpfade schritt.

Über die Zeit und nach Jahren des Ringens begann sie allmählich, ihre Situation zu akzeptieren. Sie entdeckte ihr Vergnügen an Hörbüchern, ließ sich zudem wieder ins gesellschaftliche Leben einbinden und reiste sogar nach Brasilien, Deutschland, Schweden und Martinique. Ihre Reisen und die Offenheit der Menschen, besonders in Kamerun, wo das Alter hoch geschätzt wird, halfen ihr, ihre neuen Grenzen zu akzeptieren und angebotene Hilfe anzunehmen.

Heute, mit 86 Jahren, bleibt sie eine faszinierende Persönlichkeit, politisch informiert, weltweit vernetzt und noch immer ein Quell der Freude für alle, die sie kennen. Ihre Geschichte ist ein lebendiges Beispiel dafür, wie man Widerstandsfähigkeit entwickelt und in Würde altert.

Wie findest du diese Geschichte? Ich finde sie sehr, sehr ermutigend! Und nun überlege selbst einmal: Du hast sicher auch schon eine Menge erlebt und viel zu erzählen!

Das Leben zu akzeptieren, so wie es ist, ist die zentrale Botschaft dieser Geschichte. Sie erinnert uns daran, dass wir trotz widriger Umstände, Verluste oder äußerer Einschränkungen die Möglichkeit haben, unser Leben auf neue Weisen zu bereichern und andere zu inspirieren. Ich möchte dir damit in erster Linie zeigen, wie du das Besondere im Alltäglichen erkennen kannst. Viele Menschen haben so oft das Gefühl, ihr Leben sei völlig gewöhnlich, ja, geradezu langweilig. Aber das stimmt nicht – meistens ist unser Leben aufregend, besonders, einzigartig und bietet Stoff für zahlreiche Geschichten!

Geschichten aus deinem Alltag

Probiere es aus! Nimm ein ganz normales Erlebnis aus deinem Leben, beispielsweise hast du deinen Schlüssel verloren, dich verlaufen, ein Streit in der Nachbarschaft oder Ärger im Büro gehabt … daraus gestaltest du nun eine Geschichte mit einer spannenden Einleitung, einer fesselnden Mitte und einem überraschenden Schluss. Und dabei darfst du durchaus ein wenig kreativ und unterhaltsam sein. Erzähl dir die Geschichte zuerst in deinem Kopf, dann jemandem, dem du vertraust. Schmücke sie aus und trage sie in die Welt hinaus.

Unser aller Leben besteht aus diesen kleinen Erlebnissen. Der einzige Unterschied besteht nur darin, dass einige von uns in der Lage sind, sie zu erzählen, andere hingegen nicht. Aber diese Fähigkeit kannst du mit Spaß und Übung entwickeln. Glaube an das Potenzial, das in dir steckt, erkenne die Magie des Alltags und verwandle beides in inspirierende Erzählungen. Dann wirst du plötzlich aus den alltäglichen Erlebnissen deines Lebens universelle Geschichten formen können.

Wie sogar eine Geschäftspräsentation durch eine bewegende Geschichte aufgewertet und nahbarer werden kann, möchte ich dir nun anhand eines Erlebnisses nahebringen: Mein Telefon läutet, dann werde ich von einer wohlklingenden Damenstimme mit dem CEO eines großen deutschen Konzerns verbunden. Er erklärt mir in knappen Worten ruhig und bestimmt, dass ihm geraten worden sei, sich an mich zu wenden, ich sei der perfekte Coach, um seine Präsentationen auf ein neues Level zu bringen. Also vereinbaren wir einen Termin, treffen uns in einem imposanten Bürogebäude, wo ich einen Raum zugewiesen bekomme, in dem ich mir eine Reihe von Vorträgen, die er im Laufe des letzten Jahres gehalten hatte, ansehe. Alles wohlgeschliffene, rhetorisch ausgefeilte und souveräne Reden. Doch trotz makelloser Struktur und ausgeklügelter Botschaften wirken sie todlangweilig. Die Präsentationen bestehen aus einer endlosen Abfolge von Zahlen, Daten, Fakten, Excel-Tabellen, Botschaften, manchmal auch Visionen. Ich habe Mühe, mich zu konzentrieren, beobachte die Zuschauerreihen im Video, die verdächtig still vor sich hinvegetieren, sodass ich mich frage, wie ich diesem erfahrenen und erfolgreichen Geschäftsmann überzeugend und doch nachvollziehbar meine ehrliche Meinung vermitteln kann. Es ist schon längst nach Feierabend, als er endlich Zeit für mein Feedback hat. »Perfekt, aber fad«, rutscht es unumwunden aus meinem Mund. Er zuckt irritiert mit den Mundwinkeln. So direkt hat er meine Antwort nicht erwartet. Dann merkt er an, in leicht abschätzigem Unterton: »Ich habe keine Zeit, den Kaspar zu spielen.« Also erkläre ich ihm, dass es keineswegs darum geht, eine Show abzuziehen. Wir beginnen ein Gespräch. Und zaghaft, vorsichtig, Stück um Stück bricht die Distanz zwischen uns. Ich befrage ihn über sein Leben, möchte wissen, wie er dort hingelangt ist, wo er heute steht. Wie er sich fühlt, wenn er nicht arbeitet, wie sein Leben aussieht, seine Freizeit. Er erzählt und erzählt und irgendwann bestellen wir Pizza. Dann machen wir uns an die Arbeit.

Nach einigen intensiven Stunden ist sein Vortrag transformiert. In der bekannten Struktur seiner Präsentation findet nun seine persönliche Geschichte Platz: Wie er einst eine vielversprechende Karriere in einem gefährlichen Leistungssport in Aussicht hatte, wie internationaler Ruhm und lukrative Sponsorenverträge greifbar schienen, bis ein schrecklicher Unfall alles zunichtemachte. All die Jahre, die er und auch seine Eltern für seine Sportkarriere geopfert hatten, vergebens! Alles war weg, von einem Moment auf den anderen. Alle Ersparnisse waren aufgebraucht. Er stand vor dem Nichts. Doch eine zündende Idee, sein visionärer Geist und seine Abenteuerlust ließen ihn einen mutigen Schritt gehen. »Ich hatte nichts mehr zu verlieren«, erzählt er mir. So gründete er eine Firma, die recht schnell erfolgreich war. Später gliederte er andere Unternehmungen darin ein, und so ging es weiter bis zum heutigen Tag. Was für eine Geschichte!

Die Geschäftspräsentation dieses Mannes erhielt eine beeindruckende menschliche Note, indem er von Vision, Mut und Durchhaltevermögen sprach – alles Qualitäten, die für ihn als CEO entscheidend sind, um sein Unternehmen durch Höhen und Tiefen zu führen. Es war eindrucksvoll zu beobachten, wie er sein Publikum plötzlich begeisterte und dadurch selbst viel mehr Freude an seinen Auftritten empfand.

Das emotionale »Wie« des Geschichtenerzählens

- Halte es einfach und vermeide komplizierte Fachbegriffe oder verschachtelte Sätze. Das, was du sagst, sollte für deine Zuhörenden verständlich sein. Nimm dir Zeit, vor allem auch für Pausen, und hetze dich nicht durch den Ablauf, variiere mit deinem Tempo.
- Nutze lebendige Charaktere, die Emotionen und Reaktionen rüberbringen: Erzählst du von Menschen, beschreibe sie greifbar und menschlich, sodass man sich als Zuhörer:in mit ihnen identifizieren kann.
- Lass Spannung entstehen, indem du unerwartete Wendungen und interaktive Elemente einbaust. Damit weckst und hältst du das Interesse deiner Zuhörer:innen.

- Deine Zuhörenden wollen unterhalten werden, sie möchten in deine Geschichte wie in einen Sog hineingezogen werden und etwas mitnehmen können. Nutze gerne Botschaften! Bloß auf eine Moralpredigt solltest du verzichten.
- Lasse am Ende Raum für Interpretation, damit dein Gegenüber eigene Gedanken entwickeln kann. Wenn deine Geschichte deine Zuhörenden berührt, sind sie eher geneigt, die zugrunde liegende Botschaft zu erkennen.
- Nutze die Kraft der Emotionen, denn Emotionen sind der Herzschlag jeder Mitteilung.
- Lass deine Zuhörenden mit den Charakteren, mit den Themen und Herausforderungen mitleben, mitfiebern, mitleiden oder sich mit ihnen freuen.
- Deine Leidenschaft ist der entscheidendste Faktor, um dein Publikum zu gewinnen. Wenn du selbst von der Geschichte berührt oder begeistert bist, wird sich deine Stimmung auf die Zuhörenden übertragen – deine Begeisterung, deine Wut, dein Schmerz, deine Empathie oder dein Lachen. Dann wird dein Publikum dir an den Lippen hängen.

Frei sprechen

Erinnerst du dich noch daran, wie ich in Kapitel 4 »Die Angst, im Mittelpunkt zu stehen« beschrieben habe, wie leicht es passieren kann, dass wir – unsicher, aber akribisch – unsere Gedanken zu einem Thema häufig im Kopf so lange formen, anpassen und uns zurechtlegen, bevor wir sie aussprechen, bis ... ups ... die Gelegenheit verstrichen ist? Plötzlich eignen sich die mühsam und aufwendig zurechtgelegten Worte nicht mehr. Das Thema ist abgehandelt, aber unser Input fehlt.

Daher will ich dich jetzt erneut herzlich dazu ermutigen, deine Gedanken so oft es geht auszusprechen, selbst wenn sie noch nicht bis zum endgültigen Ergebnis durchdacht sind. Teile deinen Gedankenprozess mit anderen und lasse sie an der Entwicklung deiner Ideen teilhaben.

Heinrich von Kleist argumentierte in seinem Aufsatz »Über die allmähliche Verfertigung der Gedanken beim Reden«, dass Gedanken sich oft erst beim Sprechen vollständig entwickelten.[19] Er beschreibt darin, wie das Sprechen mit seiner Schwester ihm half, seine Gedanken klarer zu formulieren, als wenn er allein darüber nachgedacht hätte. Kleist sah in der Kommunikation mit anderen eine effektive Methode, um Gedanken zu präzisieren. Er betonte, dass spontane, authentische Äußerungen oft überzeugender seien als vorbereitete Reden. Auch das freie Formulieren von Gedanken im Gespräch wirke natürlicher und sei wirkungsvoller als das Aufsagen einstudierter Phrasen.

Ich finde, seine Einsichten zeigen uns, dass ehrliche und leidenschaftliche Kommunikation wichtiger ist als die perfekte Wortwahl. Es lohnt sich, freies Sprechen zu üben und zu trainieren. Das kannst du in einem sicheren Rahmen ausprobieren, zuerst mit kurzen, spontanen Wortmeldungen, später auch mit längeren Geschichten. Ich bin überzeugt davon, dass du jedes Mal souveräner, überzeugender und mit mehr Freude und Kreativität beim Entwickeln deiner »lauten« Gedanken sein wirst. Solltest du dich wohler dabei fühlen, wenn du nicht völlig frei sprechen musst, notiere dir Stichworte auf einen Zettel, der in deinem Blickfeld liegt.

Also: Lerne nicht deinen Inhalt auswendig, sondern beherrsche die Struktur. Sprich frei, mit den Wörtern, die dir gerade und spontan aus dem Mund kommen, sie sind die richtigen in diesem Moment. Denke daran, dass selbst erfahrene Redner nicht immer alles auswendig lernen. Während Barack Obama dafür bekannt ist, seine Reden sehr präzise auswendig gelernt und stundenlang trainiert zu haben, sagte man Steve Jobs nach, dass er sich nur Stichworte notierte und frei sprach. Die Fähigkeit, frei und spontan zu sprechen, ist äußerst wertvoll, da sie Authentizität und Flexibilität in der Kommunikation ermöglicht und du persönlicher und als Mensch nahbarer wirkst. Je öfter du dich dieser Herausforderung stellst, desto sicherer und geschickter wirst du darin. Viel Spaß beim Ausprobieren!

Kurze Checkliste zum freien Sprechen

- Lerne den Anfang und den Schluss auswendig
- Verwende maximal drei Botschaften
- Trainiere den Mittelteil mit Stichworten und Assoziationen, die dich von einem Punkt zum nächsten bringen
- Freies Sprechen wird leicht, sobald es zur Gewohnheit wird. :-)

Wie witzige Weisheiten wirklich wirken oder der Spaß mit dem Witz

Der Anfang beziehungsweise Einstieg in eine Geschichte ist entscheidend für das Gelingen eines Vortrags. Genauso wie Menschen innerhalb weniger Sekunden entscheiden, ob ihnen jemand sympathisch oder unsympathisch, ob jemand Freund:in oder Feind:in ist, entscheiden wir innerhalb der ersten Sekunden, ob es uns jemand wert ist, ihm oder ihr unsere Aufmerksamkeit zu schenken oder nicht. Das hat sehr, sehr viel mit Körpersprache zu tun, worüber du gleich im nächsten Kapitel noch mehr erfahren wirst. Aber mindestens genauso viel hat es auch mit den passenden Worten zu tun.

Eine Kundin von mir, sie ist Dozentin, hatte vor einer großen Gruppe von Student:innen immer Startschwierigkeiten. Die ersten zehn Minuten ihres Referats waren für sie der reinste Albtraum: Ihr Hals wurde rot, ihre Hände zitterten und ihre Stimme bebte, als ob sie auf einem Wackelbrett stünde. Sobald sie sich in Schwung geredet hatte, lief es. Um ihr zu helfen und dieses »Warm-up« zu verkürzen, schlug ich vor, mit einem Witz zu starten, um sofort die Anspannung zu lösen, bevor sie in ihr Thema einstieg. Die Idee, ihre Student:innen zunächst durch herzhaftes Lachen in eine offene und entspannte Stimmung versetzen zu können, gefiel ihr. Und so erinnerte sie sich an eine Anekdote aus ihrer eigenen Studienzeit, wo sie während einer langweiligen Vorlesung eingenickt war und erst wieder aufgewacht war, als ihr Nachbar beim Rausgehen versehentlich an ihren Stuhl gestoßen war. In der Folge plumpsten alle ihre Notizen inklusive sie selber lautstark auf den Boden, was schallendes Gelächter auslöste.

Aus dem Witz, den ich ihr vorgeschlagen hatte, zu erzählen, wurde also eine lustige persönliche Geschichte, die ihr fortan den Einstieg erleichterte. Sie würzte sie mit Details, machte sie lebendiger, verlängerte sie und spielte sie oft sogar nach, indem sie sich schlaftrunken vom Stuhl rempeln ließ. Und voilà, sofort hatte sie alle Sympathien der Student:innen auf ihrer Seite und so gelang es ihr quasi von Anfang an, in den nötigen Schwung für ihr ganzes Referat zu kommen.

Das Erzählen von Witzen oder persönlichen Anekdoten ist eine großartige Möglichkeit, um das Geschichtenerzählen und die eigene Fähigkeit zur Unterhaltung zu üben. Witze haben oft eine klare Struktur und liefern eine Pointe, was sie zu kleinen, besonderen Geschichten macht.

Gekonnt Witze erzählen

Beim Erzählen von Witzen kannst du sehr viel lernen, was dir für das Erzählen im Allgemeinen helfen kann:

1. Spannungsaufbau: Witze bauen Spannung auf, indem sie die Zuhörenden neugierig darauf machen, wie die Geschichte enden wird. Dies ist eine wichtige Technik im Geschichtenerzählen.
2. Pointe: Die Pointe in einem Witz ist der Höhepunkt der Geschichte, der die Lacher bringt. Probiere verschiedene Varianten aus, wie du mit der Pointe wirklich überraschst!
3. Timing: Witze erfordern ein gutes Timing, um die Pointe effektiv zu setzen. Damit kannst du auch ein besseres Gespür für das Erzählen von Geschichten entwickeln.
4. Präsentation: Das Erzählen von Witzen erfordert oft eine überzeugende Präsentation, einschließlich Mimik, Gestik und Körpersprache. Du darfst übertreiben und Spaß ha-

ben. Das gilt ebenso fürs Geschichtenerzählen und manchmal sogar bei Präsentationen.

5. Publikumsreaktion: Das Erzählen von Witzen ermöglicht es dir, eine spontane Reaktion von deinen Zuhörenden zu bekommen. Achte und reagiere darauf: Wann hören sie gespannt zu, wo verlierst du sie, wann lachen sie?
6. Kreativität: Das Finden und Erzählen von Witzen erfordert Kreativität und die Fähigkeit, unerwartete Wendungen in Geschichten einzubauen.

Hast du einen Lieblingswitz?

… dann kommt hier eine Herausforderung für dich: Erzähle diesen Witz so oft du kannst, und zwar immer und überall – bei jeder Gelegenheit! Stell dir vor, du sitzt in einem Café und plötzlich bietet sich die perfekte Gelegenheit, deinen Lieblingswitz zu erzählen. Du beginnst, die Stimmung aufzulockern, ziehst die Aufmerksamkeit deiner Freund:innen oder des Publikums auf dich und hältst sie in deinem Bann, während du auf die lachende Reaktion wartest.

Aber hier ist der Clou: Das Üben von Witzen ist nicht nur lustig, sondern, wie bereits erwähnt, eine ausgezeichnete Möglichkeit, deine Fähigkeiten im Geschichtenerzählen zu schärfen. Du lernst, wie man die Elemente von Überraschung, Humor und Timing in eine Geschichte einfließen lässt, was deine Erzählkunst auf ein neues Level hebt. Also, fang an zu erzählen und erlebe, wie deine Fähigkeiten im Geschichtenerzählen von Witz zu Witz wachsen werden!

Die eigentliche Kunst des erfolgreichen Geschichtenerzählens ist es, dir selbst so wichtig zu sein, dass du im Alltag deine Geschichten findest und sie bei passenden Gelegenheiten erzählst. Gib deiner Wahrnehmung Raum, damit sie sich weiterentwickeln und dich inspirieren kann. Geh mit offenen Augen durch die Welt. Du wirst sehen, reichlich Erzählenswertes wird dir begegnen. Schreib deine Erlebnisse auf und erzähle sie – im privaten Umfeld als Übung oder eben auf der großen Bühne. Je öfter du Geschichten erzählst, desto besser wirst du darin. Sei geduldig mit dir selbst und erkenne kleine Fortschritte an.

Die Heldenreise und das Geschichtenerzählen sind nicht nur faszinierende narrative Konzepte, sondern bieten auch tiefe Einsichten in die menschliche Erfahrung und die Suche nach Identität. Ähnlich wie der/die Held:in in der Heldenreise durchläuft jede:r von uns im eigenen Leben eine Transformation, bei der wir uns selbst besser kennenlernen und weiterentwickeln.

Unsere Lebensgeschichte ist eine fortlaufende Erzählung, geprägt von unseren Erfahrungen, Entscheidungen und Herausforderungen. Das Geschichtenerzählen hilft uns, unsere eigenen Erlebnisse zu reflektieren und sie anderen verständlich zu machen. Es ermöglicht uns, unsere Identität zu definieren und zu teilen, wer wir sind, was uns bewegt und wohin unsere Reise uns führen soll.

Ob in persönlichen Gesprächen, beruflichen Präsentationen, oder beim Austausch mit Freund:innen und Familie – wir nutzen das Geschichtenerzählen, um uns besser zu verstehen und Verbindungen zu anderen herzustellen. In diesem Sinne ist das Erzählen von Geschichten nicht nur hilfreich, um unsere eigene Identität zu formen, sondern auch, um unsere Lebenserfahrungen mit anderen zu teilen. Dadurch können wir Gemeinsamkeiten entdecken und uns als Teil einer größeren menschlichen Erzählung fühlen.

Deshalb: Worauf wartest du? Erzähle deine Geschichte! Sie ist ein wertvoller Beitrag zur Vielfalt unseres gemeinsamen Erlebens und eine Quelle der Inspiration für uns alle.

Kapitel 9 Körpersprache und Stimme: Viel mehr als Worte allein

Der Händedruck als Spiegel deiner Persönlichkeit

Kennst du das auch? Du reichst jemandem die Hand und denkst im Stillen: »Oh, das fühlt sich nicht gut an.« Vielleicht kannst du nicht genau erklären, warum das so ist, jedoch bleibt ein unangenehmes Gefühl bestehen. Oder deine Finger schmerzen, weil sie viel zu fest gedrückt wurden? Oder die Berührung fühlt sich vielleicht einfach richtig an und du denkst: »Wow, was für eine herzliche Begegnung!«

Ein angemessener Händedruck, der zu deinem Charakter passt, begleitet von einem kurzen, offenen Augenkontakt, kann dir die Tür zu einer neuen zwischenmenschlichen Beziehung öffnen, unabhängig vom Geschlecht des Gegenübers. Du spürst einfach, dass es passt, mit der Hand – und mit dem Menschen, der dranhängt.

Im täglichen Leben kann dein Händedruck innere Unsicherheit oder Selbstbewusstsein offenbaren. Diese erste Berührung, die du mit einer anderen Person austauschst, prägt entscheidend euren ersten Eindruck voneinander. Es lohnt sich also, dem Händedruck etwas Aufmerksamkeit zu widmen, denn er ist ein wesentlicher Aspekt unserer Körpersprache und viel mehr als »nur« eine momentane Berührung zweier Hautflächen – er ist ein Spiegel deiner Persönlichkeit. Das Händeschütteln, tief verwurzelt in der westlichen Kultur, ist weit mehr als eine einfache Geste; es legt den Grundstein für kommende Interaktionen und zeigt die Bereitschaft, sich auf andere einzulassen. In Europa ist die Tradition des Händeschüttelns uralt und geht sogar zurück auf die Antike. Der Ursprung des Handschlags entstand als eine Geste des Friedens. Wer die Hand eines anderen nahm, zeigte, so nimmt man heute an, dass er in seiner eigenen Hand keine Waffe trug. Durch das Schütteln wurde wohl sichergestellt, dass das Gegenüber auch nichts im Ärmel versteckt hielt.

Stell dir vor, du reichst jemandem die Hand, und dann spürst du in einem winzigen Augenblick, dass die Sympathie zwischen dir und deinem Gegenüber nicht vorhanden ist. Dieses Gefühl kann besonders unangenehm sein, wenn es um eine Person geht, zu der du eigentlich eine Verbindung aufbauen müsstest, zum Beispiel in einem Bewerbungsgespräch. Trotzdem passiert es: Der Funke springt nicht über. In solchen Momenten nützt es wenig, Dinge schönzureden, der Zug scheint bereits abgefahren. Dein Bauchgefühl schreit förmlich: »Stopp!!!« oder »Vorsicht, hier ist jemand überheblich!« oder »Achtung, diese Person wirkt unnahbar« oder »Halt, diese Person versucht, dich kleinzumachen!«

Oft versucht unser Verstand, diese Information an einen Ort zu verschieben, der für ihn im Moment bequemer ist – in die Tiefen unseres Unterbewusstseins. Er »überschreibt« quasi unser Bauchgefühl. Schließlich *müssen* wir mit unserem Gegenüber zurechtkommen und können uns nicht einfach umdrehen und weglaufen, nur weil uns der Händedruck nicht gefällt. Also lassen wir unseren Verstand gewähren. Im Nachhinein realisieren wir manchmal, dass wir hieraus die negativen Konsequenzen tragen müssen, weil wir kopfgesteuert und blind Beziehungen eingegangen sind, ohne auf diese innere Warnung geachtet zu haben.

Über die Wahrnehmung des Händedrucks anderer kann man das eigene Händeschütteln hinterfragen. Mir erzählt ein Händedruck oft eine ganze Geschichte über einen Menschen, wenn ich mich hingebe und die »Sprache« des Händedrucks zu verstehen suche. Da gibt es diesen autoritären, überfesten, Knochenbrecher-Händedruck, wofür Donald Trump bekannt ist. Egal, wer ihm die Hand gibt, er wird kleingemacht, und von der Person bleibt nichts als ein devotes Lächeln übrig. Manchmal, kaum merklich, zieht Trump auch die andere Person zu sich heran, ob sie das will oder nicht.

Ein zu fester Händedruck ist eine aggressive Geste und offenbart gleichzeitig auch, dass die Person es nötig hat, Macht zu demonstrieren. So etwas ist richtig unangenehm und du möchtest fast aufschreien, weil deine Hand schmerzt – und wehe, wenn sogar noch ein Ring an deinem Finger steckt! Kennst du auch jemanden, der dir so die Hand gibt? Vorsicht, das ist definitiv kein sensibler Mensch! Er demonstriert mit dem Druck seinen Hochstatus und will dich (wenn auch unbewusst) unterwerfen.

Es gibt ebenso Händeschüttler, die dein Handgelenk verdrehen. Du gibst ihnen die Hand und sie drehen sie sofort so, dass ihre Hand oben ist und deine unten. Ob da viel Machogehabe dahintersteckt? Was meinst du? Diese Geste gilt übrigens auch umgekehrt: Jemand dreht seine Hand so, dass die eigene unten ist, und hinterlässt damit einen devoten, hilflosen Eindruck.

Kommt jemand mit ausgestrecktem Arm auf dich zu, um dir die Hand zu schütteln, und behält den Arm ausgestreckt, signalisiert die Person dir damit, dass sie dich auf Abstand halten möchte: »Komm mir nicht zu nahe! Bleib, wo du bist!« Das Gegenüber fühlt sich abgestoßen. Das mag nun zwar auch nicht sonderlich sympathisch sein, aber der dahinterliegende, sehr unsichere Mensch ist deutlich zu spüren, wenn du über die Zeit eine Sensibilität dafür entwickelt hast.

Manchmal begegnet dir auch die »Toter Fisch«-Hand. Da fühlst du eine schlaffe, matte, fast unbewegliche Hand in der deinen und wagst kaum, sie zu drücken. Niemals kann dir diese Person das Gefühl geben, sich voll Kraft, Energie und Leidenschaft für dich, dein Unternehmen oder auch eigene Ideen einzusetzen. Du spürst wenig Energie und einen Hang zur Passivität. Das sind keine guten Voraussetzungen für eine gelingende Beziehung.

Es kommt zuweilen auch vor, dass jemand beim Händedruck noch gönnerhaft seine andere Hand über deine legt. Das ist ebenso nicht angenehm und irgendwie aus der Zeit gefallen. Streichelbewegungen mit dem Daumen sind ebenfalls eklig – zumindest dann, wenn du jemand zum ersten Mal siehst. In einer langjährigen, vertrauten Beziehung kann es ja durchaus ein Zeichen für »mehr« sein.

Manche Menschen reichen dir gerade mal ihre Fingerspitzen. Das drückt nicht gerade Souveränität und Selbstbewusstsein, sondern Unsicherheit und Distanz aus, egal welche Diplome diese Person mitbringt.

Dann gibt es noch die hohle Hand. Es fühlt sich ganz seltsam an, wenn sich die Handinnenflächen nicht berühren. Diese zeugt zudem wieder von einem Menschen, der vieles zurückhalten möchte und keine Berührung verträgt.

Kennst du noch weitere, seltsame Arten, sich die Hände zu drücken? Achte einmal darauf, welche Arten von Händedruck dir in den kommenden Tagen und Wochen begegnen werden und was du daraus bereits alles »lesen« kannst. Nachstehend bekommst du noch meine Tipps für einen Händedruck, mit dem du einen guten Eindruck machst – im wahrsten Sinne des Wortes.

Ein typischer und guter Händedruck dauert etwa drei Sekunden und erfordert kein langes Auf- und Abschütteln. Währenddessen sollten sich die Innenflächen der Hände kurz in ihrer ganzen Länge berühren. Der Arm ist dabei nicht durchgestreckt, sondern leicht angewinkelt. Beide Hände begegnen sich waagrecht. Der Druck der Hände sollte deutlich und spürbar sein, sodass beide Seiten die Berührung wahrnehmen.

Ein besonders wichtiger Aspekt ist der kurze Augenkontakt. Das mag auf den ersten Blick logisch erscheinen, ist jedoch nicht immer selbstverständlich. Ich habe über einen längeren Zeitraum mit einem Geschäftsführer eines mittelständischen Unternehmens an seinen Präsentationsfähigkeiten gearbeitet. Es dauerte eine Weile, bis wir feststellten, dass sein größtes Hindernis der Einstieg in jede Präsentation war. Während unserer Proben war er souverän, locker, pointiert und präzise in seiner Darstellung, doch bei öffentlichen Präsentationen zappelte er von einem Bein aufs andere, verhedderte sich in Wortwiederholungen und konnte keine Verbindung zum Publikum herstellen. Lampenfieber allein schien zwar eine, aber nicht die einzige Ursache zu sein. Also versuchten wir, gemeinsam den Grund für diese wiederkehrenden Misserfolge zu identifizieren. So begleitete ich ihn nicht nur zu seinen Vorträgen, sondern beobachtete ihn von dem Moment an, in dem er den Saal betrat. Mir fiel auf, dass er den vielen fremden Menschen, denen er vorgestellt wurde, zwar die Hand gab, ihnen dabei aber kaum in die Augen schaute. Sein Blick schweifte an ihnen vorbei, irgendwo ins Nirgendwo hinein. Er schien verloren und nicht im Moment zu sein. Es war nicht verwunderlich, dass seine Vorträge nicht funktionierten. Er schaffte es nicht, beim ersten Kontakt eine Verbindung zu seinem Gegenüber herzustellen. Wie sollte es dann auf der Bühne klappen?

Ich teilte meine Beobachtung mit ihm und er gestand mir, dass ihm diese Menschenansammlungen unangenehm seien. »Verständlich«, sagte ich, erklärte ihm jedoch, dass ein kurzer Blickkontakt ein bedeutender Moment sei im gegenseitigen Vertrauensaufbau, vergleichbar mit einem Händedruck. Eine stille Übereinkunft des Wohlwollens. Ein kurzer Blick in die Seele des anderen. »Die Augen sind das Fenster zur Präsenz«, erklärte ich, und weiter: »Sie signalisieren ›Hier bin ich, ganz bei dir!‹ – das ist der Anfang einer kraftvollen Kommunikation, die du dann in deinen Vortrag mitnehmen kannst!«

Wir arbeiteten mit unterschiedlichen auf ihn abgestimmten Methoden daran, seine Barriere zu überwinden, damit er den Menschen, denen er begegnete, offen und klar in die Augen schauen konnte. Obwohl er noch immer keine Begeisterung für solche Veranstaltungen hegt, tritt er nun gestärkt auf und hält seine Vorträge locker und mit voller Zuwendung für sein Publikum.

Zurück zum Thema eines gelungenen Händedrucks: Es ist also nicht nur wichtig, dass die gesamte Innenfläche deiner Hand die deines Gegenübers berührt, sondern ebenso bedeutend ist, dass ihr euch dabei kurz in die Augen schaut. Damit gibst du deinem Gegenüber das Gefühl, dass du ihn für einen Moment wirklich wahrnimmst. Wenn beides synchron stattfindet– Blick und Händedruck –, kann Energie fließen und ein Anfang für geschäftliche oder persönliche Beziehungen ist gelegt!

Der Moment des Händereichens

Beobachte, wie Menschen sich die Hände reichen. Kannst du den Händedruck eines anderen Menschen beschreiben? Erkennst du, welche Gefühle du allein beim Beobachten entwickelst? Schau genauer hin und erspüre, welche Geschichten dir ein Händedruck erzählen kann. Eventuell kannst du auch etwas über den Charakter eines Menschen durch seinen Händedruck erahnen? Und was, denkst du, erzählt dein eigener Händedruck über dich? Dein Händedruck ist sicherlich nicht immer gleich, er reflektiert die Stimmung, in der du dich gerade befindest. Lass diese Variationen zu, sie spiegeln die unbewussten Nuancen deiner Persönlichkeit.

Wichtig ist, dass du dir bewusst machst: Wir Menschen bewerten innerhalb von Millisekunden. Deshalb ist gerade dieser allererste Moment einer Kontaktaufnahme essenziell und lässt sich vor allem nicht mehr rückgängig machen. Körpersprache neigt dazu, unsere wahren Gefühle zu verraten, ganz im Gegensatz zu unseren Worten, die leichter für uns zu kontrollieren sind.

Ein fester Stand ist wichtig

Selbstbewusst und präsent zu sein, ist von entscheidender Bedeutung bei all unseren Handlungen und Interaktionen. Ob du einem Kunden begegnest, Gespräche mit Mitarbeitenden führst, innerhalb deiner Familie diskutierst oder eine Präsentation hältst – ein sicherer Stand verleiht dir die Kraft, Kompetenz zu vermitteln. Dadurch fühlt sich dein Gegenüber nicht nur angesprochen, sondern auch inspiriert von deiner überzeugenden Ausstrahlung.

Eine Übung für mehr Standhaftigkeit

Stell dich aufrecht hin, die Beine hüftbreit, Knie leicht gebeugt, Füße etwas nach außen, und atme tief in den Bauch hinein. Beuge dich langsam nach vorn über, so weit, wie es dir gerade noch angenehm ist. Lass deinen Kopf baumeln, bleib bei deinem ruhigen Atem. Dann richte dich Wirbel für Wirbel ganz langsam wieder auf. Zuletzt richtest du den Kopf wieder auf. Stehe nun in stabiler Haltung, deine Arme hängen locker neben deinem Körper, dein Kopf ist gerade, die Schultern sind unten und entspannt, der Rücken ist gerade, das Becken ist leicht nach vorn geschoben, sodass kein Hohlkreuz entsteht. Bleib noch etwa eine Minute in dieser Haltung stehen, verwurzle dich gedanklich mit dem Boden und atme tief weiter.

Merkst du, wie du nun fester und stabiler als vorher auf dem Boden stehst?

Integriere diese Übung regelmäßig in deinen Alltag, um nicht nur von den physischen Vorteilen zu profitieren, sondern um ebenso dein psychisches Gleichgewicht zu stärken. Ein fester Stand ist unerlässlich, um überzeugend zu handeln – egal ob du beruflich oder privat auftrittst. Du kennst sicherlich den Ausdruck, den wir oft für Menschen oder Argumente verwenden: »Sie stehen auf wackeligen Füßen.« Mit dieser Übung kannst du vielleicht eine wackelige Argumentation nicht retten, aber sie hilft definitiv dabei, mit beiden Beinen im Leben zu stehen, auch wenn eine Diskussion mal ins Schwanken gerät.

Geschlossene und offene Körperhaltung

Geht es dir auch so, dass du manchmal Menschen gegenübersitzt und das Gefühl hast, einfach nicht an sie ranzukommen? Andere wiederum strahlen dir eine solche Offenheit entgegen, dass du schon bei der Begrüßung (und nach dem Händedruck) den Eindruck hast, du würdest diese Person schon lange kennen? Lass uns schauen, woran das liegt.

Wir betrachten zunächst den Unterschied zwischen einer offenen und einer geschlossenen Körperhaltung. Probiere dies am besten während des Lesens gleich aus!

Eine offene Körperhaltung ist gekennzeichnet durch das Freilegen und Öffnen der Körpermitte. Dabei sind die Arme möglichst geöffnet und/oder liegen nicht vor dem Körper gekreuzt. Die Beine können parallel stehen oder leicht auseinander, ohne dass die Knie zusammengepresst sind. Der Gesichtsausdruck ist entspannt und freundlich. Die Augen offen und aufmerksam, es wird oft ein herzliches Lächeln gezeigt. Die Schultern sind entspannt und nach unten gerichtet, nicht nach vorn oder oben gezogen. Die Gestik ist offen, die Handbewegungen eher nach außen und die Handinnenflächen zeigen immer mal wieder nach oben. Die Körperausrichtung ist eher frontal. Diese offene Person neigt dazu, sich dem Gesprächspartner oder der Gruppe zu- statt abzuwenden. Beim Gehen ist der Körper aufrecht und gerade, die Arme hängen frei an den Seiten herab, der Blick ist wach und nach vorn gerichtet.

Eine solch offene Körperhaltung vermittelt eine positive Einstellung, Selbstvertrauen und signalisiert Bereitschaft zur Interaktion und Zugänglichkeit. Menschen mit offener Körperhaltung werden oft als ungezwungen, kooperativ, vertrauensvoll und sympathisch wahrgenommen.

Im Gegensatz dazu ist eine geschlossene Körperhaltung dadurch gekennzeichnet, dass der Körper eher geschützt oder abgeschirmt wird. Die Arme können vor dem Körper gekreuzt und die Hände teilweise vor dem Gesicht, vor allem vor dem Mund sein, und die Beine eng zusammenstehen. Die Füße sind nach innen gekehrt. Der Körper bildet eine Barriere. Der Gesichtsausdruck kann ernst, verschlossen oder distanziert sein. Blickkontakt wird eher vermieden. Die Schultern können als Schutzhaltung nach vorn oder oben gezogen sein. Die Gestik ist minimal, die Handinnenflächen zeigen nach unten oder sind verdeckt. Die Person stellt sich seitlich oder abgewandt von anderen Menschen statt frontal ihnen gegenüber. Die Fußstellung und damit auch der Gang sind häufig etwas einwärts ausgerichtet, der Kopf ist gesenkt und der Blick nach unten gerichtet. Eine geschlossene Körperhaltung kann Unsicherheit, Unbehagen oder Ablehnung signalisieren. Sie deutet möglicherweise darauf hin, dass die Person sich schützen möchte. Menschen mit geschlossener Körperhaltung könnten als distanziert, reserviert, unsicher oder desinteressiert wahrgenommen werden. Diese geschlossene Haltung kann Barrieren in der Kommunikation schaffen und das Aufbauen von Vertrauen erschweren.

Achtung, vor dem Körper verschränkte Arme können aber nicht nur Verschlossenheit signalisieren, sondern auch das Bedürfnis ausdrücken, sich selbst zurückzunehmen, seinen eigenen Energiefluss zu stoppen, um jemand anderen den Vortritt zu lassen! Wenn dir beispielsweise jemand mit Kopf und Sinnen zugewandt ist, aber mit verschränkten Armen dasitzt, kann es bedeuten, dass diese Person ihre Konzentrationsfähigkeit vertiefen und die eigene Aktivität (etwa eine ablenkende Gestik) vorübergehend »einsperren« will. Natürlich ist es für eine transparente Kommunikation wichtig, dass diese Person solch eine Körperhaltung auflöst, sobald sie selbst wieder aktiv sein und wieder sprechen darf.

Körperhaltungen für dich ausprobieren

Nun probiere sowohl offene als auch geschlossene Körperhaltungen aus – im Gehen, Stehen, Sitzen. Wie fühlst du dich bei einer geschlossenen Körperhaltung, wenn du zum Beispiel folgenden Satz sagst: »Ich bin überzeugt davon, dass meine Entscheidung die richtige ist.« Fühlst du dich groß, stark und überzeugend? Oder klein, unsicher und ängstlich?

Wie fühlst du dich bei einer offenen Körperhaltung, wenn du den gleichen Satz wiederholst? Wahrscheinlich stark, mutig und selbstbewusst? Fühlst du die Kraft, die von dir ausgeht? Vielleicht ebenso die Gewissheit, dass du auf dem richtigen Weg bist?

Probiere diese beiden Körperhaltungen immer wieder aus – in Sitzungen, Meetings, bei Präsentationen, Familientreffen. Beobachte dich dabei und nimm die Wirkung wahr, die die eine oder andere Körperhaltung auf deine mentale Verfassung hat.

Starte vielleicht mit dem Sitzen, denn da ist es am einfachsten. Beim Gehen wirst du feststellen, dass ein energischer Schritt eine ganz andere Dynamik und einen größeren Elan vermittelt als viele kleine, leise Schritte von jemandem, der förmlich unsichtbar durch den Raum tippelt. Und höre einmal genau hin: Es macht Spaß, Menschen schon allein an ihrem Gang zu erkennen oder nur am »Klick-Klack« ihrer Schuhe, während sie noch nicht in Sichtweite sind. Beim Stehen mag es dir anfangs schwerfallen, eine absolut offene Körperhaltung einzunehmen, da du dich möglicherweise schutzlos oder ausgeliefert fühlst. Das ist normal. Es wird leichter, je häufiger du es praktizierst. Ja, mit der Zeit kann dir ein offener, fester Stand sogar Kraft und Energie geben. Es ist erstaunlich, wie unsere Körperhaltung nicht nur Einfluss darauf nimmt, wie wir von anderen wahrgenommen werden, sondern auch, wie wir uns selbst fühlen.

Wenn du diese Übungen verinnerlicht hast, wirst du nicht nur dich selbst deutlicher wahrnehmen, sondern auch die Signale deines Gegenübers viel klarer erfassen. Du spürst Unsicherheiten und Ängste intensiver, aber auch die ehrliche Bereitschaft zur Interaktion.

Der Weg in eine andere, natürliche Körperhaltung

Nun möchte ich dich einladen, einen bewussten Blick auf deine alltäglichen Gewohnheiten zu werfen. Dies insbesondere an Tagen, an denen du dich wirklich, hundertprozentig wohlfühlst. Beobachte, wie du gehst, stehst, sitzt – all die kleinen Details, die oft im privaten Alltag übersehen werden. Du kannst nicht erwarten, einen öffentlichen Auftritt souverän zu meistern, wenn du im täglichen Leben nicht auch deinen Raum beanspruchst! Das bedeutet konkret: Wenn du normalerweise eine geschlossene Körpersprache hast, experimentiere jeden Tag damit, sie ein wenig zu öffnen. Wenn sie bereits offen ist, achte darauf, sie entsprechend deines Gegenübers einzusetzen, um eine vertrauensvolle Atmosphäre zu schaffen. Die Art, wie du dich im Alltag gibst, beeinflusst unmittelbar dein Auftreten in der Öffentlichkeit. Es geht darum, kleine Veränderungen in deine tägliche Haltung zu integrieren, damit sie zu einem natürlichen Teil deiner Persönlichkeit werden.

Sich Raum nehmen

»Sich Raum zu nehmen« bedeutet, sich bewusst und angemessen in sozialen Situationen zu positionieren, und dabei sowohl physischen als auch metaphorischen Raum zu beanspruchen. Viele Menschen, insbesondere Frauen, tendieren dazu, diesen Raum nicht ausreichend einzunehmen. Sie machen sich klein und verstecken sich hinter anderen, oft hinter Männern. Doch auch manche Männer finden es herausfordernd, den Raum einzunehmen, der ihnen zusteht. Dabei ist *Raum* nicht nur räumlich gemeint, wie das Wort es ausdrückt. Im übertragenen Sinne gibt es ebenso Menschen, die sich gern Raum verschaffen, indem sie auffallend lange oder laut sprechen. Das ist auch eine Art des »Auf sich aufmerksam Machens«, wenngleich nicht immer die angenehmste für ihre Umwelt.

Im Folgenden findest du einige Aspekte, die dich dazu ermutigen sollen, *den Raum* einzunehmen, den du dir wünschst:

- Bewusstsein für das Umfeld: »Sich Raum nehmen« erfordert ein feines Gespür für die Stimmung und die Bedürfnisse des Umfelds. Es geht darum, aufmerksam zu sein und die Energien und Dynamiken einer Situation zu spüren, um sich entweder achtsam dementsprechend anzupassen oder sich bewusst davon zu distanzieren.
- Anpassungsfähigkeit und Abstand: Es geht um deinen Energielevel, du entscheidest, ob du dich einfügen und Teil einer bestimmten Gruppe sein willst, oder ob es für dich aktuell besser ist, auf Distanz zu gehen. Wenn du willst, kannst du deine Kommunikation sowie die Lautstärke deiner Stimme und deine Körpersprache an verschie-

dene soziale Kontexte anpassen. Dir sind sicherlich schon Personen begegnet, die ständig zu laut sind. Aber du hast dich wahrscheinlich auch schon häufig in Situationen wiedergefunden, in denen du schlichtweg keine Lust hattest, einen Wettbewerb um »Raum« zu führen. Wenn du das erlebst und du bei diesem Machtspiel nicht mitspielen möchtest, dann entscheide dich bewusst dagegen, nimm klaren Abstand, denn vielleicht tut dir dieses Umfeld nicht gut!

- Selbstreflexion: Reflektiere deine eigene Präsenz und Ausdrucksweise. Bist du dir bewusst, wie deine Handlungen und Worte auf andere wirken? Wäge ab, ob das deiner Absicht und der Situation, in der du dich befindest, entspricht.
- Selbstwertgefühl: Das bedeutet, ein gesundes Selbstbewusstsein zu haben, ohne dabei dominierend oder unterwürfig aufzutreten. Es geht bei deinem Selbstwert nicht darum, andere zu übertönen oder dich selbst hintanzustellen, sondern vielmehr darum, klar und authentisch den Platz zu beanspruchen, den du möchtest.
- Respekt für die Grenzen anderer: »Sich Raum nehmen« muss natürlich die Wertschätzung von persönlichen Räumen und Grenzen anderer Menschen einschließen. Es bedeutet, eine ausgewogene Interaktion zu schaffen, in der jeder Raum für seine Präsenz hat, ohne dass dies auf Kosten anderer geschieht.

Was es für mich persönlich bedeutet, sich Raum zu nehmen: Präsenz zu wahren, die sowohl meine individuellen Bedürfnisse als auch die Bedürfnisse des sozialen Kontextes berücksichtigt, ohne dabei meine eigene Größe zu kompromittieren oder andere zu überrumpeln. Im Einklang mit mir selbst und meiner Umgebung zu sein, ohne dabei meine Authentizität zu verlieren.

Bitte schütze auch du deinen Raum und verteidige ihn, wenn nötig. Achte darauf, deine und die Grenzen anderer zu respektieren, und dass du zudem klar kommunizierst. Lass dich nicht kleinmachen, lass dich nicht permanent unterbrechen und bleib dir treu, so kannst du in deiner vollen Kraft sein und wirkst natürlich und überzeugend auf andere. Dein Wohlbefinden ist der Schlüssel zu deinem Wachstum.

Status

Körpersprache kann subtile Signale über den Status einer Person senden, oft ohne, dass die Wirkung für die Beteiligten offensichtlich ist. Menschen können ihre Körpersprache bewusst oder unbewusst anpassen, um ihren wahrgenommenen Status in einer Gruppe oder Situation zu erhöhen oder zu verringern. Dies kann strategisch geschehen, um Dominanz zu zeigen, Konflikte zu vermeiden oder um sich an die sozialen Normen einer Gruppe anzupassen.

Stell dir einmal die Frage: Welche Wirkung oder welchen Status möchtest du in einer Interaktion erreichen?

Hoher Status wird oft durch körperliche Präsenz dargestellt. Das sind Personen, die sich großmachen – breitbeinig, aufrecht, mit stolzgeschwellter Brust und ausladender Gestik. Diese Haltung kann mit Selbstbewusstsein, Autorität und Dominanz assoziiert werden.

Niedriger Status äußert sich hingegen in einer zurückhaltenden und kleinen körperlichen Präsenz. So signalisieren eine geschlossene Körperhaltung, gesenkter Kopf und Vermeidung von Blickkontakt dem Gegenüber eine Unsicherheit und die Bereitschaft, anderen den Vortritt zu lassen.

Triffst du auf jemanden, der durch seine Haltung Überlegenheit demonstriert, du dich aber nicht unterordnen willst, dann nimm eine entschlossene, raumnehmende Position ein!

Distanzgefühl und die (Fehl-)Interpretationen nach Mehrabians Studien

Auch das Distanzgefühl gehört zur Körpersprache. Jeder von uns hat unterschiedliche Raumbedürfnisse und Distanzvorlieben. Beobachte bewusst dein Distanzgefühl – es entspricht oft der Länge eines Unterarms. Es gibt allerdings Menschen, deren Distanzgefühl nicht so ausgeprägt ist. Sie überschreiten die Grenzen anderer und kommen ihrem Gegenüber so nah, dass es diesem unangenehm wird. Auf Empfängen traf ich öfter eine Botschafterin, die ihre Erzählungen lebhaft mit wilden Gesten begleitete und mir dabei immer näherkam. Mir war unwohl und ich wich einen Schritt zurück. Worauf sie, ohne ihren Redefluss zu unterbrechen, einen weiteren Schritt auf mich zukam. Ich wich wieder zurück. Sie rückte eifrig hinterher. Eine surreale Tanzperformance begann: Ich wich zurück, sie folgte mir, ich wich wieder zurück, sie folgte wieder. Wie ein Schatten. Unser Gespräch begann in der einen Ecke des Saals und endete in der anderen. Ich frage mich bis heute, wie das für Außenstehende ausgesehen haben muss.

Kommen wir zum Distanzgefühl beziehungsweise zur Proxemik, einer vom Anthropologen Edward T. Hall entwickelten Theorie, die die Rolle von Raum in der zwischenmenschlichen Kommunikation erforscht. Sie unterteilt den Raum in vier Hauptzonen:

- Intime Zone: Reserviert für sehr nahe Beziehungen.
- Persönliche Zone: Für alltägliche soziale Interaktionen.
- Soziale Zone: Für formellere Interaktionen.
- Öffentliche Zone: Für öffentliche Veranstaltungen und Präsentationen.

Diese Theorie zeigt, wie räumliche Grenzen soziale Beziehungen regulieren. Die Art und Weise, wie diese Zonen respektiert oder überschritten werden, kann viel über die Natur einer Beziehung oder die kulturellen Normen aussagen. Wenn du dich in einem überfüllten Bus oder Konzert befindest und unerwünschter körperlicher Kontakt unvermeidlich erscheint, gibt es Möglichkeiten, deine persönliche Zone zu schützen. Bewusstes Atmen kann helfen, dich zu zentrieren. Auch kannst du deine Sitz- oder Stehposition verändern oder Gegenstände wie eine Handtasche oder ein Buch nutzen, um physische Grenzen zu setzen. Oder du sagst freundlich, aber bestimmt: »Entschuldigung, ich brauche mehr Raum.«

Unsere Körpersprache erzählt mehr als 1 000 Worte. Und wenn wir diese Sprache verstehen oder bewusst einsetzen, können wir viel tiefere Verbindungen zu uns selbst und unserer Umwelt schaffen. Jedes deiner sichtbaren Körperteile kann durch seine Haltung oder Position Dinge von dir verraten, ob das nun deine Füße (nach innen oder außen gekehrt), deine Brust (eingezogen oder aufgebläht), dein Kopf, dein Hals, dein Gesicht, deine Hände, ja sogar deine Finger sind. Im Gegensatz zu deinem Mund spricht dein Körper *immer*. Daher auch die Kommunikationsregel: Wir können nicht nicht kommunizieren.[20]

Kennst du die Studie von Albert Mehrabian[21] aus den 70er-Jahren? Sie besagt Folgendes: dass Körpersprache 55 Prozent Einfluss hat auf die Interpretation einer Botschaft durch unser Gegenüber, während die Stimme 38 Prozent beiträgt, der eigentliche Inhalt hingegen gerade einmal 7 Prozent. Diese Studie wird immer benutzt, wenn es um die Betonung der nonverbalen Kommunikation gehen soll. Vergessen wird, dass Mehrabian sie damals nur in Bezug auf den Ausdruck von Gefühlen und Emotionen machte und nicht die Kommunikation im Allgemeinen meinte. Es ging um die Frage, wie Menschen entscheiden, ob sie einander mögen oder nicht. In der Studie wird klar, welchen Einfluss Mimik, Gestik und Tonfall auf den Ausdruck und die Wahrnehmung von positiver oder negativer Wirkung haben. Mehrabian stellte fest, dass, wenn verbale Inhalte in Diskrepanz zur nonverbalen Kommunikation stehen, Menschen dazu neigen, der Körpersprache mehr zu glauben. Diese Erkenntnis spiegelt wider, was viele von uns intuitiv in zwischenmenschlichen Begegnungen erleben, dass unsere Entscheidungen immer zuerst von unseren Gefühlen geleitet werden. Ob bei einem Bewerbungsgespräch, einer Präsentation oder dem ersten Händedruck – es ist unser Instinkt, der aus der Tiefe unserer Evolution heraus spricht, noch bevor ein Wort gesprochen wurde: »Du, mein Gegenüber, bist Freund:in oder Feind:in.« Und entsprechend verhalten wir uns.

Deshalb halte ich es für äußerst wichtig, dass wir uns intensiv mit unserer Körpersprache auseinandersetzen, insbesondere mit ihrer Wechselwirkung im Hinblick auf unsere Gefühle. Denn letztendlich ist es die authentische Verbindung von Körper und Geist, die darüber entscheidet, wie wir auf andere wirken und wie unsere Botschaften ankommen.

Abschließend möchte ich hier ein weiteres Mal anmerken, dass deine Kleidung eine essenzielle Voraussetzung für eine authentische und unbeschwerte Körpersprache in der Öffentlichkeit ist. Achte vor allem auf deine Schuhe! Wenn du privat immer flache Schuhe trägst, wird dir ein »Ausflug« in High Heels nicht leichtfallen. Also übe vorab, in solchen Schuhen zu laufen, oder wähle Schuhe, in denen du dich wohlfühlst. Wenn du immer Hosen trägst, so ist ein »Ausflug« in ein Kleid oder einen Rock ungewohnt und benötigt auch eine gewisse Anlaufzeit und Übung. Jedes Kleidungsstück begünstigt oder schwächt deine körpersprachlichen Ausdrucksmöglichkeiten. Wähle bewusst Kleidung, in der du dich wohlfühlst! Die beste Kleidung ist die, die deine innere Haltung nach außen trägt und dir Selbstvertrauen und Komfort schenkt. Sei mutig, sei du selbst, und wenn das bedeutet, gegen den Strom zu schwimmen, dann machst du das mit Überzeugung!

Stimme

Nachdem wir die facettenreiche Welt der Körpersprache betrachtet haben, wollen wir nun einen anderen Aspekt der Kommunikation erkunden: die Stimme. Genau wie unsere Körperhaltung und Gestik trägt auch die Stimme maßgeblich dazu bei, wie unsere Botschaften wahrgenommen werden. Die Körpersprache und die Stimme sind eng miteinander verbunden, und Veränderungen in der Körpersprache können einen erheblichen Einfluss auf die Stimmqualität und -wirkung haben.

Wir brauchen eine entspannte Körperhaltung, um eine effektive Atmung ausführen zu können, so wie ich es im ersten Buchteil im Kapitel über das Lampenfieber beschrieben habe. Dann, und nur dann, können wir uns um eine kraftvolle Stimme kümmern.

Eine entspannte Atmung strahlt nicht nur mehr Gelassenheit aus, was wiederum Stress und Anspannung verringert sowie Vertrauen und Zuversicht vermittelt, sondern ermöglicht es dir auch, das volle Potenzial deiner Stimme zu entfalten. Meist, vor allem, wenn wir aufgeregt sind, sprechen wir höher, als unsere Stimme wirklich »sitzt«. Das heißt, wir verwenden eine höhere Tonlage, als es unserer natürlichen Stimmlage entspricht, und unsere Stimme klingt flacher, weil wir unseren Körper nicht als Resonanzraum nutzen.

Achte einmal bewusst darauf, welche Stimmen dir angenehm sind, welchen Stimmen du gern zuhörst. Sind es ruhige, tiefe, volle Stimmen oder magst du piepsige, flache, hohe Töne? Es sind in der Regel volle, runde und eher tiefere Stimmen, die uns Vertrauen geben und uns überzeugen. Stimmen, die schwingen und melodiös sind, prägen sich besonders ein.

Schokolade für eine stärkere Stimme

Finde mit dieser Übung deine eigene Stimmlage beim Sprechen: Denke an dein Lieblingsessen. Zum Beispiel: Schokolade. Und nun murmle genüsslich das Wort Schokolade vor dich hin, mit aller Vorfreude: »Mmmmmmmmhhhhmmmm S-C-H-O-K-O-L-A-D-E!« Dort, wo der Genuss ist, wo du ein zufriedenes »Mmmmhhhmmm« von dir gibst, da etwa befindet sich deine wirkliche Stimmlage, mit der du sprechen kannst, ohne heiser zu werden. Alle höheren und tieferen Töne deiner Stimme dienen der Abwechslung.

Das ist eine wichtige Übung, die uns immer wieder bewusst machen darf, dass unsere Stimme meist tiefer sitzt, als wir im Alltag sprechen. Also erinnere dich immer wieder an die leckere Schokolade und nutze die tiefen Klänge deiner Stimme; sie geben deiner Stimme Charakter und Ausdruckskraft!

Es macht wirklich Spaß, sich mit seiner Stimme zu beschäftigen. Schließlich ist sie unsere lebenslange Begleiterin und ein kraftvolles Werkzeug, um uns auszudrücken. Und bitte denke jetzt nicht, das nicht zu brauchen, weil du ohnehin ein Leben lang gesprochen hast! Ich bin überzeugt, deine Stimme kann viel runder, weicher und kraftvoller wirken, wenn du diese und die folgende Übung ausprobierst und sie in deinen Alltag integrierst! Nutze vor allem auch deinen Resonanzraum, dafür hast du ihn ja! Ein Resonanzraum ist der Bereich deines Körpers, der Schallwellen verstärken und verbreiten kann. Denn nicht nur ein Musikinstrument wie das Cello hat einen Resonanzkörper, sondern auch du als Mensch. Unser Rachen, Kopf, die Brust und der Flankenraum können als Resonanzkörper fungieren, wenn wir sie entsprechend einsetzen. Die Belohnung: eine kraftvolle und voll klingende Stimme.

Deinen ganzen Resonanzraum nutzen

Nimm dir fünf Minuten Zeit. Setze dich bequem hin, schließe deine Augen und deinen Mund, atme tief durch die Nase ein und aus. Konzentriere dich darauf, wie sich der Atem in deinem Körper bewegt. Spüre in deinen Rachen, deinen Kopf, deine Brust und deine Flanken hinein. Lass dabei bewusst zu, dass sich diese Bereiche weiten und mit deiner Atmung füllen. Nun beginne ein bis zwei Minuten lang leise zu summen. Konzentriere dich darauf, die Vibrationen in deinem Kopf und deiner Brust zu spüren. Du kannst auch deine Hand auf deinen Brustkorb legen, um die Vibrationen besser zu fühlen. Dann experimentiere ein bis zwei Minuten lang mit verschiedenen Tonhöhen, während du weiterhin summst. Achte darauf, wie sich die Vibrationen in verschiedenen Bereichen deines Körpers ändern. Anschließend öffne langsam deinen Mund und summe ein bis zwei Minuten lang weiter. Beobachte, wie sich die Resonanz verändert, wenn du deinen Mund öffnest. Spüre, wie sich dein Körper anfühlt, besonders im Kopf, im Rachenbereich und in der Brust.

Hier etwas Schnelles, wenn du keine Zeit hast oder für unterwegs: gähne einmal aus tiefstem Herzen! Ja, ich weiß, das ist bei uns in der westlichen Welt tabu. Aber allein, so ganz ohne Zuschauer:innen, kannst du das schon einmal ausprobieren. In der Schauspielschule wird das Gähnen regelmäßig als verlässliche Sprechtechnikübung eingesetzt. Dabei fühlst du, wie sich dein Gaumensegel hebt und dein Rachen erweitert. Das öffnet dir schon mal den Hals- und Rachenraum, gibt deiner Stimme mehr Resonanz. Und das ist ein Anfang. Nutze diese natürliche Verstärkung deiner Stimme, um ausdrucksstark und lange sprechen zu können, ohne deine Stimmbänder zu sehr zu strapazieren. Denn alles, was du für eine kräftige Stimme brauchst, ist in dir. Du brauchst es nur zu finden und zu nutzen.

Gehörst du zu den Menschen, denen immer wieder gesagt wird, dass man sie schlecht verstehen würde oder dass sie nuscheln würden? Dann lade ich dich ein, dich humorvoll mit Sprechtechnikübungen auseinanderzusetzen! Bei Mund, Zunge, Gaumen und Kiefer handelt es sich um Artikulationswerkzeuge, die Muskeln besitzen, die wir trainieren dürfen, damit sie geschmeidig ihre Arbeit verrichten und unsere Sprache klar und verständlich machen.

Abschließende Tipps: Denke bei Vorträgen oder Präsentationen daran, mal schnell, langsam, laut oder leise zu sprechen. Variiere deine Sprechmelodie und bleibe nicht monoton auf der gleichen Stimmlage. Und das Allerwichtigste: Hab den Mut zu Pausen! Denn mit einer Pause hebst du die Bedeutung der Botschaft hervor, die du gerade vermittelt hast. Eine gut gesetzte Pause ist eine Betonung.

Und hier noch ein Zusatztipp: Bei trockenem Mund hilft es, zu schlucken, auf die Zunge zu beißen oder an Zitronen zu denken!

Vor vielen Jahren spielte ich auf der Luisenburg in Wunsiedel auf der Freilichtbühne die Hauptrolle in dem Theaterstück *Der Meineidbauer*. Das Publikum sitzt dort unter dem ehemaligen Olympiazelt. die Schauspieler:innen spielen – bei jedem Wetter – unter freiem Himmel, ohne Regenschirm, ohne Mikrofon. Abend für Abend waren das rund 2 000 Zuschauer:innen. Es kam, wie es kommen musste. Ich erkältete mich und hatte eines Abends überhaupt keine Stimme mehr. Aber Vorstellungen werden generell, das ist ein ungeschriebenes Gesetz am Theater, nur im Todesfall oder bei einem Weltuntergang abgesagt. Bei kleineren Rollen springt jemand ein oder liest zur Not die Rolle. Ich hingegen war noch recht lebendig, die Erde drehte sich munter weiter, und meine Rolle war zu groß, als dass sie jemand hätte für mich lesen können. Also stritt ich – obwohl beinahe stimmlos – mit dem Meineidbauer, liebte seinen Sohn und warf mich mit der größtmöglichen Hingabe in die Verkörperung der »Vroni«, um die 2 000 Zuschauenden zu unterhalten. Es war die schlimmste Vorstellung, die ich je gespielt hatte. Das Einzige, was mich damals gerettet hat, war die jahrelange Arbeit, die ich in meine Atem- und Sprechtechnik gesteckt habe. So war meine Stimme zwar fernab von ausdrucksstark, aber doch verständlich, und die Zuschauenden konnten der Geschichte folgen.

Du wirst, so hoffe ich, selten in eine solche Situation kommen, aber es reicht schon eine Präsentation oder ein Bewerbungsgespräch ohne Stimme. Das macht keinen Spaß, deshalb rate ich dir, ein bisschen Zeit in deine Stimme zu investieren, um für solche Notfälle gewappnet zu sein.

Nun hast du einen Einblick in die faszinierende Welt der Körpersprache und Stimme erhalten! Jetzt kommt der aufregende Teil – der praktische Einsatz im Alltag. Setze diese Werkzeuge ein, um deine Körpersprache bewusster und deine Stimme kraftvoller zu nutzen. Der Schlüssel liegt im regelmäßigen Üben und Ausprobieren. Also nimm dir Zeit für dich selbst, experimentiere mit verschiedenen Haltungen, entdecke die Vielfalt deiner Stimme – und vor allem, habe Spaß dabei!

Denke daran, dass Veränderungen Zeit brauchen. Sei geduldig mit dir selbst und erkenne auch kleine Fortschritte an. Jedes bewusste Experiment, jede Übung ist ein Schritt in Richtung einer überzeugenden und selbstbewussten Kommunikation. Erlaube dir, aus der Reihe zu tanzen und immer wieder zu lachen. Sieh es als ein Spiel mit dir selbst: leicht, lustig und voller Freude.

Deine Kommunikationsfähigkeiten sind ein stetiger Prozess der Entwicklung – genieße die Reise und entfalte dein volles Potenzial!

Kapitel 10
Weg vom Ich, hin zum Du! – Authentische Verbindungen schaffen

Bisher ging es in diesem Buch nur um dich, deine Größe, deine Fülle, deine Kraft, deine Träume, deine Hoffnungen, deine Wünsche, deine Kommunikationsfähigkeiten. In diesem letzten Kapitel aber widme ich mich einem sensiblen, jedoch fundamentalen Thema, das manchmal in meinen Workshops Leute triggert, wenn ich darauf zu sprechen komme. Es geht um das »Du«. Sie sagen dann häufig: »Jetzt ging es endlich einmal um mich, nur um mich, das tut so gut! Ich will jetzt nicht ins Du!« Solche Aussagen berühren mich oft schmerzlich, weil ich ganz stark die dahinterliegende Not und den Mangel spüre. Deshalb betone ich nochmals: Erst kommt das »Ich«. Kümmere dich zuerst um dich selbst! Lies dieses Kapitel erst dann, wenn du *mit dir* dort angekommen bist, wo du hinwolltest! Lies es dann, wenn du das Gefühl hast, dein »Ich« wurde ausreichend betrachtet, du fühlst dich gesehen und wohl, bist in deiner Kraft. Denn nur und erst dann ist es ganz elementar für jede Interaktion, dass du ins »Du« gehst und dich mit deinem Gegenüber beschäftigst.

Ein erster Schritt dieser Beschäftigung mit dem »Du« ist die Beantwortung folgender Fragen: Wer ist mein Gegenüber? Wo ist mein Gegenüber? Wie fühlt sich mein Gegenüber? Was möchte mein Gegenüber? Wann hat mein Gegenüber Zeit?

Hast du die Antworten auf diese Fragen zusammengestellt, kannst du voll und ganz mit all deiner Hingabe und Energie auf dein Gegenüber eingehen. Gelingt es dir, eventuell vorhandene Nöte oder einfach nur den Rucksack namens »Lebensherausforderungen« deines Gegenübers wahrzunehmen, ist es viel einfacher, auf seine Bedürfnisse zu reagieren. Achtung, diese Wahrnehmung und das Dich-darauf-Einstellen bedeutet nicht, dass du dich selbst verlierst, vernachlässigt oder aufgibst! Nein, es bedeutet vielmehr, dass du in deinem ganzen Sein deinem Gegenüber auch Raum bietest. Erkenne seinen Rucksack, ohne ihn tragen zu wollen. Erfahre, welchen Raum dein Gegenüber braucht, ohne deinen eigenen zu vernachlässigen. Nimm wahr, wie sich dein Gegenüber fühlt, ohne deine eigenen Gefühle abzustellen. Gib dem anderen das Gefühl, ihn zu hören. Nicht nur, indem du zuhörst, sondern ganz besonders, indem du hinhörst! Zeige, dass du in diesem Moment voll und ganz bei ihm bist.

Für jede Rede und jede andere zwischenmenschliche Interaktion ist es von entscheidender Bedeutung, sich immer wieder die Frage zu stellen: »Was hat der andere für einen Nutzen, wenn er mir zuhört?« Nur, wenn es dir gelingt, dein Gegenüber gut abzuholen und ihm klarzumachen, warum er ausgerechnet bei dir jetzt hinhören sollte, kannst du mit deiner Rede, deiner Präsentation, ja sogar mit deinem Bewerbungsgespräch einen nachhaltigen Eindruck hinterlassen.

Die Brunneneinweihung

Lass mich dir hierzu eine Geschichte erzählen: Zur Einweihung des Brunnens mit der Nummer 1492 kamen in Kamerun drei Botschafter aus den Ländern Spanien, USA und der Schweiz zusammen, um mit dieser geschichtsträchtigen Jahreszahl an die »Entdeckung Amerikas durch Kolumbus« und seiner Folgen zu gedenken. Wir dürfen richtigerweise hinterfragen, ob ein solcher Festakt zu so einem Anlass angemessen war, wissen wir doch längst, dass es nicht Kolumbus, sondern schon viel früher die Wikinger waren, die diesen Kontinent »entdeckten«, gar nicht zu reden von den schwerwiegenden Konsequenzen, die diese »Entdeckung« nach sich zog. Dennoch fand diese Feier statt, so wie ich sie gleich beschreiben werde. Wir befanden uns etwas außerhalb der Hauptstadt Jaunde. Es war ein heißer Tag am Ende der Regenzeit. Viele Menschen aus der kamerunischen Wirtschaft, aus Politik und Medien versammelten sich vor Ort, um gemeinsam mit der Dorfbevölkerung, die fortan dank dieses Brunnens Zugang zu sauberem Trinkwasser haben würde, den gemeinsamen Festakt zu begehen. Eine feierliche Atmosphäre unterstrich die Tragweite des Moments, während gewichtige Reden gehalten wurden.

Ein Botschafter pries voller Stolz den Einsatz seines Landes beim Bau von Infrastruktur, Bildungssystem und medizinischen Einrichtungen auf dem afrikanischen Kontinent. Anschließend wurde brav geklatscht. Der nächste Botschafter hob die wirtschaftlichen Investitionen und Partnerschaften hervor, die sein Land mit dem afrikanischen Kontinent aufbaute. Anschließend wurde brav geklatscht. Der dritte Botschafter aber sprach darüber, dass die Geschichte oft aus einer einseitigen, nämlich der Siegerperspektive erzählt würde, was zu weiterer Unterdrückung und Ausbeutung führen könne. Er betonte, dass es falsch sei, die gegenwärtigen Herausforderungen auf dem Kontinent als getrennt von der kolonialen Vergangenheit darzustellen. Dann fuhr er fort, dass Dialog und Zusammenarbeit immer noch ein einseitiger Prozess seien, in dem der Westen »führt« und der afrikanische Kontinent »folgt«. Er schloss in etwa mit den Worten: »Die Ereignisse, die vor Jahrhunderten begannen, haben tiefe Narben hinterlassen. Narben, die noch heute in den Herzen und auf den Landkarten sichtbar sind. Die Narben in den Herzen können wir nicht mehr rückgängig machen, sie aber als Fehler anerkennen und um Verzeihung bitten. Die Narben auf den Landkarten zu beseitigen, ist noch ein langer Weg. Möge dieser Brunnen uns daran erinnern, dass unsere Vergangenheit uns lehren soll, aber nicht definieren muss, wie unsere Zukunft verläuft. Lasst uns eine Zukunft bauen, in der Dialog auf Augenhöhe nicht nur ersehnt, sondern gelebt wird. Eine Zukunft, in der wir gemeinsam neue Wege des Verständnisses und der Menschlichkeit eröffnen! Eine Zukunft, in der jeder Mensch, unabhängig von seiner Herkunft, seiner Hautfarbe oder seines Geschlechts, die Freiheit hat, sein volles Potenzial zu entfalten!«

Stille. Nur der Wind strich leise durch die umstehenden Bäume. Die Menschen, ganz gleich, ob arm oder reich, prominent oder nicht, hatten Tränen in den Augen. Und dann, von einem Moment auf den anderen, sprangen sie von ihren Stühlen auf, jubelten, schrien und fielen sich gegenseitig in die Arme.

Dieser dritte Botschafter hatte die Träume, Wünsche und Sehnsüchte seines Publikums gesehen, gehört und verstanden. Er hatte wahrgenommen, dass es in diesem Moment nicht um ihn, sein Land und seine Bedeutung ging, sondern darum, seine Zuschauer:innen zu sehen, sie auch in ihrem Schmerz anzuerkennen und wertzuschätzen. Er ging weg vom »Ich«, hin zum »Du«.

Und genau das ist es, was eine unvergessliche Rede ausmacht. Sie wirkt nach, gibt Hoffnung, bleibt ewig in Erinnerung. Sie spornt noch lange an, ist wie eine Quelle, die sich plötzlich öffnet und dauerhaft sprudelt, wie eine verlässliche Energiegeberin!

Die mega-turbo-ultimative Übung vor jedem Auftritt!
Schließe die Augen und denk an deine unbezahlten Rechnungen; an deine Steuer; an deinen Keller, den du endlich aufräumen wolltest; an das schmutzige Badezimmer, das gleich geputzt werden will, wenn du nach Hause kommst; und an den Menschen, der dir wirklich am unsympathischsten von allen ist! Und jetzt geh raus und halte eine inspirierende Rede! Sag jetzt nicht, dass das nicht geht!

Klappt nicht? Okay, also gut, dann kommt hier noch eine Zugabe: Denk an einen Menschen, der dich liebt und den du aus ganzem Herzen liebst, vielleicht an den/die Partner:in oder an ein Kind, an eine:n Freund:in. Denke an einen warmen Sommertag, an dem du genau das gemacht hast, was du gern tust. Denke an dein Lieblingsessen oder eine feine Tasse Tee oder Kaffee. Lass die Wärme dieses Gefühls in deinen Körper strömen! Und jetzt geh raus und zeige dich der Öffentlichkeit! Wow! Merkst du, was du nun für eine Empathie, für eine Herzlichkeit ausstrahlst, und wie deine Wärme auf die Umstehenden übergeht?

Erkennst du, um was für einen Unterschied es hier gehen soll? Essenziell für jede zwischenmenschliche Interaktion ist es, dass du dir davor einen Moment des »Dich-Sammelns« nimmst! Stürme nicht von einem Termin zum nächsten, von einem Moment des Ärgers direkt auf die Bühne, von einer schmerzvollen Nachricht in ein Bewerbungsgespräch. Nimm dir einen Moment Zeit – du bestimmst, wie lange dieser sein soll –, streife die vorherige Herausforderung ab und lass ein positives Bild in dir aufsteigen. Visualisiere eine Stimmung, in der du voll und ganz glücklich warst. Spüre die Wirkung auf deine Körpersprache, sie ist dadurch sofort offener. Achte auf deine Stimme – sie ist weicher. Deine gesamte Ausstrahlung wird empfänglicher! Und damit bist du präsent.

Weg vom Ich, hin zum Du – im Business

Auch im Berufsleben kann es für den nachhaltigen Erfolg eines Unternehmens äußerst sinnvoll sein, den Fokus von den eigenen Bedürfnissen und Zielen hin zu denen von Kund:innen, Kolleg:innen, und Geschäftspartner:innen zu verschieben. Die Philosophie »Weg von einer Ich-zentrierten Handlungsweise, hin zu einer Du-zentrierten Handlungsweise« sollte sich durch alle Ebenen eines Unternehmens, von der Geschäftsleitung über alle Abteilungen bis hin zum Kundenservice ziehen.

Eine effektive Führung setzt flache Hierarchien voraus, integriert Ziele, die bottom-up entwickelt wurden, und schafft eine Atmosphäre, die es allen Mitarbeitenden ermöglicht, ihre Potenziale voll auszuschöpfen. Im Kundenservice geht es mit diesem Ansatz nicht primär um Verkaufszahlen und Profit, sondern darum, die Erwartungen der Kund:innen nicht nur kennenzulernen oder zu erfüllen, sondern sie möglichst zu übertreffen. Ein Ansatz dazu könnte die Einführung personalisierter Dienstleistungen sein. In vielen Branchen scheint der Servicegedanke derzeit leider zu schwinden, deshalb kann man sich als Unternehmen allein schon dadurch abheben, dass Mitarbeitende sich zum Beispiel die Namen wiederkehrender Kund:innen merken und sie durch eine persönliche Ansprache wertschätzen.

Folgende Begebenheit fällt mir dazu ein: Während einer meiner Reisen vergaß ich mein Handyladekabel bei meiner Tochter. Das merkte ich erst, als ich schon unterwegs war. Kein Elektronikgeschäft war bereit, mein Telefon auch nur für zehn Minuten aufzuladen, weder unterwegs noch am Flughafen. In einer nächsten Stadt traf ich im erstbesten Geschäft auf einen Angestellten, der ohne zu zögern mein Handy an eine Ladestation hing, obwohl er mich noch nie gesehen hatte. Ich war so sehr überwältigt, dass ich als Dank später Kuchen für das ganze Team vorbeibrachte. »Wann immer ich wieder hier vor Ort sein werde, kaufe ich nur bei Ihnen ein. Bitte bleiben Sie so freundlich, wie Sie sind!«, sprudelte es aus mir heraus. Und tatsächlich kaufe ich bis heute immer dort ein, wenn ich in diese Stadt komme. So hat ein einfacher Akt der Freundlichkeit langfristige Kundenbindungen geschaffen.

Auch gutes Marketing lässt die Kund:innen spüren, dass sie im Mittelpunkt des Unternehmensinteresses stehen. Je ehrlicher eine Botschaft gemeint ist, desto überzeugender kommt sie rüber. Marketing heißt, zu spüren, was gebraucht wird, und mittels empathischer Kommunikation passende Lösungen für den Bedarf der Kund:innen anbieten zu können.

In sämtlichen Abteilungen kann ein Wir-Gefühl gestärkt werden, etwa durch einen Rollentausch für ein paar Stunden, durch teamübergreifende beziehungsweise teambildende Projekte oder durch gemeinsame Feste. Eine offene Kommunikationskultur ist entscheidend für die Förderung von Vertrauen, Kreativität und Produktivität im Geschäftsumfeld, daher zeige so oft wie möglich: Du bedeutest mir etwas! Deine Zufriedenheit ist mein Ziel!

Empathie oder Sawubona

Bei den südafrikanischen Zulu begrüßt man sich mit dem Wort »Sawubona«, was übersetzt so viel bedeutet wie: »Wir sehen dich«, also wir schenken dir unsere ganze Aufmerksamkeit. Ich empfinde diesen Gruß als besonders schön, da er eine tief berührende Botschaft vermittelt. Inspiriert von diesem Gefühl der Wahrnehmung, möchte ich dir eine kleine Geschichte aus meinem Leben erzählen, die die Bedeutung des Gesehenwerdens hervorhebt.

Es war gegen Ende meiner Schauspielschulzeit in Graz, als ich mein erstes Fernsehangebot bekam. Eine schöne große Rolle in einem *Derrick*. *Derrick*, bis heute die meistverkaufte deutsche Fernsehserie mit rund 20 bis 30 Millionen Zuschauer:innen allein in Deutschland. *Derrick* schrieb Fernsehgeschichte, prägte das Genre des deutschen Krimis für alle Zeit und verschaffte der deutschen Fernsehlandschaft einen internationalen Ruf. Da wurde mir, mit meinen 20 Jahren, diese Rolle angeboten! Ich wusste nicht, wohin vor Aufregung. Wochenlang bereitete ich mich vor, als wäre es eine Doktorarbeit. Schließlich kam der Tag der Tage und ich reiste nach München. Ein Hotel war bereits für mich gebucht. Es wurde ernst. Ich konnte nichts essen und schlief nicht. Repetierte meinen Text die ganze Nacht lang, probierte Gesten und Blicke, sprach mal laut, mal leise vor mich hin, imaginierte Situationen und Bilder, die mit der Rolle zu tun hatten, und wanderte schlaflos in meinem Zimmer auf und ab.

Am nächsten Tag holte mich ein Chauffeur ab und fuhr mich zum Drehort. Dort wurde ich geschminkt, bekam mein Kostüm und dann ging es zur Probe mit dem Regisseur und den anderen Schauspieler:innen. Schauspielerinnen und Schauspieler, die mit der Goldenen Kamera, dem Deutschen Fernsehpreis, dem Grimme-Preis, dem Österreichischen Filmpreis und dem Berliner Filmpreis ausgezeichnet waren. Ich fand mich atemlos vor Bewunderung. Gelähmt vor Respekt. Zitternd vor Aufregung.

Wir probten die Szene. Äußerlich schien alles ganz normal, doch immer wieder starrte ich auf den Boden, als wollte ich ihn beschwören, schnellstens ein großes Loch zu bilden, in dem ich verschwinden könnte. Da kam eine Schauspielerin lächelnd und etwas zaghaft auf mich zu, gab mir die Hand und fragte: »Karina, bitte, ich bin so aufgeregt, schau, meine Hände sind ganz nass, können wir die eine Textstelle nochmals üben, während das Licht eingerichtet wird?« Verblüfft schaute ich sie an. Langsam dämmerte es mir, dass es da noch andere Schauspieler:innen um mich herum gab, die ebenso nervös waren, dass ich also nicht allein damit war, sondern mich jede:r verstand und sogar ähnlich fühlte. Wow, was für eine Erkenntnis! Wir lächelten uns an, schnauften einmal fest durch, probten die Textstelle, konzentrierten uns und drehten die Szene. Bald war alles im Kasten – und ich lebte immer noch!

Auch am Filmset, im Übrigen wie bei Reden und Präsentationen, gilt: Wir nehmen uns selbst viel zu ernst! Dabei sind wir Diener der Sache! Unsere Hauptaufgabe besteht darin, der Botschaft, die wir vermitteln wollen, zu dienen und sie so überzeugend wie möglich zu präsentieren, damit sie beim Publikum die gewünschte Wirkung erzielt.

Ich habe daraus gelernt: Wenn das Problem, das du im Leben hast, dein Lampenfieber ist, dann ist es ein angenehm gutes Problem – wenn, ja, wenn du es schaffst, es aus einer globalen Perspektive zu sehen. Dein Publikum will sehen, wie entspannt du bist, also entspann dich, es gibt so viel Wichtigeres auf dieser Welt! Die Filmrolle, die Rede oder die Präsentation gehören nicht dazu. Du musst nicht hart arbeiten, um gut zu sein. Hör auf zu glauben, dass du Erfolg nur dann verdienst, wenn du ihn dir hart erarbeitet hast. Es darf leicht sein. Und als vortragende Person geht es nicht um dich. Niemand sieht dich an, um dich zu bewerten und zu beurteilen. Wir Vortragenden, wir, die auf den Bühnen stehen, sind den anderen Menschen egal. Sie wollen nur gut unterhalten oder informiert werden. Diese Erkenntnis war ein kleiner, aber für mich unendlich wichtiger Moment, quasi eine lebensverändernde Erleuchtung, absolut befreiend.

Auf dem afrikanischen Kontinent gibt es den Spruch: »Ihr habt Uhren, wir haben Zeit.« Damit meinen die Menschen dort, dass wir mit der Zeit, die uns unser Gegenüber schenkt, achtsam umgehen sollen. Diese Philosophie des Zeitgebens und des aufmerksamen Zuhörens lässt sich wunderbar auf die Rolle des Redners oder Vortragenden übertragen.

Sieh es mal so, dass du als Redner:in, Speaker:in oder Vortragende:r wie ein Gastgeber oder eine Gastgeberin bist. In dieser Rolle ist es dein Ziel, dass dein Essen den Gästen schmeckt und dass sie sich bei dir wohlfühlen. Dein Menü darf würzig, scharf, inspirierend, traditionell, deftig, kreativ und saisonal, aber niemals langweilig sein. Auch darfst du es nicht versalzen, weil deine zittrige Hand vor Aufregung zu viel Salz verschüttet hat. Des Weiteren ist es wichtig, dass du deine Gäste und ihren Geschmack kennst, wenn du ihnen ein Essen servieren möchtest, das ihnen schmecken soll. Ergo: Koche als Gastgeber oder Gastgeberin das, was deinen Gästen UND dir schmeckt! Übertragen auf dich als auftretende Person heißt das: Finde die Bedürfnisse des Publikums heraus und gehe darauf ein, aber schöpfe aus der Fülle deiner Herzensthemen. Sei Diener:in der Sache und der Zuhörenden und achte darauf, authentisch zu bleiben.

Im privaten Umfeld war ich einmal so ignorant und habe, nachdem ich eine Einladung zum Essen ausgesprochen hatte, meine Gäste vorab nicht gefragt, ob es Dinge gäbe, die sie gern oder nicht gern essen. Ich veranstaltete eine Riesenkocherei: Salat mit warmem Ziegenkäse, Lammfilet mit Rosmarinkartoffeln und Bohnen, dazu ein guter Rotwein (Primitivo) und zum Dessert Mousse au chocolat. Es sah alles köstlich aus – und das war es auch, doch leider nicht für alle … Ein weiblicher Gast entschuldigte sich während des ganzen Essens: Sie mochte zwar Käse, nur nicht Ziegenkäse; auch Fleisch, nur nicht Lamm; jeden Rotwein, nur nicht Primitivo; und alles an Desserts, nur nichts mit Schokolade. Das hatte ich so gründlich verhauen, wie es nur zu verhauen ging! Es wäre meine Aufgabe als Gastgeberin gewesen, in Erfahrung zu bringen, was meine Gäste gern essen. Das habe ich damals nicht getan, aber daraus gelernt.

Heute erkundige ich mich vorab nach den kulinarischen Vorlieben oder Einschränkungen meiner Besucher:innen:: vegetarisch, vegan, mit oder ohne Gluten, laktosetolerant oder -intolerant, Allergien, fruktosearm, histaminarm, nussfrei, erdnussfrei, sojafrei, frei von künstlichen Farbstoffen und so weiter.

Analysierst du dein Publikum vor einem Vortrag, einer Rede oder Präsentation auch so genau? Klingt vielleicht komisch, doch versuche es einmal! Du wirst feststellen, wie entscheidend es ist, die Bedürfnisse deiner Zuhörenden zu verstehen. Suchen sie Unterhaltung, Inspiration oder Information? Bevorzugen sie Zahlen, Daten, Fakten oder sind emotionale Geschichten mehr ihr Fall? Möchten sie lachen oder eher eine ernste Botschaft hören? Oder beides? Erfolgreiche Vermarkter:innen und Werbekampagnen zeigen meisterhaft, wie man die Emotionen und Bedürfnisse der Menschen anspricht. Sie nutzen gezielt Daten und psychologische Einblicke, um ihre Botschaften so zu gestalten, dass sie Anklang finden und einen bleibenden Eindruck hinterlassen. Diese Fähigkeit, auf die tiefsten Wünsche und Hoffnungen der Menschen eingehen zu können, hat Werbung zu einer mächtigen Form der Kommunikation gemacht.

Und genau das ist jetzt deine Aufgabe: deinem Publikum Hoffnung und Inspiration zu bieten, es zu unterhalten und zum Lachen zu bringen, wenn du es wirklich erreichen möchtest. Denke daran: Weg vom »Ich«, hin zum »Du«. Und dazu gehört auch reichlich Empathie.

Letztens saß ich in einem recht vollen Zug. Eine Frau kam sichtlich gestresst hereingestürmt und ich schaffte es gerade noch, meine Tasche von dem Sitzplatz neben mir zu nehmen, da schnaubte sie mich schon an, dass es eine Unverschämtheit sei, Taschen auf freie Sitzplätze zu legen, und donnerte ihre auf den Boden, wodurch diese umfiel und der gesamte Inhalt herauspurzelte. Automatisch beugte ich mich hinunter und half ihr, Lippenstift, Geldbörse, Taschentücher, Schlüssel, Haarspangen und Münzen wieder einzusammeln. Dabei sah ich plötzlich ihren verzweifelten Gesichtsausdruck – erschöpft und den Tränen nahe. »Geht es Ihnen nicht gut? Kann ich helfen?«, fragte ich. Da erhellte sich ihre Miene und alle Mühen und Plagen eines schwierigen Lebens sprudelten aus ihr heraus. Nach 15 Minuten weiterer Fahrzeit verabschiedeten wir uns. Sie war ein anderer Mensch, erleichtert und gelöst. Und ich war selbst überrascht von meinem Feingefühl in einem Moment, in dem ich sonst eher zurückschnauzen würde. Ich hatte wahrgenommen, dass sie gar nicht hatte unfreundlich sein wollen. Meine Empathie hatte uns beiden die gemeinsame Fahrzeit gerettet.

Empathie hat etwas mit der Fähigkeit zu tun, sich in die Gefühle und Perspektiven anderer Menschen einzufühlen, ohne vorschnell Urteile zu fällen. Wenn es dir gelingt, Empathie für dein Gegenüber – egal ob es sich um eine Person oder um eine große Gruppe handelt – zu empfinden, dann werden diese Personen sich gesehen, gehört und wertgeschätzt fühlen.

Betrachte das Gegenüber und gehe in den direkten Blickkontakt. Was erzählen dir Augen, Mund, Stirn, Hände und Füße? Was erzählt der Klang der Stimme? Ist sie angespannt, frei, tief oder hoch? Was spüren deine Hände beim Händedruck? Was liegt tief unter den Worten? Was schwingt zwischen den Zeilen mit? Das ist nicht nur wichtig, wenn du in einem überfüllten Zug sitzt, nein, auch für deine Reden oder Vorträge ist Empathie wichtig!

Geh empathisch auf dein Publikum zu

Mit den folgenden Tipps wird es dir gelingen, mit mehr Empathie auf dein Publikum eingehen zu können.

Nimm deine Rede, deine Vortrag oder deine Präsentation vorab mit einem Handy auf und sieh dir die Aufnahme genau an: Denkst du, du triffst die Interessen und Erwartungen der Zuschauer:innen? Ist deine Rede unterhaltsam, witzig, informativ, motivierend, erhellend, lebhaft, aufschlussreich? Finde vor allem das Persönliche in deinen Worten!

Achte auf deine Körpersprache: Bist du zugewandt? Hast du eine offene Körpersprache? Schaffst du es, jedem einzelnen deines imaginären Publikums, von der letzten bis zur ersten Reihe, von ganz links hinten bis ganz rechts vorn, das Gefühl zu vermitteln, dass du nur für ihn oder sie sprichst? Überlege, wie du damit umgehst, wenn in der ersten Reihe jemand gelangweilt mit seinem Handy spielt, schläfrig oder aggressiv wirkt. Lässt du dich davon aus der Bahn werfen oder kannst du souverän darüber hinwegsehen oder sogar frech den Blickkontakt suchen?

Wie steht es um deine Stimme? Ist sie klar und deine Artikulation verständlich? Du brauchst deinen Zuschauenden nichts zuzurufen, es reicht, wenn du dein Gesagtes »sendest«, bleib persönlich, konspirativ, intim, sprich die Menschen direkt an, so als säßen sie in einem persönlichen Gespräch gerade neben dir.

Du bist mir zwar unsympathisch, aber ich mag deine Schuhe!

Manchmal haben wir keine Wahl und müssen auch mit Menschen interagieren, die uns per se unsympathisch sind. In solchen Fällen kann ein kleiner Trick helfen: Überlege dir drei Dinge, die du an dieser Person positiv findest! Vielleicht sind es die Schuhe, die Haarfarbe, die Pünktlichkeit, die Handschrift des Gegenübers, oder die Brille, die Uhr, die kreativen Flüche, die Motivsocken oder die Fähigkeit, jeden Song nachsingen zu können …

Um noch einen Schritt weiterzugehen: Stell dir vor, wie sich die Kindheit dieser Person angefühlt haben könnte. Und wie fühlt sich wohl ihr Leben im Moment an? Überlege dir das Schlimmste, was der Person gerade passiert sein könnte: Scheidung, Todesfall, Krankheit, Bankrott …? Du wirst sehen, das wirkt Wunder. Deine Einstellung zur Person ändert sich, und gibt Raum für einen Dialog, der zuvor schwer vorstellbar war. Das ist keine Dauerlösung, aber eine gute Notlösung, um in schwierigen Momenten Brücken zu bauen.

Kommunikationskompetenz bedeutet: Gib dem anderen Bedeutsamkeit!

Die Ich-Diät

Achte in einer Konversation bewusst auf die Verwendung von »Ich« und »Du« und versuche, öfters »Du« zu sagen.

Das Ziel der »Ich-Diät« ist es, den Fokus von dir selbst auf deine:n Gesprächspartner:in zu verlagern. Dieser Perspektivenwechsel fördert das Verständnis für andere und erhöht deine Empathie. In komplexen Kommunikationssituationen hilft es, Gesagtes mit eigenen Worten zu wiederholen, um sicherzustellen, dass du alles richtig verstanden hast. Dies gibt auch deinem Geschäftspartner oder deiner Gesprächspartnerin die Chance, eigene Aussagen zu reflektieren. Dadurch entsteht eine unterstützende Atmosphäre und ihr werdet beide voller Kraft und Energie aus dem Dialog heraustreten und gestärkt sowie mit neuen Perspektiven weitergehen.

Betrachte eine Rede oder einen Vortrag wie ein Gespräch in einem größeren Rahmen. Stell dir vor, es ist ein Dialog zwischen zwei Freund:innen, die durch ähnliche Erfahrungen verbunden sind. Lass die Zuhörer:innen fühlen, dass es »eure« Rede ist. »Lies« ihre Signale, hör ihnen zu und beobachte ihre Reaktionen. Indem du deine eigene Verletzlichkeit offenbarst, etwas preisgibst und ein gewisses Risiko eingehst, schaffst du eine persönliche Verbindung. Diese Verbindung kannst du zusätzlich verstärken, indem du nie vergisst, dass Lachen nicht nur Herzen erleichtern, sondern auch Brücken bauen kann.

Bevor wir zum Schlusspunkt kommen, möchte ich dir noch ein paar Dinge mit auf den Weg geben, die ich für sehr wichtig halte. Ich freue mich, wenn du dich damit auseinandersetzen magst und dir deine eigene Meinung bildest.

In diesem Buch haben wir gemeinsam Wege erforscht, wie du deine inneren Zweifel und Ängste überwinden und wie du mit Selbstvertrauen und Überzeugung sprechen kannst. Jetzt möchte ich dich ermutigen, diese neu gewonnene Stärke für dich *und* als Werkzeug für einen gesellschaftlichen Wandel zu nutzen. Wir stehen vor gewaltigen globalen Herausforderungen, die nur durch mutige Schritte und entschlossene Stimmen überwunden werden können. Daher brauchen wir deine Stimme, meine Stimme, die Stimme von allen Menschen, sei es im Gespräch oder auf der Bühne. Sei es im Vortrag oder bei einer Rede. Deine Stimme muss gehört werden, zweifellos – ohne Zweifel!

Nur weil wir die Schärfe im Gewürzregal schätzen, bedeutet das nicht, dass wir süße Aromen ablehnen. Nur weil wir die Stille der Nacht lieben, lehnen wir die Lebhaftigkeit des Tages nicht ab. Und nur weil wir den Nutzen des Regens erkennen, sind wir nicht gegen Sonnenschein.

In einer vielfältigen Gesellschaft sollten wir unterschiedliche Meinungen als Bereicherung, nicht als Bedrohung sehen.

Daher bitte ich dich: Nutze deine Stimme, um nicht nur deine eigenen Zweifel zu überwinden, sondern auch, um die Welt um dich herum zu verändern. Sei engagiert in einer Gemeinschaft, gehe wählen, tritt für Gleichberechtigung am Arbeitsplatz und Lohngleichstellung ein, unterstütze Initiativen, die diskriminierende Gesetze bekämpfen, oder kandidiere selbst für öffentliche Ämter. Die Welt braucht dich! Jede Handlung zählt, jedes Wort zählt und gemeinsam können wir viel bewirken.

Ein Abschiedsbrief zum Schluss

Zum Ende dieses Buches wünsche ich dir, dass du jeden Tag ein bisschen mehr zu der Person wirst, die du sein möchtest. Ich hoffe, ich durfte dich ein Stück auf diesem Weg dorthin inspirieren. Und nun lass uns zum Abschied ein kleines Brieflein an unsere Ängste und Zweifel schreiben.

Hallo liebe Angst, hallo lieber Zweifel,
vielen Dank für eure Begleitung über all die Jahre! Ihr habt eine wichtige Rolle in meinem Leben gespielt, indem ihr mich gelehrt habt, vorsichtig zu sein und alles gründlich zu überdenken. Ihr habt mich vor manchen Niederlagen und Bauchlandungen bewahrt. Aber jetzt ist es an der Zeit, unser Verhältnis neu zu ordnen.

Ich bin nun selbst groß, liebe Angst, und ich akzeptiere deine Präsenz als leise Beobachterin, aber du bekommst nicht mehr die Macht, meine Entscheidungen zu überschatten oder meinen Weg zu diktieren. Du wirst dabei zusehen, wie ich mutigere Schritte gehe, auch wenn du mir ab und zu etwas ins Ohr flüsterst. Ich werde hinhören, aber die Entscheidung treffe ich.

Von dir, lieber Zweifel, werde ich mich nun verabschieden. Unser gemeinsamer Weg endet hier. Du warst immer gut darin, mir den Kopf zu verdrehen und mich von klaren Entscheidungen abzuhalten. Das war eine interessante Zeit, aber deine ewigen »Was wäre wenn«-Einwürfe will ich nicht mehr. Meine Pläne brauchen Luft zum Atmen, mehr »Ja« als »Nein«, mehr Mut als Zaudern. Also pack deine Sachen, denn du kannst mich mal!

In großer Vorfreude auf alles, was da kommen mag!

Danke, tschüss und alles Gute!

Danksagung

Danke an dich, liebe Leserin, lieber Leser, dass du dieses Buch gekauft und gelesen hast. Möge es dir wie ein Schatzkästchen dienlich sein, aus dem du je nach Lebenslage ziehen kannst, was du brauchst.

Danke an alle Kund:innen, Klient:innen und Student:innen, die ich ein Stück ihres Weges begleiten und von ihnen lernen durfte: Ihr seid die Quellen dieses Buches.

Ohne all die Menschen, die mir als Freund:innen und Weggefährt:innen über all die vielen Jahre zur Seite gestanden haben, wäre vieles anders gekommen in meinem Leben. Danke an jeden Einzelnen und jede Einzelne von euch. Im Speziellen möchte ich hier die Mödlinger:innen nennen.

Danke an Hermann Scherer. Lieber Hermann, du hast stets an mich geglaubt, mich bestärkt, mir Mut gemacht. Ohne dich und deine Fähigkeit, sowohl dich als auch dein Umfeld stets herauszufordern und zu neuen Abenteuern anzufeuern, wäre dieses Buch nicht entstanden.

Danke an Sabina Kocherhans – für dein leidenschaftliches Engagement für Diversity und Inklusion. Deine Unterstützung bedeutet mir sehr viel.

Danke an Mirjam Saeger, während deiner Begleitung als Autor:innen-Coach bist du mir in all den Monaten unkompliziert, motivierend, kompetent, einfühlsam und stets mit guter Laune zur Seite gestanden. Du hast dich nie mit dem Erstbesten zufriedengegeben, was anspruchsvoll und erfüllend war.

Danke an Danja Hetjens vom Campus Verlag, dein Einsatz für und deine Begeisterung von dem Projekt haben mich bestärkt und motiviert! Danke auch an Lisa Becker, meine Lektorin bei Campus, du hast mich mit viel Geduld, Umsicht, klarem Sachverstand und Begeisterungsfähigkeit über den Entstehungs- und Überarbeitungsprozess sehr sensibel begleitet und betreut.

Ein inniges Danke geht an meine Töchter, Anna, Judith-Elena und Pamina. Danke, dass ihr mir immer wieder die Chance gebt zu lernen, Fehler zu machen, auch einmal hinzufallen und wieder aufzustehen. Danke, dass ich Teil eures spannenden Lebens bleiben darf. Pamina, danke für dein unerschütterliches Hinterfragen von Werten, Anschauungen, Systemen und Glaubenssätzen. Du hast dieses Buch damit wesentlich inspiriert. Durch euch alle darf ich immer wieder neue Perspektiven auf die Welt entdecken. Danke für euer Sein. Ihr bedeutet mir unendlich viel.

Und last but not least, Stefan, du Lebensglück und Lebenspartner, du bist meine große Liebe. Danke für jeden einzelnen Tag unserer gemeinsamen Zeit – hinter und vor uns!

Anmerkungen

1 Vgl. Joyce Maroney: »Gen Z – Optimistic and Anxious«, URL: https://www.ukg.com/blog/workforce-institute/meet-gen-z-optimistic-and-anxious
2 Vgl. Claus Peter Simon (im Interview mit Dr. Wolfgang Schmidbauer): »Warum Angst gerade heute so viele Menschen krank macht«, URL: https://www.geo.de/wissen/gesundheit/4006-rtkl-generation-angst-warum-angst-gerade-heute-so-viele-menschen-krank-macht
3 Ebd.
4 Vgl. Pauline R. Clance: *Ehrliche Versager. Das Hochstapler-Phänomen*, München: Heyne
5 Vgl. Teresa Buecker: »Warum Frauen sich oft nicht bewerben«, in: *Edition F online*, URL: https://editionf.com/frauen-oft-bewerben/
6 Vgl. Amy Cuddy: *Presence. Bringing your boldest self to your biggest challenges,* London: Orion 2016 und
Birkenbihl, Vera F.: »Humor in unserem Leben«, Privater Account, URL: https://www.youtube.com/watch?v=q4GYQ21pY78.
7 Vgl. Brené Brown: »The price of vulnerability«, TEDx Talks, URL: https://www.youtube.com/watch?v=_UoMXF73joc
8 Vgl. Tim Christie: »It's true: Be nice and others are more likely to be nice to you«, in: *Oregon News online*, URL: https://news.uoregon.edu/content/its-true-be-nice-and-others-are-more-likely-be-nice-you und vgl. auch Monika Wróbel und Klara Królewiak: »Is your mood more contagious if you are likeable? The role of liking in the social induction of affect«, in: *Polish Psychological Bulletin*, 2015, 46(3), S. 413-420
9 Heinrich Böll schrieb zum 1. Mai 1963 für eine Rundfunksendung die Satire: »Anekdote zur Senkung der Arbeitsmoral«. Zwischenzeitlich existiert diese Geschichte in vielen Versionen und wurde in unterschiedlichen Büchern und Seminaren weiterentwickelt.
10 Diese Übung leitet sich ab von der »5-Why-Methode«, die ursprünglich Sakichi Toyoda, der Gründer von Toyota erfunden hat.
11 Vgl. Tony Robbins: »The 6 Human Needs«, Legend Leadership, URL: https://www.youtube.com/watch?v=UdhGTvuUOys&t=3s
12 Vgl. Uni Tübingen: »Eine Art selektive Wahrnehmung«, URL: https://uni-tuebingen.de/universitaet/aktuelles-und-publikationen/newsfullview-aktuell/article/eine-art-selektive-wahrnehmung/

13 Vgl. Josef Luft und Harry Ingham: »The Johari Window, a Graphic Model of Interpersonal Awareness«, in: *Proceedings of the western training laboratory in group development*, Los Angeles: UCLA 1955.

14 Vgl. Sabine Hockling: »Wir sind auf Fehler fokussiert«, in: *Zeit online*, URL: https://www.zeit.de/karriere/beruf/2015-08/positives-denken-karriere-job

15 Vgl. Robert Klatt: »Deshalb braucht das Gehirn des Menschen so viel Energie«, in: *Forschung und Wissen online*, URL: https://www.forschung-und-wissen.de/nachrichten/medizin/deshalb-braucht-das-gehirn-des-menschen-so-viel-energie-13375620#:~:text=Bei%20Menschen%20macht%20das%20Gehirn,Kommunikation%20der%20Nervenzellen%20ben%C3%B6tigt%20werden.

16 Vgl. dpa: »Was Erwachsene von Kindern lernen können«, in: *Süddeutsche Zeitung online*, URL: https://www.sueddeutsche.de/service/gesellschaft-was-erwachsene-von-kindern-lernen-koennen-dpa.urn-newsml-dpa-com-20090101-150226-99-07689

17 Vgl. Sandra Kaselow: »Lachen, bis der Arzt staunt«, in: *Spiegel online*, URL: https://www.spiegel.de/wissenschaft/mensch/komische-kommunikation-lachen-bis-der-arzt-staunt-a-707374.html

18 Vgl. Angelika Friedel: »Warum Singen gesund ist«, in: *Welt online*, URL: https://www.welt.de/wissenschaft/article1461487/Warum-Singen-gesund-ist.html

19 Vgl. Von Kleist, Heinrich: *Über die allmähliche Verfertigung der Gedanken beim Reden,* 1878

20 Vgl. Paul Watzlawik: *Man kann nicht nicht kommunizieren. Das Lesebuch*, Göttingen: hogrefe 2015

21 Vgl. Albert Mehrabian und Morton Wiener: » Decoding of inconsistent communications«, in: *Journal of Personality and Social Psychology*, 6(1), S. 109-144

Weiterführende Literatur und Onlineressourcen

Adichie, Chimananda Ngozi: *Americanah. A Novel,* New York: Knopf Doubleday 2014

Bernard, Anna: *Decolonizing literature*, Cambridge: Polity Press 2023

Birkenbihl, Vera: *Stroh im Kopf? Vom Gehirn-Besitzer zum Gehirn-Benutzer,* München: mvg 2007

Bregman, Rutger: *Im Grunde gut. Eine neue Geschichte der Menschheit,* Hamburg: Rowohlt 2020

Campbell, Joseph: *The hero with a thousand faces,* 1949

Cuddy, Amy: *Presence. Bringing your boldest self to your biggest challenges,* London: Orion 2016

Groskop, Viv: *How to own the room. Von Frauen und der Magie brillanter Reden*, Freiburg: Haufe 2022

Godin, Seth: *Linchpin. Are You Indispensable? How to Drive Your Career and Create a Remarkable Future,* London/New York: Portfolio 2010

Göpel, Maja: *Unsere Welt neu denken. Eine Einladung,* Berlin: Ullstein 2020

Hall, Edward T.: *Beyond Culture*, New York: Anchor 1976

Hall, Edward T.: *Die Sprache des Raumes*, Düsseldorf: Schwann 1976.

Harris, Russ: *The Confidence Gap. From Fear to Freedom,* Sydney: Penguin 2010

Hüther, Gerald: *Wege aus der Angst. Über die Kunst, die Unvorhersehbarkeit des Lebens anzunehmen,* Göttingen: Vandenhoek & Ruprecht 2020

Joseph, Stephen: *Authentizität. Die neue Wissenschaft vom geglückten Leben*, München: Kailash 2017

Jung, C.G.: *Archetypen*, München: dtv 1997

Jung, C.G.: *Der Mensch und seine Symbole*, Ostfildern: Patmos 2012

Knaths, Marion: *Spiele mit der Macht. Wie Frauen sich durchsetzen*, München: Piper 2009

Lindau, Veit: *Selbstliebe. Willkommen zu Hause in dir!*, München: Goldmann 2016

Lessenich, Stephan: *Neben uns die Sintflut. Die Externalisierungsgesellschaft und ihr Preis,* Berlin: Hanser 2016

Löhnken, Sylvia: *Leise Menschen – starke Wirkung. Wie Sie Präsenz zeigen und Gehör finden,* München: Piper 2015

Lüder, Peter: *Was dich trägt, sind nicht die Beine allein. Wie du die Regie für dein Leben übernimmst,* Neumarkt: Spielberg 2021

Luft, Josef und Ingham, Harry: »The Johari Window. A Graphic Model of Interpersonal Awareness«, in: *Proceedings of the western training laboratory in group development*, Los Angeles: UCLA 1955

Magnet, Sabine: *Und was, wenn alle merken, dass ich gar nichts kann?: Über die Angst, nicht gut genug zu sein. Das Impostor-Phänomen,* München: mvg 2018

Molcho, Samy: *Körpersprache,* München: Goldmann 2013

Mommert-Jauch, Petra: *Embodiment. Die Wechselwirkung zwischen Körper & Seele,* Stuttgart: Trias 2021

Peseschkian, Nossrat: *Der Kaufmann und der Papagei. Orientalische Geschichten in der Positiven Psychotherapie,* Frankfurt, Fischer 1979

Stahl, Stefanie: *Das Kind in dir muss Heimat finden. Der Schlüssel zur Lösung (fast) aller Probleme*, München: Kailash 2015.

Storch, Maja: *Machen Sie doch, was Sie wollen! Wie ein Strudelwurm den Weg zu Zufriedenheit und Freiheit zeigt*, Bern: Hans Huber 2009

Vogler, Christopher: *The Writer's Journey. Mythic Structure for Writers,* California: Michael Wiese Productions, 2007

Von Kleist, Heinrich: *Über die allmähliche Verfertigung der Gedanken beim Reden,* 1878

Wehrle, Martin: *Den Netten beißen die Hunde. Wie Sie sich Respekt verschaffen, Grenzen setzen und den verdienten Erfolg erlangen,* München: Mosaik 2021

Adichie, Chimamanda Ngozi: »The danger of a single story«, TED, URL: https://www.youtube.com/watch?v=D9Ihs241zeg

Birkenbihl, Vera F.: »Humor in unserem Leben«, Privater Account, URL: https://www.youtube.com/watch?v=q4GYQ21pY78

Brown, Brené: »The price of vulnerability«, TEDx Talks, URL: https://www.youtube.com/watch?v=_UoMXF73j0c

Cabane, Olivia Fox: »Build Your Personal Charisma«, Stanford eCorner, URL: https://www.youtube.com/watch?v=LMu_md_5PQ4&t=1029s

Parker, Kelly D.: »The Art of Persuasive Storytelling«, TED, URL: https://www.youtube.com/watch?v=Oo2upU6ny-I&t=10s

Robbins, Tony: »The 6 Human Needs«, Legend Leadership, URL: https://www.youtube.com/watch?v=UdhGTvuUOys&t=3s

Smith, Bevy: »How to Discover Your Authentic Self – At Any Age«, TED, URL: https://www.youtube.com/watch?v=7vqnazqmceQ

Die Autorin

© Adrienne Meister

Karina Rey ist unter dem Künstlernamen Karina Thayenthal aus über 300 Produktionen in Film und Fernsehen bekannt. Sie ist Trägerin des deutschen Fernsehpreises. Heute ist sie gefragte Speakerin, Unternehmensberaterin, Universitätsdozentin und Trainerin für Auftrittskompetenz und kulturelle Verständigung. Mit ihrer langjährigen Expertise aus der Unterhaltungsindustrie, ihrer Leidenschaft für Vielfalt und ihren Arbeitserfahrungen auf verschiedenen Kontinenten – sie lebte viele Jahre in Indonesien und Kamerun – bietet sie eine einzigartige Perspektive auf persönliche Entwicklung, Unternehmensentwicklung und interkulturelle Kommunikation. Ihr zentrales Thema: Jeder Mensch kann lernen seine Ängste und Zweifel zu überwinden, überzeugend aufzutreten, seine Ziele zu erreichen und dabei Vorurteile abbauen und ein umfassenderes Verständnis für andere Kulturen entwickeln.

Weitere Informationen und Angebote von Karina Rey findest du unter:
www.karina-rey.com
www.linkedin.com/in/karina-rey-444b0b19a/

Oder scanne einfach den QR-Code: